蒋方叶 / 著

浸润式读写的
理论与实践

华东师范大学出版社
·上海·

图书在版编目（CIP）数据

浸润式读写的理论与实践 / 蒋方叶著. -- 上海：华东师范大学出版社, 2025. -- ISBN 978-7-5760-6087-4

Ⅰ.G623.202

中国国家版本馆 CIP 数据核字第 202541B8H3 号

浸润式读写的理论与实践

著　　者　蒋方叶
责任编辑　张婷婷　朱华华
特约审读　李　瑞
责任校对　江小华
装帧设计　刘怡霖

出版发行　华东师范大学出版社
社　　址　上海市中山北路 3663 号　邮编　200062
网　　址　www.ecnupress.com.cn
电　　话　021-60821666　行政传真　021-62572105
客服电话　021-62865537　门市（邮购）电话　021-62869887
地　　址　上海市中山北路 3663 号华东师范大学校内先锋路口
网　　店　http://hdsdcbs.tmall.com

印 刷 者　常熟高专印刷有限公司
开　　本　787 毫米 × 1092 毫米　1/16
印　　张　20
字　　数　262 千字
版　　次　2025 年 7 月第 1 版
印　　次　2025 年 7 月第 1 次
书　　号　ISBN 978-7-5760-6087-4
定　　价　79.80 元

出 版 人　王焰

（如发现本版图书有印订质量问题，请寄回本社客服中心调换或电话 021-62865537 联系）

目 录

序 　　1

第一章　小学中高年段读写教学的现状与审视　　1

第一节　小学中高年段读写教学的现状与问题　　1
一、读写教学现状省视　　1
二、读写教学问题透视　　9

第二节　小学中高年段读写教学的发展趋势　　13
一、从点状结合走向有机融合的读写教学　　13
二、从离散训练走向渐进开展的读写教学　　17
三、从刻板训练走向自然渗透的读写教学　　21

第三节　基于浸润式学习的读写教学的探索　　24
一、构建背景　　24
二、可行性分析　　27

第二章　浸润式读写的理论构建　　33

第一节　浸润式读写的理论基础　　33
一、情境学习理论　　33
二、脑科学理论　　34

三、信息加工理论　　36

　　四、迁移学习理论　　37

第二节　浸润式读写的概念内涵　　39

　　一、什么是读与写　　39

　　二、什么是浸润式读写　　41

第三节　浸润式读写的基本特质　　46

　　一、审美创造性·语言浸润　　46

　　二、主动参与性·情感浸润　　46

　　三、学科实践性·生活浸润　　47

　　四、成长独特性·支持浸润　　48

第四节　浸润式读写的基本策略　　48

　　一、情境创设，驱动读写进程　　49

　　二、渗透迁移，增加读写实效　　52

　　三、全过程渐进，融通读写要素　　55

第五节　浸润式读写的实践样态　　57

　　一、掌握型读写教学：基于单元学习情境的浸润式读写　　59

　　二、鉴赏型读写教学：基于整本书文学情境的浸润式读写　　60

　　三、支持型读写教学：基于跨学科学习情境的浸润式读写　　62

　　四、实用型读写教学：基于真实生活情境的浸润式读写　　63

第三章　掌握型读写教学：基于单元学习情境的浸润式读写　　65

　第一节　实施缘起　　65

一、实践背景　　　　　　　　　　　　　　　　　　　　65
　　二、问题透视　　　　　　　　　　　　　　　　　　　　66
　第二节　实施策略　　　　　　　　　　　　　　　　　　　68
　　一、写作策略单元：读写要素一致单元的实施策略　　　　68
　　二、普通阅读单元：读写要素相关单元的实施策略　　　　71
　　三、阅读策略单元：读写要素相异单元的实施策略　　　　73
　第三节　实践案例　　　　　　　　　　　　　　　　　　　75
　　◎ 锁定融合点　掌握一类文体表达——以部编版小学语文五年级
　　　上册第五单元为例　　　　　　　　　　　　　　　　　75
　　◎ 谋定链接点　学会一种话题表达——以部编版小学语文五年级
　　　下册第一单元为例　　　　　　　　　　　　　　　　　103
　　◎ 确定转化点　内化一种策略运用——以部编版小学语文三年级
　　　上册第四单元为例　　　　　　　　　　　　　　　　　121

第四章　鉴赏型读写教学：基于整本书文学情境的浸润式读写　131
　第一节　实施缘起　　　　　　　　　　　　　　　　　　　131
　　一、实践背景　　　　　　　　　　　　　　　　　　　　131
　　二、问题透视　　　　　　　　　　　　　　　　　　　　132
　第二节　实施策略　　　　　　　　　　　　　　　　　　　134
　　一、以学力为隐线，依循"基础性—检视性—分析性"进阶读写能力　136
　　二、以策略为主线，依托"导读课—推进课—汇报课"设计读写任务　136
　　三、以评价为明线，依照"形成性使用—反思性改进"优化读写实践　137

第三节　实践案例　　138
　　　◎感知与理解　在探究中读写——以《老人与海》为例　　138
　　　◎归类与比较　在联结中读写——以《俗世奇人》为例　　157
　　　◎对话与辨别　在思辨中读写——以《西游记》为例　　176

第五章　支持式读写：基于跨学科学习情境的浸润式读写教学　　201
　　第一节　实施缘起　　201
　　　一、实践背景　　201
　　　二、问题突破　　204
　　第二节　实施策略　　207
　　　一、基于儿童立场确定读写主题　　208
　　　二、基于学科本位制定读写目标　　209
　　　三、基于核心素养序列化读写任务　　210
　　　四、基于评价量规过程化读写活动　　211
　　第三节　实践案例　　212
　　　◎技术与文学碰撞　思维穿行云端——以制作电子纪念册为例　　212
　　　◎图绘美景之旅　笔墨书写情怀——以习作"游＿＿＿＿＿"为例　　229

第六章　基于生活情境的浸润式读写教学　　247
　　第一节　实施缘起　　247
　　　一、实践背景　　247
　　　二、问题透视　　249

第二节　实施策略　　252

一、参与（Engage）：创设情境，泛读激趣　　253

二、探索（Explore）：体验情境，厚读增识　　256

三、解释（Explain）：交流发现，细读转智　　259

四、表达（Express）：个性表达，悟读助写　　260

五、评价（Evaluate）：螺旋评价，赏读促改　　267

第三节　实践案例　　273

◎填补经验　丰实内容——以"话说谷雨活动"为例　　273

◎唤醒经验　丰盈情感——以"与霜的约会"为例　　287

后记　　303

序

走好阅读的第一步
王意如

《义务教育语文课程标准（2022年版）》把审美创造的路径归结为感受、理解、欣赏、评价[①]，从事语文教学的人都知道，阅读的过程大抵也是这样四步，同时大家又都知道，在语文课堂上，关于阅读，功夫下得最大的只是中间两步。甚至有不少语文课，老师上来就说："这堂课要解决的核心问题是……"，接下来就是所谓"解决问题"的过程。看到这样的课，我每每在心里说："感受呢？学生连浸润于作品的时间都没有，如何会有自己的感受？"如果连基本的感受也没有，就匆匆忙忙地跟着老师"解决问题"，后面的理解与欣赏靠得住吗？更毋庸说评价了。评价也是四个环节中容易被忽略的。尽管有些作业或考试的题目貌似也有评价，比如"你觉得这样写好吗？""你对这篇文章怎么看？"但这类评价往往有一个预设的答案，更糟糕的是，这个预设答案几乎都是对原作的褒扬（即便是所谓开放性试题的答案也同样如此）。于是，所谓"评价"其实只是"欣赏"的一个部分。而这又是忽略了感受的必然结果。没错，"当代的世界，将所有事物进行细微分化以便捉摸

[①] 中华人民共和国教育部.义务教育语文课程标准（2022年版）[S].北京：北京师范大学出版社，2022：5.

的思考方式已经占据主导地位",但语言的表达是不能"只用逻辑思维的方式思考"的[①]。正是在这样的背景下,我拿到了蒋方叶老师的大作《浸润式读写的理论与实践》。蒋老师的课我听过,沉稳大气,亲切自然,蒋老师主持的项目研究,我也参与过一两回,但当这样一本沉甸甸的书放在我手中的时候,我还是有几分惊喜的。我欣喜的理由大致有三:

其一,我欣赏"浸润"这个概念,因为它与我的某些想法不谋而合。

阅读,是读者根据非己所出的文本或书本建构意义[②]。这个建构的过程,是作者和读者的相互成就。17世纪欧洲莫里哀的剧本,在皇宫里演和在城中演是不一样的;11世纪中国的才子佳人故事,在勾栏瓦肆讲还是在文人案头读,也是不一样的。这还只是说不同的读者会建构出不同的意义,还没有划分理解欣赏的层级。但无论理解欣赏的程度如何,个人的感受一定是第一位的。所以毛姆才会说:"你在读,你就是你所读的书的最终评判者,其价值如何就由你定。"[③]有人会觉得低学段的学生缺乏评价能力,应该先教他们理解和欣赏,之后才慢慢学会评价,其实不然。如果一个人在阅读之初就被忽视甚至剥夺了评价的权利,那么即使他长大了,也只会人云亦云。或许学生还不能头头是道地说出自己的评价理由,或许他们的评价并不准确,这些都没有关系,关键是要"有感",而不是"无感"。只要"有感",感受的能力是可以逐步提高的。毕淑敏曾描述过她在不同年龄段读《海的女儿》的感受:八岁时,伤感于美人鱼变成水泡;十八岁时,认为是爱情

[①] 坂本龙一.阅读不息[M].白荷,译.长沙:湖南文艺出版社,2024:15-62;罗杰·夏蒂埃.书籍的秩序[M].吴泓缈,张璐,译.北京:商务印书馆,2013:4.
[②] 坂本龙一.阅读不息[M].白荷,译.长沙:湖南文艺出版社,2024:15-62;罗杰·夏蒂埃.书籍的秩序[M].吴泓缈,张璐,译.北京:商务印书馆,2013:4.
[③] 毛姆.小说要有故事[M].刘文荣,译.北京:人民文学出版社,2021:2.

的童话;二十八岁时,读出妈妈对孩子的爱;三十八岁时,热衷探讨写作技巧;四十八岁时,读出"是一篇写灵魂的故事"。她感慨地说:"有时想,当我58岁、68岁、108岁(但愿能够)的时候,不知又读出了怎样的深长?"可见,随着人生阅历的增长,随着生活境况的变化,我们完全可能对同一文本产生不同的感想。所谓"初闻不知曲中意,再听已是曲中人"应该也是这样一个认识过程。毕淑敏是学医出身,没有经过专门的文学训练,但她却从小就有自己的感受,这和她后来成为一位优秀作家应该不无关系。而要让读者对文本"有感",浸润是必须的。"浸"是一个过程,就是有意无意地沉浸于某样具体或抽象的东西之中;"润"是"浸"的结果。有"浸"的过程,才有"润"的结果。这就要求我们把阅读的第一时间交给学生,让他们浸润其中。可以说,浸润是阅读的第一步,这一步走好了,后面的路才会顺坦。

其二,我赞赏这本书的内容,因为它就像书名所说的那样既有理论又有实践。

和大部分一线教师的著作一样,"怎么做的"是本书的主要内容,可喜的是,作者对"为什么要做"和"如何去做"也做了较好的论述。在本书的第二章中,作者引入了情境学习理论、脑科学理论、信息加工理论和迁移学习理论,虽然都只是简单搭一个桥,但这毕竟是作者理论学习的足音,值得肯定。理论是人类对事物的具体认识进行抽象的过程以及这种过程所产生的结果。它需要经过认识事实、整理归类和抽象概括的过程,具有高屋建瓴的作用。没有理论,人类就没有进步。理论不仅是对他人已有成果的应用,更重要的是,要对自己面前的事实进行提炼概括,完成抽象思维。同样在这一章里,我们读到了作者对什么是读、什么是写、什么是浸润式读写,以及浸润式读写的基本特征、基本策略和实践样态的阐述,其中明确了浸润式读写的概念:"浸润式读写就是以读写融合理念为基础,以学生为中心,以任务为驱动,引导学生参与一系列相互连接的阅读与写作实践,并始终浸润于真实的情境与优秀的语言文字文化的熏陶进展之中,从而提升学生核心素养的教学理念。"蒋老师很明确地把"浸润式读写"定义为一种教学理念,同时明确要"始终浸润于真实的情境与优秀的语言文字文化的熏陶进展之中",很明显,这里所说的"浸润",和我上面所说的关于阅读感受的"浸润"有所不同,它涉及的范围更广。在"语用实践的浸润"之外,又加上了"生活情境的浸润"和"文化审美的浸润",也就是说,她增加了更多可以去"浸润"的对象,从而把读与写、读写与生活、读写与文化融合起来,指向了更为远大的目标。我觉得这就是理论。本书中的前一种做法,是对已经成为结果的理论的运用,而后一种做法则是通过认识事实、整理归类、抽象概括,提炼出了自己的具有理论意义的成果。

至于实践部分,我们可以看后面整整四章,都是这种理论思考的实践过程,反过来也可以说,蒋老师是在这些实践操作的基础上归纳出了上面的理论。四章的内容包括单元学习、整本书阅读、跨学科学习和真实生活情境等,几乎囊括了语文教学的所有热点。热点是易于被关注的,不过这种关注如果没有深入的思考和扎实的践行,就有可能成为"蹭热度"的行为。蒋老师的做法是:将这些热点都纳入自己关于浸润式读写的思考中,这就形成了具有自身独特性的成果,不仅为一线教学提供了宝贵的经验,也为一线教师如何做研究提供了榜样——这正是我要讲的第三点。

其三,我称赏蒋老师的努力,觉得她为现代教师的应为和可为做了一个很好的示范。

如果说,传统意义上的教师只要"站好三尺讲台",其他可以不顾的话,现代教师则必须在教育研究上有所用力。从国家规定"教师是履行教育教学职责的专业人员"①开始,这个定位就决定教师应该做研究,这是教师作为专业人员的专业标志。汤显祖在《牡丹亭》中写过一个非常有意思的细节:塾师陈最良给杜丽娘讲《诗经》的《关雎》,说:"'关关雎鸠',雎鸠是个鸟,关关鸟声也。"不仅被丫头春香调侃,还被学生杜丽娘抗议,说:"依注解书,学生自会。"简单传授知识,连明代闺阁中人(当然那是汤显祖塑造的形象)都觉得不行,何况到了今天!现代教育中,教师的知识不能用于简单传授,而是要把自己的知识用以显著提高学生的学习能力,使他们成为主动的学习者,为探寻对复杂学科知识的理解和把所学的知识迁移到新问题、新情境做好充分的准备。这和传统教学相比,难度要大得多。当我们不再把简单传授知识当做工作重心的时候,就决定了教师需要做研究。当下,人工智能正令人喜忧参半地快速介入我们的生活,有些议论把教师也列入了行将被AI所替代的消亡型职业的黑名单中,这固然不无危言耸听之嫌,但如果教师只是像仓库保管员搬运物品一样,把自己库存的锤子、铁钉、螺丝刀搬运到学生那里,回头再数数那些家伙什还在不在,那确实可以由人工智能来接盘。这就意味着教师必须做一些面向学生的、鲜活的研究。教师应该做、需要做也必须做研究,是现代教育对教师的基本要求,也就是现代教师的"应为",而值得探讨的是,它能成为教师日常的"可为"吗?教师工作负担沉重是不争的事实,他们不仅要在规定的时间内完成教学任务,还要对学生在校期间所有的行为负责,而且上述工作还不能是机械的、纯技术性的,而应该是有教育理念的、有研究意识的、有整体规划的,这就让现代教师的工作比传统教师负有更多的责任,增加了很多难度。在这种情况下,对现代教师"应为"的要求究竟能否变成"可为"呢?我想蒋老师是给出了答案的。她不仅是一

---

① 中华人民共和国教师法[S].北京:中国法制出版社,2021:42.

位教师，据我所知，她还担任着学校的行政管理工作，这就更是忙上加忙。就是在这样的情况下，蒋老师拿出了她的这本研究专著，不得不说，在时间管理方面，她是一个赢家。她用她的成果让我看到了一个现代教师的"所为"——在"应为"和"可为"之间架起通途，值得肯定，值得钦佩，值得推荐。

是为序。

2025年新春于上海

第一章 小学中高年段读写教学的现状与审视

第一节 ‖ 小学中高年段读写教学的现状与问题

一、读写教学现状省视

当前,尽管阅读和写作是两个独立且成熟的研究领域且已得到广泛认可,但教育界仍然高度重视"读写教学"这一核心议题。为了深入探讨这一主题的研究价值与深远意义,我们迫切需要对当前读写教学的实际运行状况进行全面而系统的分析,精心梳理其研究演进的历史脉络,同时深入探究并有效整合已有的相关研究成果。这一系列努力对于深刻揭示阅读与写作之间的内在关联、优化教学实践策略至关重要。当前读写教学的研究主要围绕"读写关系"和"读写教学方法"两个方面展开。

(一)我国读写教学观念的嬗变

自古以来,读写关系的讨论大多包含在学者个人的经验及思考之中。随着时间的推移,依照对读写关系重视点和价值观的不断演变,我国语文教育中的读写教学观念可概括为三种发展类型:"写作本位"观,强调写作的重要性;"阅读本位"观,注重阅读的基础地位;"读写并重"观,平衡发展读写能力。这三种观念体现了对读写关系探讨的不同发展阶段。

1. 第一阶段:写作本位的读写教学

建国以前,以写作为核心的读写观念一直占据主流。这种观点主要强调在写作与阅读的关系中，写作占据主导地位，读写教学的重心在于提升学生的写作能力，而阅读是为写作提供素材和信息。

其中，具有代表性的主张之一是读写"预备论"，即阅读是为写作而设的。如唐彪主张，要想进行写作，首要任务是阅读具有实用价值的文章，并从中汲取与学术、国家大政、道德品质等领域相关的信息，唯有如此，方能积累起作文的素材。[①]这与程端礼的观点相吻合，即学好作文的前提是深入阅读经史等典籍，并充分准备文章所需的素材。[②]民国时期的教材在编排上亦明显体现了该特点。相关研究显示，此时期教材着重通过阅读提炼文章写作知识，涵盖文体、表达技巧及语法修辞等方面，这些知识以短文的形式清晰地传授给学生，并通过教材中的选文加以验证，从而为写作提供典范。林纾于1908年所编《中学国文读本》、谢无量于1915年所著《国文教本评注》以及《国文百八课》等教材均体现了这一理念。

在写作本位的教学观念下，读写教学主要聚焦于如何通过阅读来促进写作技能的提升。在这一阶段，阅读主要作为写作的辅助手段，学生通过阅读来积累作文材料，提炼写作知识，以此为基础来提高写作能力。然而，随着教育理念的逐渐演变，写作本位的读写观开始受到质疑，产生了新变化。

2. 第二阶段：阅读本位的读写教学

从清末民初开始，语文教学便表现出逐步侧重于阅读的趋势，越来越多的学者开始指出阅读作为写作附庸的弊端，并提出了阅读本位的读写观念，支持读写教学应以阅读为中心。其中，叶圣陶是该观点的代表性学者。

首先，叶圣陶在早期便阐明了当时国文教学的一些弊端，以及阅读与

---

① 唐彪辑.家塾教学法[M].上海：华东师范大学出版社，1992：128.
② 程端礼.程氏家塾读书分年日程[M].合肥：黄山书社，1992：75.

写作的功能与相互关系，指出写作的"根"在阅读。他在《国文教学的两个基本观念》中指出："写作程度有迹象可寻，而阅读程度比较难捉摸，有迹象可寻的被注意了，比较难捉摸的被忽视了，原是很自然的事。然而阅读是吸收，写作是倾吐，倾吐能否合于法度，显然与吸收有密切的关系。单说写作程度如何是没有根的，要有根，就得追问那比较难捉摸的阅读程度。"[1] 随后，随着思考的深入，叶圣陶将其观点过渡到阅读是写作的"基础"论上。如在《阅读是写作的基础》中分析了阅读对写作的意义："阅读的基本训练不行，写作能力是不会提高的……实际上写作基于阅读。"[2]

潘苇杭等人指出，叶圣陶这种由先前的阅读"根"论到后来的"基础"论，完成了"阅读本位"理论的确立。[3] 自新中国成立以来，众多学者与教师深受叶圣陶的启发，广泛接纳了"吸收与倾吐"等以阅读为核心的教育理念。如张志公在论及写作教学原则时指出："只有把语言的运用（写作）建筑在语言的吸收（阅读）的基础上，才能收到最大的效果。"[4] 同时也影响了20世纪70年代以来读写结合教学实验的出现。

3. 第三阶段：读写并重的读写教学

虽然"阅读本位"的读写观将阅读从写作的附庸中剥离出来，但写作的作用又逐渐式微。因此，当前，越来越多的学者在吸收阅读本位的读写观

---

[1] 叶圣陶.国文教学的两个基本观念[M]//刘国正.叶圣陶教育文集：第三卷.北京：人民教育出版社，1994：53.

[2] 叶圣陶.阅读是写作的基础[M]//刘国正.叶圣陶教育文集：第三卷.北京：人民教育出版社，1994：279.

[3] 潘苇杭，潘新和."阅读本位"范式的理论架构——叶圣陶语文教学观讨论[J].课程·教材·教法，2015，35（01）：49-53.

[4] 张志公.张志公自选集（上册）[M].北京：北京大学出版社，1998：204.

的基础上，强调阅读和写作是作为两个相对独立的重要活动，又有着整体的联系。①

学者们以理论为引，阐述阅读和写作的并重关系。如，在现代认知科学和认知生态学的指导下，齐传斌认为读写之间是相互渗透又互为本位，各有自己发展的目标、功能、路径和规则，相融共生的关系。②与之类似，邹琳认为读写融合就是"读"和"写"相互联结、转化、渗透，融为一体，形成合力，共生共长。③而在建构主义下的写作和阅读都可看作意义的构建、修整和形成，不仅存在作者—读者的关系互换，也产生了过程—结果的进程交替。信息加工理论则将输入的阅读视为写作的源泉性起点，作为输出的写作视为阅读的形成性起点，形成了"异质同构"过程与关系。④

综上所述，传统上的"写作中心论"与"阅读中心论"侧重于阅读与写作间单一方向的关联，然而，随着读写教学研究领域的不断深化，越来越多的学者开始主张阅读与写作之间存在着一种相互作用的双向关系，并同时强调两个活动本身的独特要点。

（二）国外读写关系的研究分野

在英语研究领域，阅读与写作关系的探讨同样深入。尽管许多研究阅读与写作关系的学者并不完全认同一种观点，但经过梳理可以发现，18世纪以来的研究主要形成了三种读写关系模式：消费与生产模式、意义生产模式、

---

① 马宏."读写结合"教学的学理探究[J].语文建设，2018（29）：4-7.
② 齐传斌.语文教学读写融合的生态特质[J].语文教学通讯，2022（14）：17-21.
③ 邹琳.向读学写，读写共生——浅谈小学语文读写融合的具体方式[J].阅读，2024（23）：27-29.
④ 李金云，李胜利.深度学习视域的"读写结合"：学理阐释与教学核心[J].课程·教材·教法，2020，40（07）：79-85.

消费和生产对话模式。(1)消费与生产模式。假定阅读是一种完全由被动吸收文本意义所定义的实践,而写作则是一种主动产生意义的创造性过程。消费与生产模式通过一种非此即彼的范式,在阅读与写作之间同样建立起二元化的外在关系。(2)意义生产模式。这种观点认为阅读和写作都具有生产的潜力:要么从文本中建构意义,要么建构文本以传达意义。通过这种视角,阅读和写作的联系将在它们共同的生成特征的背景下进行考察。(3)消费和生产对话模式。这种对话模式强调了这两种实践之间固有的互惠关系,在这种关系中,意义的生成是通过反思和主动的过程来定义的。[1]

与之不同,沙纳汉(Shanahan)认为阅读和写作一定是存在联系的,但他更侧重通过实证研究去探索阅读和写作的关联程度。因此在梳理已有实证研究的基础上,他总结出指导读写关系实证研究的三种理论,因而也形成了三种读写关系模式。分别是共享认知模式、社会交际模式和综合应用模式。[2]

1. 共享认知模式

研究者们主要探索共享知识和认知基础,例如视觉、语音和语义系统、短期长期记忆(单词、句子、文本),认为这是阅读和写作能力的基础。其基本思想是试图辨别阅读和写作在认知上的异同,以及它们对共同信息基础和技能的依赖。从比喻的角度看,共享认知模式将阅读和写作概念化为从一口共同的井里汲水的两个水桶,或者是建立在共同地基上的两座建筑。Shanahan指出读与写存在共享的知识和技能。[3]这种共享知识可以分为四类:

---

[1] Harl A L. A historical and theoretical review of the literature: Reading and writing connections [J]. Reconnecting Reading and Writing, 2013: 26−54.

[2] Shanahan T. Relationships between reading and writing development [J]. Handbook of writing research, 2016: 194−207.

[3] Shanahan T. Nature of the reading–writing relation: An exploratory multivariate analysis [J]. Journal of Educational Psychology, 1984, 76(3): 466.

元知识（例如建立目的、自我监控、自我评估）；领域知识（例如词汇、世界知识）；文本属性（例如力学、语法、文本结构）；程序知识（例如构建和生成意义、分析、批评）。[①]由于写作必须是关于某件事情的，领域知识对写作而言理所当然的重要，因此领域知识本身受到的关注很少，反而在阅读中的作用受到了更多的关注。因此，在一种模式下学到的知识和技能可能适用于并导致另一种模式的提升。[②]

2. 社会交际模式

第二个用于思考阅读与写作关系的理论模型是社会交际性质的，社会认知模式将阅读和写作概念化为"读者—作者"的关系。如果说共享认知模式将读写关系概念化为发生在识字者的头脑中，那么社会交际模式中的读写关系则发生在读者和作者之间的交际语境中。从根本上说，阅读和写作都是为了交流，而人们为了进行有效的交流，需要参与可识别的过程。社会交际模式的伟大洞察力在于，所有的识字行为从根本上说都是交流行为。社会认知模式以隐喻的方式将读写关系描述为一种对话，而关键的变量包括对对话伙伴及其目的的洞察和认识。

3. 综合应用模式

综合应用论将阅读和写作视为两个独立的过程，但它们可以综合在一起以实现目标或解决问题。这一理论的重点在于，阅读和写作是可以一起使用的工具或技能，而两者在特定的结合方式下，可能会产生更好的学习效果。研究指出，当学生在试图写出高质量的文章时，例如需要根据资料撰写报告

---

① Fitzgerald J, Shanahan T. Reading and writing relations and their development [J]. Educational Psychologist, 2000, 35(1): 39–50.
② Jouhar M R, Rupley W H. The reading-writing connection based on independent reading and writing: A systematic review [J]. Reading & Writing Quarterly, 2021, 37(2): 136–156.

时，必须在阅读和写作之间交替使用，才能有效地实现目标。

这三种模式主要侧重于表现阅读与写作在不同目的下的关系，依据不同的理论可以设置不同的参考变量，从而进一步探索阅读和写作的关联程度。

（三）读写教学方法的实验探究

自20世纪70年代以来，我国中小学教师及大学研究者们对读写关系的研究逐渐深入，开展了大量的读写教学实验与实践。这些努力取得了显著的突破，推动了读写教学的不断发展，为语文教学改革注入了新的活力。一些卓越教师不仅在教学实践中积极探索读写结合的方法，还通过自身的实践带动了周围教师共同参与，开展广泛的教学实验，极大地丰富了读写教学的理论与实践。例如，徐开质的"三步十二式"读写结合教学法、王运遂的"读、写、改整体"教学法、许祖云的"多读多写，读写结合"实验、阳仁杰和曾齐圣的"初中语文读写结合系列训练"实验等。这些教师的成功经验为读写教学的实践提供了宝贵的参考和借鉴。其中，他们特别强调了两个方面的重要性：

首先，设计有效的读写结合点。曾齐圣在他的教学实验中，依据教学问题设计了36个读写结合点，并与36个读写训练目标一一对应，具体如图1-1所示。这些结合点的设计不仅体现了读写教学的针对性，还为学生提供了系统化的训练路径，帮助他们在阅读与写作之间建立有机联系。

第二，重视读写教学的步骤和序列。如丁有宽总结出"读写结合五步系列训练"，具体来说，第一步（一年级）侧重练好一句四素俱全的话；第二步（二年级）侧重练好九种句群；第三步（三年级）侧重练好八种构段法；第四步（四年级）侧重练好篇章；第五步（五年级）侧重综合提高进行自学

□记叙文的读写
(1) 会读题目与会拟题目 (2) 弄清要素与交代要素
(3) 把握中心与确定中心 (4) 理解内容与选用材料
(5) 循序读文与按序作文 (6) 抓线索读与扣线索写
(7) 分析人物与刻画人物 (8) 理解事件与叙述事件
(9) 领会情景与表达情景 (10) 抓住细节与描写细节
(11) 划分段落与安排层次 (12) 细读"开头"与写好"开头"
(13) 品味"结尾"与写好"结尾" (14) 学习使用生动的语言
□说明文的读写
(15) 了解对象与说明对象 (16) 把握特征与表现特征
(17) 弄清顺序与安排顺序 (18) 分析结构与组织结构
(19) 辨明方法与运用方法 (20) 认识事物与说明事物
(21) 明白事理与说明事理 (22) 学习运用准确的语言
□议论文的读写
(23) 明确论题与拟定论题 (24) 把握论点与确定论点
(25) 找出论据与选用论据 (26) 了解与运用论证方法
(27) 弄清结构与安排结构 (28) 读懂驳论与批驳谬论
(29) 学习使用严密的语言
□应用文的读写
(30) 通知启事的读写 (31) 汇款电报的读写
(32) 消息广告的读写 (33) 书信的读写
(34) 计划合同的读写 (35) 报告记录的读写
(36) 几种应用文的示例

图1-1 曾齐圣"初中语文读写结合系列训练"中的"读写结合点"[①]

自得、自作自改的训练。[②] 肖贻平、罗春保以单元训练为主题，设计"一元四步"的教学方法，即实施流程包括单元读写尝试—单元读写指导—单元读写运用—单元读写反馈四个阶段（见图1-2）。更有专家梳理了当时影响较大的几种读写结合的实验性课程，如"预习→讲读→复习和练习"三阶段教学过程，钱梦龙老师的"自读式→教读式→练习式"的三种课型，上海育才中学的"读读→议议→练练→讲讲"。[③]

综上所述，读写教学方法的实验探究在我国教育领域取得了一定的成果，不仅涌现出了一批如丁有宽等具有创新精神和实践能力的优秀教师，还形成了多种行之有效的读写结合教学模式。这些教学模式不仅注重读写技能的综合培养，还强调了教学步骤的科学性和序列性，为学生的全面发展奠定了坚实的基础。

---

① 曾齐圣."初中语文读写结合系列训练实验"结题报告［J］.中学语文教学参考，2001（Z2）：30-32.
② 季银泉，盛斌.我国的中小学语文教改实验（十七）［J］.教学与管理，1999（08）：7-11.
③ 朱建军."读写结合"研究：囿于经验，期于超越［J］.中学语文教学，2019（05）：12-15.

第一步，单元读写尝试
- 阅读尝试：尝试自读一两篇课文。（三年级读习作例文；四五年级先读读写例话，再读例话的举例课文。）
- 写作尝试：仿照课文，试写作文。（由教师根据单元重点，规定作文范围或题目。）

第二步，单元读写指导
- 阅读指导：
  1. 课文教学顺序：一类课文→读写例话→二类课文→三类课文
  2. 课堂教学程序：尝试阅读→讨论讲解→小结练习
- 写作指导：结合单元重点和课文特点，仿写片段，对一、二类课文，做到一课一小练。

第三步，单元读写运用
- 阅读运用：总结本单元所掌握的方法，进行扩展阅读。
- 写作运用：总结片断练习中掌握的方法，对照单元重点，检查尝试作文，进行修改或重写。

第四步，单元读写反馈
- 阅读测试：以地区《教学目标测试》中的阅读题为测试材料。
- 写作测试：以地区《教学目标测试》中的写作题为测试材料。

图1-2　肖贻平、罗春保的"一元四步"读写教学流程[1]

二、读写教学问题透视

在回顾读写教学的辉煌成就之后，我们也需冷静审视其中存在的问题与挑战。阅读与写作作为两个独立的系统，相辅相成，共同服务于学生的表达能力提升，应成为语文教师教学的共识。教师需要通过阅读促进学生对文本

---

[1] 肖贻平，罗春保."语文单元读写结合尝试教学法"实验[J].小学教学研究，1993（10）：5-6.

第一章　小学中高年段读写教学的现状与审视　9

的理解与感悟，进而激发学生的写作兴趣与灵感；通过写作深化学生对文本的认识与理解，提升语言表达与思维能力。然而，反观当前的一线语文教学实践，我们发现将读写视为文章的鉴赏与构建的语言训练，而忽视学生核心素养提升的现象普遍存在。从背景、关系、方式三个视角切入，我们可以清晰地看到当前读写教学中存在的三大割裂。

（一）背景割裂：读写活动脱离真实语境，情境建构不足

由于长期受应试教育的影响，当前小学写作教学过于重视读写知识记忆与语法的机械训练，而忽视对学生情感体验的唤醒。建构主义曾指出，学习是学习者在与环境互动中主动建构知识的过程，读写活动作为一种语言实践活动，必须在真实的语境中进行，才能帮助学生将所学知识迁移到实际生活中。然而，在"育分"理念的支配下，教师执着于"灌输式"的教学，模式化执教，简单化操练，而畏惧体验性活动的创设，担心这些似乎与"学习关联不大""结构不够紧凑"的活动会使学生分数下滑，这在很大程度上导致学生学习的兴趣不足。正如北京师范大学吴欣歆教授所说，现在的很多教师过于依赖教学参考，形成了文本解说的"套版反应"。比如，一谈到小说，自然而然地想到"开端—发展—高潮—结局"，提到散文就想到"形散神聚"，说到说明文就是说明方法……孙绍振指出，按照"开端—发展—高潮—结局"来分析小说是非常荒谬的，早在19世纪下半叶以契诃夫、莫泊桑等为代表的小说家就已经废弃了这种"全过程式"的情节，而是采用"生活的横截面"结构，以描写事实中最精彩的一段。然而，直到当下，我国中小学甚至大学文学教学中还广泛存在着"开端、发展、高潮、结局"这样情节教条的教学。[①]这样诸多"套

---

① 孙绍振.经典小说解读[M].上海：上海教育出版社，2016：1-2.

版"的教学，是缺乏深入思考的简单、刻板化的操作，在很大程度上会导致学生理解的浅层化和机械化。《阅读教学教什么》一书中指出，"学习阅读，实质是学习如何理解语篇，即如何与文本对话"，学生要依靠语文学习经验以及自己的生活经验，去产生"他的理解与感受"，而不是一些僵硬的知识。在写作教学中也是如此，如果只是刻板地按照"起因—经过—结果"来写事情，从介绍地方写起，那么学生的习作将是呆板的。叶圣陶老先生曾经说过，写作就像说话一样，因为表达的需要而存在。在读写教学中，教师应该尝试创设真实情境，让学生在积极的语文实践活动中充分调动自己的生活经验，在问题解决的过程中综合开展读写实践，不断转化，进而提升自身的语文核心素养。

（二）关系割裂：读写结合单向化，互动建构不足

单向的"以读促写"模式中，忽视了阅读和写作之间应有的双向互动与渗透，导致两者未能实现真正的有机结合。受传统教学方式的影响，教师常常将阅读与写作分开来，认为阅读课是阅读课，写作课是写作课。在问卷中发现，教师普遍畏惧写作教学，仅有36.17%的教师表示相比于阅读教学，更喜欢习作教学。在日常的公开课，尤其是重大的公开课展示时，教师都会避开写作教学。之所以形成这样的局面，问卷中显示，教师存在着没有抓手、过多依赖于学生日常积累、开放度太大、前期准备时间长等顾虑，即便有所关联，但现在的读写结合教学主要是"以读促写"的读写教学。教师为了提升学生的写作水平，在阅读课执教的过程中，会将理解文本的方法化为写作的方法。最为常见的是，在执教完某种句式或者段式之后，便让学生进行句法的仿说和仿写。这是一种阅读和写作两种能力的简单叠加或随意训练，学生可能能够在短时间内掌握一定的表达方式，但是这种表达是否能够应用于日常的交流中有待商榷。"读写"教学所强调的阅读与写作之间的紧密联系

是双向转化的,在读写教学开展前,教师首先要想清楚,学生在这一段时间里要读什么,写什么,读写之间的先后顺序是什么,如何从扶到放,让学生自主学会一类文体或一种主题的阅读与写作。

(三)方式割裂:读写实施功利化,过程建构不足

读写学习是一个建构的过程,教学过于注重最终成果的输出,反而容易忽视过程中的思维引导与情感培养,形成系统的思维和表达能力。长期受应试教育的影响,很多教师在读写教学中过分关注学生学业成果的获得,而对学生学习过程中动机、思维、情感、意志等关注不足,这在一定程度上限制了学生的核心素养发展。具体表现在作文教学过分注重最后文章的输出,对学生的习作过程缺少过程性指导和评价,导致习作成为学生语文学习的"老大难",更因为"无料可写""无从表达""无法评价"而让很多学生对写作望而却步。同样,阅读时,又因过于重视学生作品内容的分析与理解,而对过程中的思维方式、方法策略不加以引导,对学生现实表达与学习的需要缺乏必要的关注,导致学生对于作品的理解浮于表面,难以关联现实生活,更不要说为现实表达与学习需要服务。

随着认知心理学的发展,学者们提出写作与阅读是人思维活动和问题解决的过程。过程性读与写更关注学习过程、学习者的经验世界以及作者的思维过程。过程性读与写使学生能够清晰地感知到阅读与写作是如何发生的,在阅读中输入,在写作中输出,积累丰富的背景知识、激活生活经验,通过读写能力的有效转换,在真实的语言实践中有效输出。可视化的路径,可以减轻学生的心理压力,符合语言认知和建构的规律,更符合当前课改的要求。"语文新课标"也多次强调语文教学应该关注"学生的学习过程和学习进步",注重在过程中评价学生的学习,凸显课程的"阶段性、发展性",实现学习的不断"进

阶"。新时代，开展过程性读写教学成为落实核心素养的关键举措之一。

通过对当前小学中高年段读写教学的审视，我们可以清晰地看到三大核心问题：背景割裂、关系割裂、方式割裂。这些问题共同导致了读写教学的机械化和浅层化，难以有效提升学生的语文核心素养。这些问题表明，当前的读写教学未能充分体现读写教学的功能意义，读写教学如何进一步融合发展成为亟需思考的新方向。

第二节 ‖ 小学中高年段读写教学的发展趋势

一、从点状结合走向有机融合的读写教学

（一）建构特点：读写结合的点状思维

1. 结合点选取随意

几个颇具规模的读写融合实验在深入探索与实践后，各自归纳出了一系列丰富多样的读写结合要点，展现了读写结合领域的多元性与深度。举例来说，曾齐圣在其"初中语文读写结合系列训练"项目中，经过精心设计与实施，系统地提炼出了36个具有实践指导意义的读写结合点，为初中阶段的读写教学提供了宝贵的参考。而丁有宽则凭借多年的读写结合实践经验，通过反复验证与总结，提出了多条"读写互动规律"，揭示了读写活动之间的内在联系与相互作用机制。

在更广泛的教学实践层面，不同学者基于各自的研究视角与教学经验，纷纷提出了各具特色且富有创新性的读写结合策略。这些策略不仅丰富了读

写结合的教学实践，也促进了读写理论的进一步发展。

然而，在肯定这些成果的同时，我们也应看到其中存在的问题。正如一些敏锐的研究者所指出的，当前多数学者在选择读写结合点时，往往过于集中于语言运用、思想内容表达、写作策略与技巧，以及思维逻辑等显性层面。这些方面虽然重要，但过分强调可能导致对读写活动更深层次内涵探讨的忽视。

更为关键的是，对于为何选择这些特定的读写结合点，许多研究与实践往往缺乏充分的理论论证与支撑。这种选择上的随意性与缺乏系统性，不仅可能影响到读写教学的有效性与针对性，也可能限制了学生读写能力的全面发展与提升。

2. 结合形式集中

在读写结合的教学实践中，仿写作为一种常见且直接的方式占据着主导地位。教师们通常会精心挑选课文作为典范，并围绕这些文本组织学生进行深入的学习与模仿。首先，他们引导学生从文章的谋篇布局出发，探究其整体结构如何支撑主题表达；接着，细致分析写作技法，如比喻、拟人等修辞手法的巧妙运用；最后，深入到遣词造句的层面，品味语言的美感与精准度。在此基础上，学生被鼓励尝试模仿这些优秀作品的风格与技巧，进行自己的写作实践。

当然，这种以仿写为主的读写结合形式也带来了一系列值得反思的问题。首先，它往往过于注重形式的模仿，而忽视了文本背后丰富的内容与深层的意蕴。在仿写的过程中，学生们可能更多的是在机械地复制文本的外在形式，而未能深入挖掘和理解文本所承载的思想情感、文化内涵以及审美价值。

此外，这种读写结合方式还可能导致阅读本身所具有的多重功能被边缘化或忽视。阅读不仅仅是为了学习写作技巧，它更是一种审美创造的过程，能够激发读者的想象力与创造力；同时，它也是思维发展的重要途径，通过阅读，读者可以拓宽视野、深化思考；更重要的是，阅读还是文化传承的桥梁，它让读者得以接触和理解不同时代的文化精髓。然而，在以仿写为主的读写结合中，这些阅读的多重功能往往被简化为单一的"例文"分析，文本作为丰富教学资源的多重意义与张力被大大削弱。[1]

（二）理论发展：从结合到融合

随着认知心理学、心理语言学等学科的深入研究，教育者逐渐认识到读写活动的内在联系和相互促进性。近年来，读写融合理论在教育领域逐渐崭露头角，成为研究与实践的热点。从认知学习的视角出发，齐传斌以认知学习为理论基础，提出人类对读写关系的认识已经形成了从读写结合到读写融合的迭代。唐玉芳进一步阐述，读写结合往往停留在对阅读与写作内容的简单叠加层面，而读写融合则要求实现双方双向的相互影响、相互成就，从而达到更高层次的学习效果。因此，读写融合不仅是对传统读写结合观念的继承，更是在其基础上的深化与超越，体现了对读写关系更为全面和深入的理解。

在国际研究中，有学者依托定量研究的方法，创设了交互式动态读写模型。该模型强调读和写产生于多种共享知识认知过程中，体现了读写活动的动态性和交互性，如图1-3。[2]

此外，随着全球化与信息化的不断推进，读写融合理论的视角也在逐渐拓宽。西方国家的学者开始从社会文化视角审视读写关系，强调阅读和写作是在社会中完成的，不仅是认知活动，还受到文化、历史和制度等多重因素

---

[1] 吕映.读写共栖：读写结合的深度迭代［J］.语文建设，2023（16）：30-35.
[2] Alves R A, Limpo T, Malatesha Joshi R. Reading-Writing Connections［J］. Towards integrative literacy science, 2020: 19.

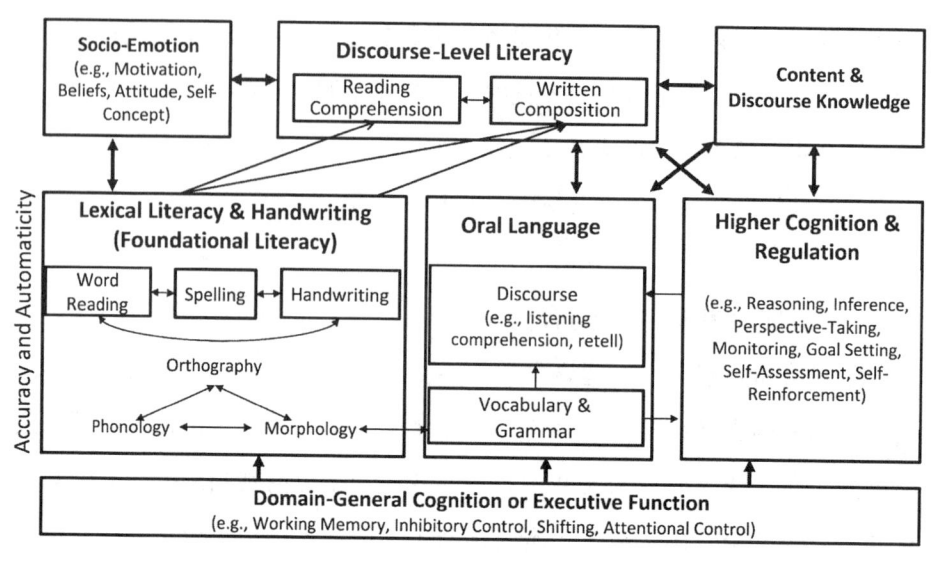

图1-3　交互式动态读写模型（Interactive dynamic literacy model）

的影响。① 联合国教科文组织对literacy概念的拓展也反映了这一趋势，它将读写能力视为在日益数字化、文本介导、信息丰富和快速变化的世界中识别、理解、解释、创造和沟通的重要手段。② 综上所述，读写融合理论在不断发展中逐渐充盈和完善，为教育实践提供了更为科学、全面的指导。

（三）读写融合的实践策略

对于如何在实践中践行读写融合，学者们给出了多样化的路径。从宏观层面来看，第一，教—学—评全流程实施融合。例如，付志敏提出，教师要聚焦语文学科特点，制定合理的教学目标，创新读写教学方式，完善教学评

---

① Gee J P. A situated-sociocultural approach to literacy and technology [J]. The new literacies: Multiple perspectives on research and practice, 2010: 165-193.
② UNESCO. What you need to know about literacy [EB/OL]. (2024-09-14) [2024-10-07]. https://www.unesco.org/en/literacy/need-know.

价。① 也有学者依托单元教学，提出读写融合可以设计单元学习任务群、板块整合、锚定单元核心要素开展融合评价。② 胡碧芬等也支持这一观点。③ 第二，建立读写融合循环机制。在融合路径方面展开研究的学者都强调了读与写的循环往复，但黄伟将路径表述为机制的构建，并认为一共需要构建三个层次的机制：（1）建立读写互动的习惯养成机制。（2）建立连贯的联动读写循环机制。（3）建立技术支持下的多维互动、多方融合和广泛交流机制。通过三个机制的建立，从而实现读写融合的"双向共赴"。④

二、从离散训练走向渐进开展的读写教学

传统的读写教学模式主要表现出训练的离散性，这一特点主要表现在两个方面。

（一）结构特点：读写训练的离散状态

1. 目标与层次的非系统性

在读写教学的实践中，活动主要是相互独立的单元，缺乏一个整体性的规划和长远的目标框架。通过对现有教学实践的梳理，我们观察到教师大多依据教材内容或即时的教学需求来安排读写任务，这种做法虽然具有一定的灵活性，但也导致了读写训练的非系统性。

---

① 付志敏.教学评一体化背景下小学语文读写融合思考[J].语文世界，2024（02）：23-24.
② 吴书铭.读写融合：单元整体教学视域下习作单元教学策略探析[J].求知导刊，2023（36）：41-43+52.
③ 胡碧芬.教、学、评一致性背景下的小学语文读写融合[J].福建教育学院学报，2020，21（06）：74-75.
④ 黄伟.读写融合：追求双向共赴和双效共生[J].语文建设，2023（15）：4-9.

具体而言，这种非系统性表现为对读写技能内在联系和逐步积累过程的忽视。在阅读教学中，教师可能会直接引入高难度的文本分析，而未能先为学生构建坚实的语言基础和思维框架。同样，在写作教学中，也可能直接要求学生完成具有挑战性的写作任务，却忽略了通过逐步的练习和反馈来帮助学生建立写作信心、掌握写作技巧。这种缺乏铺垫和衔接的教学方式，无疑增加了学生形成系统、连贯读写能力的难度。

另一个值得关注的离散状态是，在读写训练中较难形成明确的长程教学目标和层次分明的教学计划。教师往往过于关注当前的教学任务，而未能从更长远的角度考虑学生读写能力的持续发展和提升。这种缺失不仅使得教学缺乏连贯性和方向性，还可能导致学生在学习过程中感到迷茫和无所适从。没有明确的目标导向，学生的学习动力和兴趣可能难以持续。

2. 学生心理特点研究的不深入

在探讨读写结合的教学方法时，有研究者对美国的相关实践进行了深入分析，发现美国的研究者高度重视根据学生不同发展阶段的特点来构建读写共用的知识和技能体系。[1]他们深入探索了每个阶段学生应掌握的读写技能，以及这些技能如何相互促进、共同发展。然而，对比之下，国内对于中学阶段如何有序展开读写结合的研究尚显不足。

事实上，学生在不同的学习阶段，其心理特征、认知能力和学习需求均呈现出显著的差异。这些差异不仅体现在他们对知识和技能的掌握上，更体现在他们对读写学习方式和方法的偏好上。阅读与写作作为语言学习的两大核心要素，其能力增长的过程和学习方法在不同阶段并不完全一致，因此，

---

[1] 李本友.中美两国读写结合路径建构的比较研究［J］.课程·教材·教法，2012，32（10）：116-120.

简单地将读写同步进行，或是不考虑学生实际发展阶段而盲目结合读写，可能并不符合教学规律。

具体而言，学生在低年级阶段可能更需要通过阅读来积累语言素材、拓宽视野，并初步形成对文本的理解和感悟能力；而在高年级阶段，则可能更需要通过写作来深化对阅读内容的理解，表达个人见解，并提升语言运用的准确性和流畅性。因此，各阶段读写是否结合、结合的内容和方式，都应基于学生的心理特点和能力需求进行科学设计。①

遗憾的是，当前国内在读写结合的教学实践中，往往缺乏对学生心理特点的深入分析和读写难度层次的细致考量，导致读写结合的序列可能不够合理，甚至可能限制学生的思维发展和读写能力的提升。正如李丽华通过我国传统语文读写结合的演变所反思的那样，读写结合在科学性和系统性方面仍有待进一步加强。因此，未来的研究和实践应更加关注学生的心理特点，深入探索读写结合的规律和方法，以促进学生的全面发展。

（二）渐进开展：新理念下的探索

针对离散训练的局限，许多学者认可读写活动应遵循渐进开展的理念，并从多个角度提出了具体实践的措施。

1. 整体规划，分步实施

这一策略的核心在于，将复杂的读写任务分解为若干个子任务，每个子任务都聚焦于读写过程中的一个或几个关键部分。通过让学生逐步练习和掌握这些子任务，最终实现对整个写作过程的熟练掌握。

---

① 李丽华.我国传统语文读写结合演变与反思［J］.河北师范大学学报（教育科学版），2023，25（06）：126-130.

吕映基于认知负荷理论提出了操控重点（emphasis manipulation）的方法。[1]他指出，写作作为读写教学中的重要组成部分，是一项极具挑战性的综合性任务。它要求学生不仅要具备清晰表达观点的能力，还要能够巧妙地谋篇布局、组织句段，并准确运用字词进行书写。对于初学者而言，这些认知技能几乎都是全新的挑战，需要他们投入大量的时间和精力去练习和掌握。因此，以"操控重点"为例，这是一种有效地减少内部认知负荷的方法。在写作教学的初期阶段，教师可以引导学生专注于写作的几个核心要素，如主题阐述、段落构建等，而暂时忽略其他非核心要素。这样，学生可以更加集中地练习和掌握这些关键技能，从而为后续的写作学习打下坚实的基础。整体规划、分步实施的教学策略，可以为学生构建一个逐步攀升的读写能力阶梯，帮助他们稳步提升读写水平。

2. 立足融合，制定读写目标

针对离散训练在读写教学中的局限性，众多学者力推渐进开展的教学理念，并特别强调读写活动不应是读与写的简单叠加或完全分离，而应是一个有机融合的整体。因此，学者认为，在制定读写教学目标时，便必须立足融合，构建一体化的教学体系。

一方面，在备课阶段，教师需要精心梳理教材内容，深入挖掘读写之间的内在联系，以确保读写教学目标的科学性和针对性。这些目标不仅要明确指向阅读和写作两个方面，还要实现两者的深度融合。另一方面，读写目标的设置必须体现出阶段性特征，符合学生的认知发展规律。[2]教师应根据学生的实际情况和学习需求，遵循由易到难、循序渐进的基本原则，

---

[1] 吕映.认知负荷理论视域下读写结合的教学建议［J］.语文建设，2024（18）：19-23.
[2] 彭仁彩.浅析读写结合教学法在小学语文教学中的应用策略［J］.国家通用语言文字教学与研究，2024（07）：135-137.

制订出一系列既有挑战性又可操作的读写目标。这些目标应相互衔接、逐步深入，形成一个完整的读写教学体系，以确保学生能够稳步提升自己的读写能力。

三、从刻板训练走向自然渗透的读写教学

在探索读写教学的多元路径中，我们观察到传统读写训练方法呈现出一系列独特的特点，这些特点在一定程度上塑造了其教学风貌。

（一）操作特点：读写训练的刻板机械

1. 基础知识传授的直接性

传统读写训练以直接传授基础知识为核心，包括字词积累、句型结构、篇章布局等。教师通过详细的讲解、示范以及大量的练习，确保学生能够熟练掌握这些基本技能。这种直接性的知识传授方式，使得学生能够快速接触到读写学习的基本框架。

2. 技能训练的模式化

在读写训练中，特别是写作部分，传统方法倾向于提供固定的模式和框架供学生模仿和套用。这种模式化的技能训练，虽然有助于学生在特定情境下快速完成任务，但也可能限制了他们创新思维和个性化表达的发展。

3. 练习强度的重复性

为了巩固所学知识，传统读写训练往往包含大量的重复性练习。这种高强度的练习虽然能够帮助学生熟悉读写技巧，但也可能导致学习兴趣的下降和学习效率的降低。学生在反复练习中可能只是表面上掌握了知识，而未能

实现深入的理解和灵活的运用。

综上所述，传统读写训练以其基础知识传授的直接性、技能训练的模式化以及练习强度的重复性为特点，构成了其独特的教学风貌。然而，随着教育理念的不断进步和教学实践的深入探索，"教师虽倾囊相授，学生却常止步于知识的机械应用，难以自如地在不同情境中穿梭运用"的读写训练悖论值得重视，构建一个更加贴近自然、充满情境的读写学习环境的重要性愈加凸显。因此，我们需要不断探索和创新读写教学方法，以更好地适应学生的学习需求和时代的发展要求。

（二）自然渗透为读写活动注入新力量

自然渗透就是指学习是在自然、真实、富有情境的环境中进行的。它反对机械的记忆和套用，提倡学生在实际运用中理解、掌握和运用知识。自然渗透的教学注重学生的主体性和主动性，鼓励学生通过探索、实践、反思等方式来深化对知识的理解，并培养迁移和运用的能力。学者们提出的多种方式，都是在践行自然渗透的理念。

1. 创设真实情境

在读写教学中，教师应积极创设真实或模拟的情境，让学生在接近实际的语言环境中进行读写活动。有学者认为，在教学中，要为学生构建具有还原性、感染性、趣味性的"浸润式"课堂[1]，而谢灵峰等则更是搭建了"入浸—沉浸—出浸"的学习过程，指出首先确立核心价值观，筛选多元议题，接着创设出相应文化情境，再通过设置情境任务、强化真实体验的方法促进

---

[1] 王琼敏.小学语文古诗词浸润式教学探析——以小学语文高年段古诗词教学为例[J].甘肃教育，2024（12）：88-91.

深入理解。[①]此外，可以组织学生进行角色扮演、情景对话、写作练习等，让他们在具体的语境中运用所学的读写知识，加深对知识的理解和记忆。例如张兰就提出了双向生活场景创设、多轮共读机会创设及多重陪同角色创设使学生随时随地开展浸润式阅读。[②]

2. 聚焦实践问题的解决

自然渗透的教学理念，其深远意义不仅在于知识的传授与技能的培养，更在于它强烈倡导将所学知识转化为解决实际问题的能力。这一发展趋势鼓励学生跳出书本的束缚，将课堂上学到的读写知识运用到实际生活中，无论是通过撰写社会评论来参与公共事务，还是通过创作个人故事来表达自我情感，抑或是通过调研报告来探索未知领域，都是将读写能力转化为实际行动的有力体现。这样的教学实践，不仅增强了学生的社会责任感，也极大地提升了他们的问题解决能力和创新思维。

当前文本类型日益多元，从传统的文学作品到新兴的社交媒体内容，从学术论文到日常对话，每一种文本都承载着不同的信息和价值。[③]自然渗透的教学理念要求学生不仅能够阅读这些多样化的文本，更要深入理解其背后的文化、社会和个人意义，进而在读写活动中灵活运用。这要求教师在教学过程中，不仅要教授读写技巧，更要引导学生学会根据文本类型调整阅读策略，批判性地分析文本内容，以及将不同文本中的信息和观点整合到自己的读写实践中。

---

① 谢灵峰，罗孝辉.高中语文传统文化浸润式教学的价值取向与实践策略[J].教育科学论坛，2024（22）：5-10.
② 张兰.浸润式教学在"和大人一起读"中的运用[J].小学语文教学，2022（26）：27.
③ 王海澜.多元动态之读写理论：阅读战争之后美国阅读理论的走向[J].全球教育展望，2014（05）：87-96.

为了实现这一目标，教师可以设计一系列基于真实情境的读写任务，如让学生围绕一个社会议题收集并分析不同来源的文本资料，撰写综合报告或进行口头演讲[①]；或者让学生参与社区服务项目，通过撰写宣传材料、设计海报等方式，将读写技能应用于社会服务中。这些实践活动不仅能够帮助学生加深对多元文本的理解和应用，还能培养他们的信息素养、批判性思维和跨文化交流能力，使他们在面对复杂多变的信息环境时，能够游刃有余地读写、分析和创造。

第三节 ‖ 基于浸润式学习的读写教学的探索

一、构建背景

浸润式读写理论（Immersive Reading and Writing Theory）的出现背景与当代教育、技术发展及认知科学的进步密切相关。其背后的驱动力主要有以下几个方面。

（一）新时代教育更加关注综合素养提升

传统的读写教学往往强调阅读和写作的工具性，注重词汇、语法、结构等语言技巧的训练。然而，21世纪的教育理念更加关注学生的批判性思维、创造力和跨学科能力的发展。在联合国教科文组织发布的《学会生存：教育世界的今天和明天》《教育：内在的财富》《一起重新构想我们的未来：为教

---

① 王晓东. "三有"教学：小学语文跨学科学习的实施［J］.亚太教育，2024（18）：22-24.

育打造新的社会契约》等文章中指出，我们的教育是要培养"完善的人，能够适应时代变革、解决实际问题的人"。巴克敏斯特·富勒认为新知识在1900年就翻了一倍，之后，估计每18个月将会翻一番。知识正在以指数倍快速膨胀。显然，只是停留于知识或技法层面的教学可能无法帮助学生更好地适应未来生活。因此，浸润式读写理论应运而生，倡导通过沉浸式的体验让学生不要游离于生活、学校之外，而是沉浸于解决真实生活的问题之中，使学生在阅读和写作转化的过程中能够更好地融入情境、发展思维和解决实际问题，以润物无声的方式自然地提升综合素养。

（二）认知科学研究更加强调情境与过程

伴随着技术的进步带来的脑科学和认知科学的迅猛发展，在大量实验的支持下，研究者发现人类的认知是一个复杂的信息加工过程，这个过程不是线性发展的，而是受主体所处的环境影响较大。当学习者置身于某种情境时，尤其是问题解决情境时，他们会主动调用已有的知识经验与同伴一起讨论，进行分析、判断并创造性地运用多种方法来解决问题。在这一过程中，学生的学习兴趣和主动性得以激发，思维能力和实践能力得以快速提升，能够更好地适应未来的社会生活。这些认知科学的理论研究为读写教学提供了新的视角和方法。首先，受认知科学理论强调的过程观的影响，浸润式读写教学可能需要从学生学习进程的角度考虑读与写的过程，让学生在序列化的学习中和伴随性的多方面评价中，逐渐提升读写能力、思维能力、创造力、合作能力等综合素质；而情境教学则要求读写教学要将读写活动与实际生活场景紧密相连，使学生置身于真实丰富的情境中，借助角色扮演、情景模拟等方式，运用一定策略进行阅读与写作，从而提高学生的学习兴趣和参与度。

（三）信息技术发展更加强调多模态学习

在5G、物联网、大数据等新兴技术高速发展的推动下，社会已然迈入了智能化的信息时代。这种快速变革为教育教学领域带来了全新的挑战和机遇。数字化阅读和写作形式的兴起，已然成为教育技术革新的重要标志。数字化工具以其独特的优势，如拓展现实、数字全息影像和现实虚拟等功用，极大地改变了传统的阅读和写作模式。具体来说，这些工具不仅提供了丰富的文本资源，还包含了图像、声音、视频等多种模态的信息，为读者创造了一个浸润式的阅读环境，使得读者可以更加直观地理解和感知信息，从而提高了阅读和写作的效率和效果，与传统的读写教学有着明显的区别。传统的读写教学是线性的、单向的，而数字化工具的多模态资源呈现，在很大程度上赋予了学习者丰富的视听感受，增强了学习效能。因此，越来越多的教育者开始探索如何将数字化的多模态体验与传统的读写技能相结合，创设更加丰富的教学情境，提供更加个性化的学习体验，以实现更高效的信息处理和更好的学习效果。

（四）跨学科学习需要浸润式读写的支持

现实世界是一个复杂的世界，学生在现实世界中所面临的问题，往往涉及多个学科领域的知识和方法，在全面理解和解决这些复杂问题的时候，也需要综合运用多个学科的视角和方法，这就促使跨学科学习的产生。与此同时，伴随着科学技术的迅猛发展，学科之间的边界也越来越模糊。其实早在20世纪20年代，美国心理学家伍德沃斯就提出了"跨学科学习"的理念，该理念强调要以一个学科为中心，运用不同的学科知识，展示对所指向的共同问题进行加工设计。后来，美国、日本、德国等国家也展开了学科的交叉构建与实施。跨学科学习通常围绕真实的情境与问题展开，这些情境和问题为读写教学提供了具体的背景和目的。反过来，浸润式读写理论不仅仅局限于语言教育领域，还与艺术、媒体研究、设计、游戏化学习等多个学科结合。浸润式读写教学通过设计系列化的读写任务，让学生在完成任务的过程中获取资源，为跨学科学习的有效开展提供支持，帮助学生更好地完成跨学科学习。

总之，浸润式读写理论的出现反映了信息技术与教育相结合的趋势，同时也体现了对学习者认知过程的更深层次理解，推动了教育理论的创新和实践的变革。

二、可行性分析

（一）理论探析：浸润式教学对读写教学的发展助力

读写融合在实践过程中产生了一些共性问题。首先，对教材的大单元意识的强调还不够，对教材资源的挖掘还不够深入。许多实践者在解读教材时将单元、课文分割进行研究[1]，不仅忽略了不同文章之间的联系，也忽视了语文要素学习的连贯性和螺旋性，从而将读与写完全分离开来。其次，读写融合的形式还有待丰富，读写融合点还不够清晰。有学者提到一些教师往往只是在讲完课文后简单地设计一些小练笔内容，将其作为读写融合的策略。[2]这样的方式并没有实现读写互促的目标。第三，读写融合的指导不够流畅。

---

[1] 杨耀霞.梳理·对话·实践·点评——小学语文读写融合教学的具体途径[J].语文教学通讯（学术刊），2023（01）：61-63.
[2] 杨蓉.部编版教材理念下小学语文单元主题式读写融合教学策略探究[J].国家通用语言文字教学与研究，2024（03）：162-164.

在教学中，部分教师就只呈现知识，并认为这样就算完成了教学的流程。然而，思维学习、如何迁移还缺乏教师的启发以及情境的具体沉浸。

而浸润式教学的优势直指读写融合的现实阻碍。第一，强调情境的浸润。学生是在生活化、趣味化的情境中将知识潜移默化地习得的，读与写在流畅的衔接中得以融合。第二，把握启发与主体性。在浸润式教学中，教师主要起到引导的作用，通过巧妙的设问让学生自主开展顺应与同化，发展思维。第三，关注实施策略的多样化。浸润式教学模式的特点本身就要求教师在实践中要以例如游戏、扮演角色等方法帮助学生营造良好的浸润环境，为教学环节的实施提供坚实基础。

总而言之，即使研究者们将读写融合与浸润式教学分而论之，也可以看出浸润式与读写融合存在契合之处，可以加以运用并探索。

（二）实践探索：浸润式教学在读写教学中的应用

有部分学者不约而同地将读写融合提升到了浸润式教学模式实施要点的核心位置，视其为增强学生语言实践能力、推动其综合素养全面提升的关键路径。

1. 阅读教学中的浸润式融合

有学者认为，真实的语言运用情境对于阅读教学至关重要，在这样的浸润中通过听、说、读、写等多元化活动，阅读效果得以提升。[1]其一，在读中写。以《猎人海力布》课文为例，薛雯晶表示通过"我会讲"的环节，让学生在创意复述—文字记录的读写过程中，了解故事梗概，为深入学习课程

---

[1] 薛雯晶.浸润式教学在阅读教学中的应用[J].小学阅读指南（低年级版），2024（07）：61-63.

奠定基础。王红霞也认为教师要找准读写融合的点，例如在《白鹭》的教学中，教师可以结合白鹭的身形姿态和修辞手法，让学生对如何描写美有了解并进行写作尝试。此外，课本剧活动也是浸润式语言教学中读写融合的热门选择。学生不仅在体验角色的思想感情，而且在揣摩中根据角色的性格特点进行对话创意撰写。[①]其二，在读后写。基于学生的学习特点，教师可以充分利用课文资源，选取适合模仿学习的段落，帮助学生养成读写助学的良好习惯。王文辉指出由于仿写作业篇幅短、目标明确，高中生的畏难情绪大大降低，教师可以快速地指导和反馈，对于提高学生的文学创造力和写作能力具有很大的作用。[②]与此同时，以案例为引入，学生作为主体进行改写。薛雯晶在实践中就曾引导学生写作《我理想的〈现代汉语词典〉》等小论文；引导学生优化教材内容，如韵母表的优化设计等[③]。

2. 写作教学中的浸润式读写融合

在整合单元资源中把阅读和写作紧密融合起来。王红霞认为教师在拿到教材时，要熟悉教材，通过阅读理解总结主题单元的表达主体是什么的，在整合中将目标贯穿于教学中，并可以在单元结束后以该主题为方向，进行主题写作。也可以展示课文描写的对象，让学生针对性地锻炼写作方法。[④]也有学者批评了作文教学中下课前布置题目—课后写—课后评的无引导问题，

---

① 马正学.浸润式教学在初中语文教学中的探讨[J].家长，2019（05）：8+10.
② 王文辉.浅析"浸润式"教学在高中语文中的应用策略[J].科教文汇（下旬刊），2019（15）：129-130.
③ 张春泉."语言文字+"：浸润式"现代汉语"课程思政举隅[J].当代教育理论与实践，2023，15（01）：7-12.
④ 薛雯晶.浸润式教学在阅读教学中的应用[J].小学阅读指南（低年级版），2024（07）：61-63.

指出浸润式写作教学也要关注阅读。①第一，课堂上拓展资源，提供范本，以仿带写。第二，课堂上多练笔。不仅可以写写问题思路、答题方法，也可以写感受体会等。在写前也可以多关注周围的人和事，利用课前五分钟列举自己最关心的社会事件，丰富自己的写作素材。第三，课堂上反复修改。教师针对学生修改后的作文再次进行讲评，把修改前后的作文进行比较，让学生在比较阅读中促进写作素养的提升。

3. 诗词教学中的浸润式读写融合

诗歌作为我国经典文化的重要组成部分，是学习文化知识、情感及表达手法的重要文体。在学习诗情诗意的基础上，浸润式读写融合为诗境的感悟提供了重要抓手。有学者认为，为了达到这种境界，教师应该为学生创设一种角色转化的体验形式，实现诗人与读者的对话。②在这个过程中，读写融合一方面体现在知识迁移的转化中。诗歌凝练优美的特点是锻炼仿写的重要素材。教师可以围绕某一知识点，例如模仿诗句的语言表达格式，让学生进行语言实践。另一方面，还体现在课外延伸处的转换中。基于诗歌的阅读和品析，教师可以营造延伸的场景，让学生发挥想象力进行续写。有些学者认为，读写融合也为诗情体悟提供思路。教师可以通过横向对比阅读相同题材的故事，或纵向对比作者不同时期的故事，学习情感的区别与表达，再通过改写为文章的形式体悟诗歌语言的魅力。③特别是对于低年级的学生而言，读一读的感知能够激发他们创作诗歌的兴趣，例如通过改编、续写等形式让

---

① 梁军秀.高中作文浸润式教学构想［J］.中学语文，2019（15）：38-40.

② 刘茂勇.浸润式教学：为古诗深度学习注入活力［J］.教学月刊小学版（语文），2022（03）：48-51.

③ 王琼敏.小学语文古诗词浸润式教学探析——以小学语文高年段古诗词教学为例［J］.甘肃教育，2024（12）：88-91.

诗歌学习更有生命力。①

(三) 研究展望：构建浸润式读写融合的教学体系

整体来看，关于浸润式读写融合的研究展现出了鲜明的"解构式"特点，这种特点体现在研究者们对这一概念的多维度解析与深入探讨上。在概念界定层面，关于"浸润式读写融合"的理解存在着显著的学术分歧。一部分学者倾向于将其视为一种具体的教学方法，强调其在课堂教学中的实际应用与操作流程。而另一部分学者则更倾向于将其看作是一种先进的教学理念，认为它代表着一种全新的教育哲学和价值取向。这种概念界定的多样性，虽然丰富了浸润式读写融合的理论内涵，但也可能在一定程度上造成概念使用的混乱，导致较少有研究者直接采用"浸润式读写融合"这一统一概念进行深入研究。

然而，在当前语文学科核心素养日益受到重视、新课程新教材改革不断推进的背景下，浸润式教学的实施与探索已经无法回避对读写关系的深刻思考。读写作为语文学习的两大基石，其融合与相互促进成为提升教学质量、培养学生综合素养的关键。因此，尽管概念界定上存在分歧，但越来越多的学者开始尝试在策略研究中将浸润式教学与读写融合紧密联系起来，以期找到两者之间的最佳结合点。

在这一过程中，不少学者还援引了实际的教学案例，通过实证研究的方法探索了读写融合策略与浸润式教学的有效性。这些案例不仅为理论研究提供了有力的支撑，也为一线教师提供了可借鉴、可复制的教学模式和方法。

---

① 缪霞飞,周贤.小学低年级儿童诗"浸润式教学"的方法与策略[J].小学生作文辅导（语文园地），2019（06）：62.

因此，在浸润式教学与读写融合主题的研究基础上，我们迫切需要以整体建构的视角，对浸润式读写融合进行更为系统、深入的探索。这意味着我们要进一步明确浸润式读写融合的概念界定、理论基础、实施策略以及评价标准，形成一套完整、科学的教学体系。同时，我们还需要加强实证研究，通过更多的教学案例来验证和完善这一教学体系，从而推动浸润式读写融合在教学实践中的广泛应用，为学生的全面发展奠定坚实的基础。

第二章 浸润式读写的理论构建

第一节 ‖ 浸润式读写的理论基础

一、情境学习理论

20世纪初期，美国著名教育家杜威提出，"学校环境是一种和学生生活紧密相关的环境，以帮助学生更有效地学习与成长，从而获得实际的经验"。他认为情境学习应该应用于课堂教学，生活是真正的教育家，而学生求学的地方却成为世界上最难取得实际经验的地方，要把社会搬到学校和课堂中。1929年，怀特海在《教育的目的》一书中同样指出，在无背景的情境下所获得的知识，经常是惰性的和不具备实践作用的。1989年，布朗、杜吉德等人在《情境认知与学习》一文中指出，知识与活动是不可分的，知识在活动中，在其丰富的情境中，不断地被运用和发展，知识是具有情境性的。虽然他们都强调了开展学校教育应该关注真实情境的创设，然而尚未形成系统的理论。

直到1991年，莱夫（Jean Lave）和温格（Etienne Wenger）在他们的合著《情境学习：合法的边缘性参与》中，提到了"学习不是抽象的、去情境化的知识从一个人传递给另一个人，学习渗透在一个特定的情境即特定的社会和自然环境之中，学与用要结合起来"，指出学校教育应该立足整个社会大环境。在此之后，情境学习理论不断被丰富，在实践领域也进行了诸多探索，出现了情境化（Situatedness）、情境性（Situativity）等词语。所谓情境学习，

1999年，我国教育学家顾明远先生在《教育大辞典》中这样定义：情境教学是指创设含有真实事件或真实问题的情境，让学生在探究事件或解决问题的过程中自主地理解知识、建构意义。显然，与过往言语传授的教学方式有所不同，情境学习期盼学生能够在一种真实而自然的情境中，探究学习，激发学习热情，统整认知与情感活动，使其能够在潜移默化的过程中习得大量的知识，并且能够自然而然地迁移运用。读写教学同样如此，如果只是让学生阅读之后进行简单的语言表达形式上的模仿，那么学生可能收获甚少，因为僵化、机械、无意义的知识并不能促进学生素养的形成。而基于真实生活情境的知识应用与创造更具有迁移的效力，学生也更喜欢。因此，在读写教学开展的过程中，有必要借鉴情境学习的相关理论研究，去创设包含一定真实事件或者真实问题的言语实践情境，让学生在发现、探究、合作解决问题的过程中，自然地理解知识，生成意义。

二、脑科学理论

前几年发表在《自然》杂志上的一篇文章探讨了控制思维的大脑前部和记忆有着密切关系，从而也指出了浸润式学习的重要性。在这份研究中，研究者认为大脑依靠不同的电波来"加工"信息，这些电波影响着人的认知发展。正如我们大家所熟知的两种工作记忆，即短时记忆（Short-term Memory）和长时记忆（Long-term Memory），其中短时记忆用于临时存储、处理完成某项任务的信息，这种记忆保持时间较为短暂，而长时记忆则采用多种编码形式长时间存储于头脑中。海马体和前额叶皮层通过β波和θ波在大脑中进行交流，从而形成记忆。其中β波表示正确的关联，是大脑在清醒、警觉和集中注意力时产生的中等频度的电波信号，便于我们集中精力将新信息清晰地印刻在头脑中；而θ波可以弱化错误的关联，帮助大脑整合新信息与已有知识，让记忆变得更加准确、稳固，这种电波是大脑在放松时所产生的低频电波信号。还有一种电波是γ波，是大脑在高度活跃时所产生的一种高频率电波信号，其作用是帮助我们快速从记忆中选取所需要的信息，这种电波与高级认知有着密切的联系。在研究过程中发现，当θ波和γ波并不是矛盾的，而是以一种协同的方式同时工作，且当教师为学生提供一种能够深度参与和体验的学习环境时，学生能够同时唤醒θ波和γ波进行信息的加工，即γ波在θ波保障基础节奏的基础上，还会加快信息的处理，这样使得我们的记忆变得更加准确与高效。因此，作为教育者我们有必要为学生提供浸润式的学习环境，让学生能够全身心地投入到学习之中。[1]

另外，也有研究者发现人脑存在的这些共享的知识领域为读写一体化的开展提供了理论基础。研究者普遍认为，读写两种能力在大脑神经的生理结构上可能共享同一或相关区域，甚至可能拥有大量共通的知识集合[2]。在这一背景下，菲茨杰拉德提出了读写共享知识的概念，认为读写共享知识为阅读和写作的互动提供了有力条件。[3]具体而言，读写共享知识有四类：一是元知识，即认识读写的目的和功能，知道读者和作者的相互影响并自我监控。二是特定领域知识，包括"主题知识"和"先验知识"。三是普遍文本特征知识，诸如语音、词汇、句法、结构组织、段落、篇章等文本属性知识。四是通过阅读与写作来获得的产生式知识和技能，即如何启动、使用及在先前

---

[1] 可参见 https://mp.weixin.qq.com/s/3i2Rgf3j3ZIMS4AMR0T7MQ。
[2] 吕映.读写共栖：读写结合的深度迭代[J].语文建设，2023（16）：30-35.
[3] 金云，李胜利.深度学习视域的"读写结合"：学理阐释与教学核心[J].课程·教材·教法，2020，40（07）：79-85.

掌握的知识范围中产生知识。[1]

三、信息加工理论

20世纪50年代初，心理学家开始质疑当下盛极一时的行为主义理论，并转向认知学习理论，认为学习者不是被动接受刺激的有机体，而是能够主动选择和操纵环境以获取知识，强调人与环境的交互作用是复杂的内在活动历程。为了更好地解释人类思维如何处理、存储和检索信息，1956年，美国心理学家乔治·米勒提出了信息加工理论。该理论将人类的认知系统类比为计算机的信息处理系统。信息从外部环境通过感觉输入，然后经历一系列的加工过程，这就是所谓的"输入—输出"信息处理模式。该模式主要分为四个阶段，分别是输入（Input），信息通过感官输入；编码（Encoding），以特定的方式进行形象或者语义的编码，并被存储在短期记忆和长期记忆中；检索（Retrieval），当需要使用存储的信息时，通过特定的线索和策略从记忆中检索出来；最后输出（Output）。这一"输入—输出"模式强调了信息加工过程中的信息流动和转化。

信息加工理论对读写融合实践具有重要的指导意义。香港大学谢锡金等人指出："阅读要经过这样的过程：字词辨别，句子处理，读者把握语篇的表面讯息；读者根据语篇的字面讯息，推论字里行间没有明言的隐含讯息，连贯语篇和建立语篇结构，使语篇衔接并连贯成为一个可理解的整体，读者把所理解的内容与自己的生活经验进行对照与结合，拓展和丰富对世界的认识，进而对语篇进行评价。"也就是说，通过书面文字识别、理解来构建意

---

[1] 荣维东，唐玖江.读写融合的课程原理与实施方式［J］.语文教学通讯，2021（25）：38-41.

义。在阅读过程中，读者会根据其已有的知识、经验和语言技能解释和理解文本中的信息。在写作领域，作者通过一定的组织、结构将思想情感和信息转化为书面形式。根据"输入—输出"的加工模式，不同学者提出了不同的阶段论。如罗曼（D. G. Roham，1964）提出了"写前阶段、写作阶段、重写阶段"的"三段式"模式，而古尔德（Gould，1980）提出了"计划、产出、回顾和完善"的"四段式"模式等。

四、迁移学习理论

迁移是一种学习对另外一种学习的影响。人们日常所说的"举一反三""触类旁通""闻一知十"等都是学习迁移。当前比较具有代表性的迁移学习理论主要有以下几种。首先，19世纪末20世纪初，由桑代克和伍德沃斯提出的"相同要素说"。桑代克通过"形状知觉实验"等系列实验发现，学习任务之间之所以有迁移，原因是它们之间有共同的元素，即具有共同的刺激和反应的联结。奥索伯尔在此基础上，提出迁移发生的基础是学生在特定的知识领域内产生了具有相同特征的认知结构。"一切有意义的学习都是在原有学习的基础上产生的，不受原有认知结构影响的有意义的学习是不存在的。"[1]其次，贾德通过"水下打靶"实验，发现被告知了水中折射原理的学生远比没有告知的学生表现优异，提出了"概括化理论"，认为概括化理论作为两种学习方式共同的产生式规则是保障二者能够迁移的基础。当学习者掌握了概括化理论，并了解了实际应用情况后，学生就能利用概括好了的学习经验去迅速地理解实际需要，并根据需要去

---

[1] 刘淼.作文心理学［M］.北京：高等教育出版社，2001：97.

解决新问题。此外，还有研究者提出迁移的前提除了要关注认知策略的训练、做到可以在多种类似情境中迅速迁移以外，还要注意学生的自我反省情况。

  阅读是理解的过程，是学生在掌握一定的字、词、句、段、篇等基本知识的基础上，来理解别人是如何借助语言文字进行思想情感表达的。而习作则是表达的过程，需要作者充分调用头脑中掌握的字、词、句、段、篇等基本知识来建构文章以表达自己的思想情感。因此，可以说阅读是理解吸收，习作是表达吐纳。显然，阅读与写作具有共同的陈述性知识和认知结构，"由'读'可以获得一类文章的认知结构，在学生大脑中形成一套文章的结构图式，这种结构图式可以与写作形成映射关系，成为写作时的'先行组织者'"[1]。在现实的阅读教学中，教师在引导学生关注阅读的陈述性知识、训练学生的阅读技能之外，还要链接写作，引导学生如何将这些陈述性知识、技能应用于写作之中。习作教学时，教师常常让学生回忆阅读课中所学，并尝试应用。借助这样的方式，学生能够理解阅读与写作可以转化的共同原理。除此之外，教师也会鞭策学生反思在阅读与写作的过程中学到了什么，哪些知识与能力有待于掌握和提升。可见，教师都在利用迁移学习理论进行更好的"读写融合"教学。这也说明"学习迁移理论"不仅成为读写融合的心理基础，更是向实践者提供诸多思考，如教师是否在学生学习写作之前利用阅读为其建立了合理的认知结构，在阅读与写作过程中赋予学生反省认知的调控空间，不断充分利用、丰富该认知结构，高效提升读写能力。

---

[1] 黄伟.读写结合的理论基础[J].江苏教育（小学教学），2013（45）：7-9.

第二节 ‖ 浸润式读写的概念内涵

传统的"读写结合"教学因其过分注重技法的操练、文章的建构、结果的输出，而忽视学生学习知与行、学与用、思与情之间的关系，导致学生素养的形成被搁置。"素养不只是知不知道的问题，而且包括相不相信和行不行动的问题"，"只有教师有目的地、有逻辑地还原或复现知识的原初情境，让学生以经历知识生发过程的方式习得知识"，学生才能"全身心浸入并参与知识原初世界"，才能内化于心，外化于行。[①] 这就需要浸润式读写教学。什么是浸润式读写教学？在回答这个问题之前，有必要理清楚两个问题：第一，"读"与"写"的内涵是什么，当我们谈及"读"与"写"时，是在何种层面进行表达的；第二，"读"与"写"的关系是什么，浸润式读写与当前较为流行的读写关系有何不同。

一、什么是读与写

（一）什么是读

"读"在《现代汉语词典（第七版）》中主要包含三种意思：① 看着文字念出声音，如朗读，宣读；② 阅读，看（文章），如读者，默读；③ 指上学。显然，这里的读，主要是"阅读，看（文章）"的意思。那么究竟什么才是阅读呢？《现代汉语词典（第七版）》中对阅读的解释是"看（书报等）并领会其内容"。与"读"的第二种意思不同，阅读不仅强调行为，还注重行为的结果。詹森曾说："阅读和理解之间的区别仅仅是语义上的区别，因为没有

---

① 罗祖兵，赵力慧.境脉式教学：指向素养发展的知识教学路径[J].教育科学研究，2024（08）：52-60.

理解，阅读就只是追随书页上的记号。"由此可以看出"'阅读'就是'阅读理解'"，"学习阅读本质是学习如何理解语篇，如何与文本进行对话。"[①]那什么是阅读理解，怎样算是理解？根据已有的研究，结合心理学相关研究，我们认为"理解"实际上包含了"解码""解释"两个概念。所谓解码是指学生能认识字词，建立符号和语义的联结。而"解释"主要分为：① 理解表面意思、理解篇章结构；② 能够对自己读到的材料从整体上作出解释；③ 能够结合社会经验对读到的材料产生自己的理解，即表层解码、篇章结构、表层解码。基于此，笔者认为，"读"指的是"阅读"，即通过视觉感知文字、符号等信息，并在大脑中进行理解、分析和处理，从整体上作出合理解释，并结合已有生活经验以及语文学习经验获取知识、思想、情感或其他相关内容的过程。这个过程通常需要调动注意力、思维能力和语言理解能力，是人类获取信息和进行学习的重要方式之一。

（二）什么是写

"写"在《现代汉语词典（第七版）》中解释为：① 用笔在纸上或其他东西上做字，如写草字；② 写作，比如写诗；③ 描写，写景；④ 绘画，写生。由此可见，"写"在形式上是非常丰富的，有的重在用语言文字表达思想或者观点，有的是用语言文字等把事物的形象或客观的事实表达出来，还有的则是强调用色彩、线条把实在的或者想象中的物体形象描绘在纸、布或其他底子上。在本书中，"写"主要指写作，但是不限于文字形式的表达，可以是单纯地用语言文字来表达，也可以用色彩、线条等加以辅助。那究竟什么是写作？从写作目的上看，可以分为以写作为目的的写作和通过写作的写

[①] 王荣生.阅读教学教什么[M].上海：华东师范大学出版社，2014：4.

作，前者更加关注运用写作的概念事实、概念原理、方法、技能等内容来表达观点、思想情感等；而通过写作的写作，则更加强调通过写作来进行一些研究性学习，通过写作来学习。王栋生认为写作有规定状态的写作、自由状态的写作、理想的写作与为了生存的写作之分；而郑桂华老师认为，写作主要分为四类：为了交流的写作、自我抒发的写作、规定状态的写作、自由状态的写作。本书中的"写作"指广义上的写作，指运用文字、符号等书面形式，将个人的思想、情感、观点、信息等通过一定的组织和表达手法记录下来，形成具有一定结构和意义的书面作品或文本的过程。

二、什么是浸润式读写

明晰了"读"与"写"的概念后，我们需要思考，"读"与"写"的关系究竟是怎样的。

（一）读写关系

要回答浸润式读写教学的内涵，有必要厘清"读"与"写"的关系。读写关系的研究历来是我国语文教育领域的重要课题。当前的读写关系主要有三种形式。

1. 读写独立

所谓读写独立是指将"阅读教学"与"写作教学"视为独立的系统进行教学。在新中国刚成立时，我国语文教材多为老解放区教科书的修订版本。20世纪50年代到70年代初，人教社编写了多套中小学语文教材，其中写作教学依附于选文内容，写作知识隐匿于选文之中。这一时期并没有专门、独立的写作板块。20世纪80年代，随着教育改革的推进，写作教学开始注重科学化探索，我国出现了阅读与写作教材分编的潮流。如1981年人民教育出版社编写了六年制的重点中学语文课本（试教本），每个学期的课本分为《阅读》《写作》两册。到了20世纪90年代末期，各个地方编写了《义务教育小学语文教科书试用修订本》，进一步细化了阅读教学与写作教学的相关内容。此期的写作教学内容开始系统化，按照文体分类进行编排，注重读写听说训练，对写作教学有一定的关注，而阅读教学与写作教学处于独立阶段。直到2001年，教育部颁布了《全日制义务教育语文课程标准（实验稿）》，强调写作教学与阅读教学、口语交际教学之间的联系。2014年，教育部组织编写、修订中小学德育、语文、历史等学科教材，强调核心素养的概念，关注阅读与写作之间的联系。阅读教学与写作教学彼此独立的时代已然不复。

2. 读写结合

伴随着新课改的推进，读写结合成为深化语文教学变革的重要方面。所谓读写结合是指通过阅读促进写作、通过写作加深阅读的一种教学理念或者思想。其实我国早在先秦时期就有关于读写结合的朴素认识。孔子说："不学诗，无以言。(《论语·季氏》)"最早论述了"读"与"写"的关系。之后，文坛上涌现的"读书破万卷，下笔如有神""熟读唐诗三百首，不会作诗也会吟""即徒诵读，读诗讽术，虽千篇以上，鹦鹉能言之类也"之类的观点，都隐含了阅读是写作基础的理念。20世纪20年代，国内便开始了对"读写结合"的探索与实践。叶圣陶在《阅读是写作的基础》一文中指出，"阅读任何文章，主要在得到启发，受到教育，获得间接经验等等，而在真正地理解的同时，咱们对文章的写作技巧必然是有所领会，可以作为练习写作的借鉴。"在其看来，"阅读是怎么一回事？是吸收。好像每天吃饭吸收营养一样，阅读就是吸收精神上的养料。写作是怎么一回事？是表达，把脑子里的东西拿出来，让人家知道，或者用嘴说，或者用笔写。阅读和写作，吸收和表达，一个是进，从外到内；一个是出，从内到外。这两件事无论做什么工作都是经常需要的。这两件事没有学好，不仅影响个人，还会影响社会。说学习语文很重要，原因就在这里。""阅读是吸收，写作是倾吐，倾吐能否合于法度，显然是与吸收有密切的关系""阅读与写作是一贯的，阅读得其法，阅读程度提高了，写作程度没有不提高的。""吸收"与"倾吐"相辅相成，写作的技能、本领应该是从阅读中来的。20世纪70年代以来，读写结合教学理论被不断提出，如徐开质的"3步12式读写结合教学法"、王运遂的"读写改整体教学法"以及丁有宽提出的小学阶段读写教学理论，等等。然而，既有的"读写结合"过于关注文章的建构，即追求以读促写的单向性和读什么写什么、即读即写的"立竿见影"的效果，有短视化、功利化、过窄化倾向。

3. 读写融合

在素养本位的语文教学改革逐渐深入的今天，读写融合成为语文教学研究的热门话题，也是达到高效语文教学的实践路径。[1]那什么是"读写融合"呢？不同的研究者提出了不同的观点。厉琳认为"读写融合"是将阅读和写作构成有机的互动交融关系，使二者相互影响、相互成就，促进学生读写能力的协同发展，实现教学成果的最优化。[2]王启娜认为读写融合是将阅读与写作通过恰当的方式关联起来，进行转化，使读写活动融为一体、形成合力，实现学生阅读与表达能力的深层次发展的一种学习形式。[3]邹琳则认为，所谓"读写融合"，是指"读"和"写"相互联结、转化、渗透，融为一体，形成合力，共生共长。三者虽视角所有不同，但均关注读与写的关系。齐传斌则强调"读写本为一体，是植根与发展言语生命的两个方面，相

---

[1] 黄伟.读写融合：追求双向共赴和双效共生[J].语文建设，2023（15）：4-9.
[2] 厉琳."新课标"理念下中学语文读写融合策略探究[J].学周刊，2024（18）：121-123.
[3] 王启娜.基于儿童的读写融合教学探索[J].小学教学参考，2024（10）：24-26.

互渗透又互为本位，各有自己发展的目标、功能、路径和规则，两者相融共生"。读写融合强调"阅读与写作构成有机的互动交融关系，其目的在于二者相互促进、共同提质增效。用于语文教学，它旨在追求语文素养综合整体的发展"[1]。显然，"在小学语文教学过程中，运用读写融合的教学方式能够有效地帮助学生培养语文素养，提升他们的文本分析能力和理解能力，实现对语文素养的全方位发展"[2]。通过对已有研究的梳理，结合实践探索，我们认为，读写融合不是指阅读与写作的简单相加，而是在观照阅读与写作的独特性的基础上，将阅读与写作视为紧密连接、相互融合的整体，尊重学生学习的主体性，使其将在阅读中获取的信息、思维方式通过写作的形式表现出来，以外显的写作检验深化阅读，在不断地输入与输出的循环过程中，实现语文核心素养的不断进阶。

（二）浸润式读写

根据《现代汉语词典（第七版）》的解释，"浸"有"泡在液体中""液体渗入或渗出"以及"逐渐"的意思。而"润"是指"加油或水，使不干燥"。因而"浸润"的意思是"渐渐渗入、滋润"。显然，"浸润"强调三个方面，为主体提供一种具有渗透性的环境，让其在渐进性的过程中以一种自然而然的方式得到生长、滋养。"浸润式学习"是一种以学生为中心，尊重学生的主体地位，依据学生的身心发展的实际和学科教学规律，让学生如同"海绵"一般，沉浸在真实的学习情境中，在渐进性的学习过程中，自然地学习、接受渗透性的内容，从而潜移默化地提升核心素养的一种学习方式。

---

[1] 黄伟.读写融合：追求双向共赴和双效共生［J］.语文建设，2023（15）：4-9.
[2] 王兴萍."双减"背景下小学语文读写融合策略探究［J］.考试周刊，2023（51）：33-36.

这契合培育核心素养的新要求。[①]这种学习方式最早由加拿大的柯林·贝克（Colin Baker）提出，是针对第二外语学习而创生出来的一种应用于多门学科的新式学习方法。

浸润式读写在坚持浸润式学习所强调的"渗透性的环境塑造、渐进性的过程开展、自然渗透的学习方式"的基础上，以读写融合理念为基础，将阅读与写作视为紧密连接、相互融合、自然转化的整体。在学生进行学习时，教师通过设计驱动整个阶段学习的真实任务，将目标前置，让学生始终沉浸于对问题的理解、探寻、解决与反思之中。在此过程中，学生借助教师提供的一系列有梯度的读写任务，将阅读策略与写作策略有效联结、转化，在语言的输入与输出的循环中，实现素养的不断进阶。简而言之，"浸润式读写"就是以读写融合理念为基础，以学生为中心，以任务为驱动，引导学生参与一系列相互联结的阅读与写作实践，并始终浸润于真实的情境与优秀的语言文字、文化的熏陶渐染之中，从而提升学生核心素养的教学理念。

需要注意的是，在浸润式读写教学中，"浸"是途径，"润"是目的。"浸"主要指学生以沉浸的状态开展学习。这就要求教师能够基于学生学习的情境，整体思考读写的学习进程，设计真实的任务，通过系列阅读与鉴赏、梳理与探究、表达与交流的活动，充分调动学生的多感官体验，让学生全身心沉浸于对优秀语言文字的理解与赏析之中，对思维方式的习得与应用的过程之中，对自我、自然以及社会文化的不断认识与理解之中，从而实现语言运用能力、思维能力、文化感知能力以及心灵的润泽。这里的学习情境不仅包含整本书文学情境、单元学习情境这两种主要的学科学习情境，还涉及跨学科学习情境和真实生活情境两种情境。

[①] 乔德元.高中思想政治课"浸润式"教学研究［D］.南京：南京师范大学，2020：1.

第三节 ‖ 浸润式读写的基本特质

一、审美创造性·语言浸润

《义务教育课程标准（2022年版）》希望学生能够"通过感受、理解、欣赏和评价语言文字及作品，获得较为丰富的审美经验，初步具有感受美、发现美和运用语言文字表现美、创造美的能力"，在过程中"涵养高雅情操、具备健康的审美意识和正确的审美观念"。在浸润式读写教学中，学生借助对系列经典文学作品的阅读，主动调动自己原有的生活体验、阅读经验以及情感认知等，与文本、作者、自我生活世界进行个性化地对话。在教师的指导下，结合真实的语言表达情境，在回忆、联想、想象中，进一步感受、理解、欣赏语言文字的表达、意境、形象以及文化等方面的美感，分析理解文本中的观点、逻辑和论证，并在多样化的朗读、吟诵、表演、写作等积极的语言实践中，尝试运用，多元交流，积累语言经验，体会语言文字的运用规律，在创造性的表达中，描写自己的发现与心声。

二、主动参与性·情感浸润

"只有学习者最大限度地参与到学习活动中，才能取得最好的学习效果。"这种参与是指"个体融入群体活动的一种状态，从个体心理维度看，它包括个体在认知、情感和行为上的投入；从社会群体维度看，它指个体与其他个体之间的互动、个体受群体影响以及个体影响群体的方式和程度"[1]。通过个

---

[1] 冉源懋，李思文.增强共生性和交往性：参与式教学的核心要领——基于"三教"理念下参与式教学实践的解析[J].教育学术月刊，2023（08）：74-79+86.

体与个体、个体与群体之间的积极互动，能够在很大程度上实现学习者的互动学习、共生发展。这与传统的灌输式、讲授式教学不同，学生不再是被动的知识吸收者，而是学习的参与者、合作者、发现者、创造者。学生参与学习过程，学习的兴趣才能够被激发，学生才会更有学习的主动性。"语言的发生本是为着要在人群中表白自我，或者鸣出内心的感性"，因此，作文时学生"要写出诚实的、自己的话"。读写融合以生为本，强调学习者的情感激发。学生只有参与到教学中、活动中，才能够发现阅读与写作的快乐，才能习得有效的方法来审视自己的生活，才能真正发现阅读与生活、写作与生活之间的关系与意义。

三、学科实践性·生活浸润

"作文原是生活的一部分，我们的生活充实到某程度，自然要说某种的话，也自然能说某种的话。"魏小娜指出，国内在写作方面一直倡导真实写作，在美国等西方国家，也重视真实的读者和目的，关注真实的写作任务和情境，希望学生在真实的过程中，超越现有的知识，运用与创造新的知识，给真实的读者写作，发现世界的意义。[1]在阅读方面，曹勇军同样认为，当前的阅读教学除了要关注群文阅读、主题阅读等，更应该关注"真实阅读"，"让学生像专家学者工作那样读书，像生活中真正的读者那样读书"，此外，他更是指出，"真实阅读重在一个'真'字上，真实的目的，真实的环境，真实的书，真实的方式和过程，真实的体验和成果，真实的生活和人生"。[2]这

---

[1] 魏小娜.国外"真实写作"的研究及启示［J］.中小学教师培训，2010（08）：62-64+32.
[2] 曹勇军.语文教师如何迎接科学阅读的挑战［J］.人民教育，2023（Z2）：52-55.

是一个知识爆炸的时代，传统的拘泥于知识的精准记忆以及技能的熟练操作的教学，已经无法适应新时代的要求。在"少即多"的理念下，教学更加关注未来世界所需要的核心素养，更加关注与真实世界的对接，而不是徜徉于虚拟的世界。浸润式读写融合教学力图让学生在真实的任务情境中，通过系列读写活动，更好地沉浸于现实生活，更好地创造生命价值。

四、成长独特性·支持浸润

美国学者南希·爱特维尔在其《在中学：读写工作坊的奥秘》一书中，多次强调关注个体的独特性，为每个学生提供适切的帮助，帮助其更好地成长。如"每个学生都能得到我或同学的帮助，花时间琢磨推敲，然后发现能够写出好作品并不是什么天赋"，"写作工作坊允许我观察正在写作的每个学生，支持他们，也教学相长"。该教师还提出了"微型课"，即教师不依赖于规定的教材和教案，会在学生阅读与写作的过程中密切观察学生，针对遇到的困难和问题，叫个暂停，三言两语，提醒点拨。与此同时，为了解决不同学生的个体需求，还会进行一对一的面谈。教师在整个读写的过程中所需要做的是——"逐步放手"。"在放手的过程中，教师扮演成人的角色，是那个有能力、有知识，让新任务变得简单、高效、有意义的人。成人要在儿童看起来准备好了的时候把控制权移交给他们，因为我们的最终目的是让他们独立完成。"

第四节 ‖ 浸润式读写的基本策略

浸润式学习（Immersion）是20世纪60年代加拿大学者柯林·贝克针对

第二外语学习者而提出的。浸润式学习希望学生如同"浸泡"于某种情境中的"海绵"一般，能够在渐进的学习中，以一种渗透式的学习方式自然而然地接受学习内容，从而达到潜移默化提升的效果。相比于被动式学习，浸润式学习更强调学生在学习中的主体地位，注重调动真实体验来增强与环境的互动性、对知识的建构性等，因而学生学习的主动性更强烈，学生的问题解决能力、交际能力、思维能力等综合素养也更容易得到提升。

基于此理念，浸润式读写教学在实践过程中首先将阅读与写作视为一体，设计驱动一个阶段学习的总体情境任务，产生写作的念想和目标，让学生入境。接着，教师从结构、内容、语言三方面打破读写之间的壁垒，让学生参与一系列情境化、相互渗透、逐步渐进的读写语言实践。这些实践任务在内容的复杂性和形式的丰富性上不断递增，让学生在沉浸式学习中自然而然地优化学习方式、提升核心素养（如图2-1所示）。最后是作品的交流与分享，帮助学生出镜，进入下一个阶段的学习。

一、情境创设，驱动读写进程

情境是沉浸式教学的重要特征和实施途径。[①]《义务教育语文课程标准（2022年版）》指出，义务教育语文课程培养的核心素养，是学生在积极的语文实践活动中积累、建构并在真实的语言运用情境中表现出来的。为了让学生"泡在"学习中，教师在读写教学时要特别注重真实语言运用情境的创设。

---

① 季卫兵，刘琳.高校思想政治理论课"浸润式"教学及其呈现［J］.中国高等教育，2017（11）：25-28.

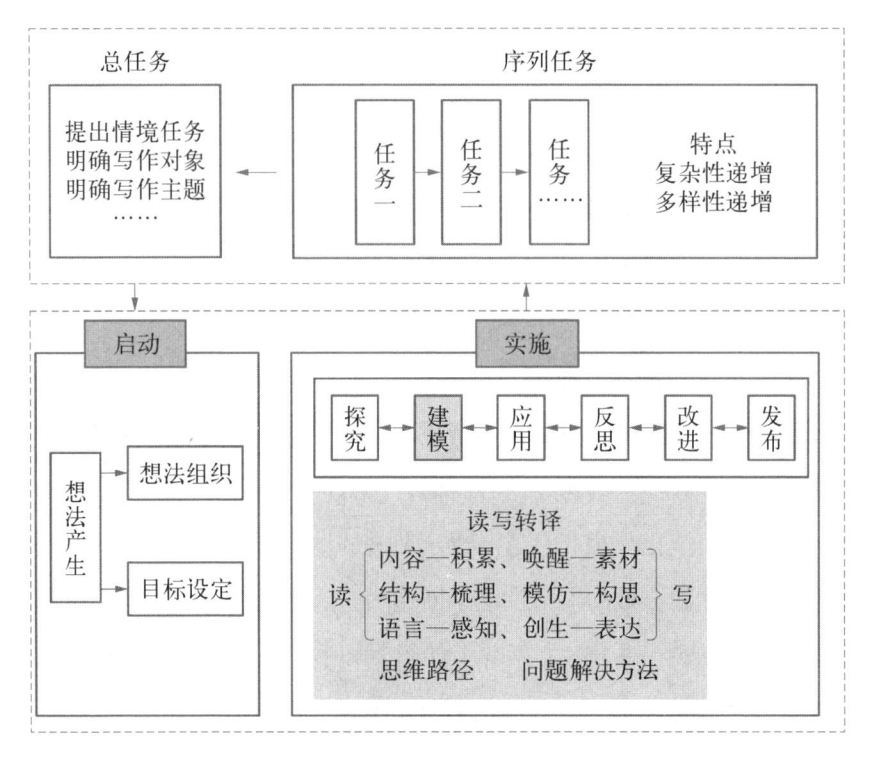

图2-1 浸润式读写教学的实施路径

（一）对接现实生活，为问题解决而读写

在知识快速膨胀的当下，停留于知识或技法层面的教学已无法帮助学生更好地适应未来生活。读写教学强调以真实生活中的真问题为驱动，设计大问题或者大任务，让学生寻找解决问题的方法。

如部编版小学语文五年级上册第五单元编排了4篇说明文。《太阳》为事理性说明文，《松鼠》与《鲸》是事物性说明文，而《制作风向袋》则是程序性说明文。为了创设一个有意义且能统摄单元的写作任务，在学完了《太阳》之后，教师向学生提供了"百度百科"中有关太阳的介绍，并与课文进行对比。学生发现，该网站内容应不是面向儿童的，内容理解起来难度大。

他们尝试通过多种渠道寻找，发现现在网络上适合学生阅读的说明性材料很少。因此，学生们提议制作一个能够让小学生快速理解的"秒懂小百科"。在后续的课文和习作例文学习中，学生学习的主动性大大增强，这是因为他们需要带着完成"在课文学习中了解三种类型的说明性文章不同，并结合自己想要介绍的内容，选择一种进行撰写并发布"的任务完成学习。

（二）链接真实体验，为真实需要而读写

"语言学习的核心不是语符和语义，而是通过语境学语言，获得真实的语言运用能力。"[1]叶圣陶曾言，写作就像说话一样，因为真实的表达需要而存在。读写教学时，教师重视真实的读者和目的，关注真实的写作任务和情境，使得学生能够在真实的过程中，创造性应用现有的知识进行写作，发现世界的意义[2]。

如在执教部编版小学语文四年级上册第五单元前，教师结合年级活动，发布了"向一年级弟弟妹妹介绍家务劳动"的真实任务，学生们与一年级同学一对一沟通，产生真实的表达需要，点燃写作兴趣，并在讨论中形成三类写作重心：重在介绍小妙招的、凸显家人劳作辛苦的以及赞扬科技进步的。带着目的学习《麻雀》和《爬天都峰》两篇精读课文，了解写一件事的方法：要按照一定的顺序，为了写清楚内容可以从看到的、听到的、想到的来写。知道写作的目的不同重点写的内容便不同。如《爬天都峰》重在表达面对困难要善于从他人身上汲取力量，因此重点放在了事情的结果上。在此基础上，学生开始进行写作，写好后与小读者一起修改。在此过程中，学生主

---

[1] 王荣生.写作教学教什么［M］.上海：华东师范大学出版社，2014：45.
[2] 魏小娜.国外"真实写作"的研究及启示［J］.中小学教师培训，2010（08）：62-64+32.

动将读与写进行有机转化，学习如何清楚地表达自己真实的想法，在无形中提升了语用能力、沟通能力和问题解决能力等。

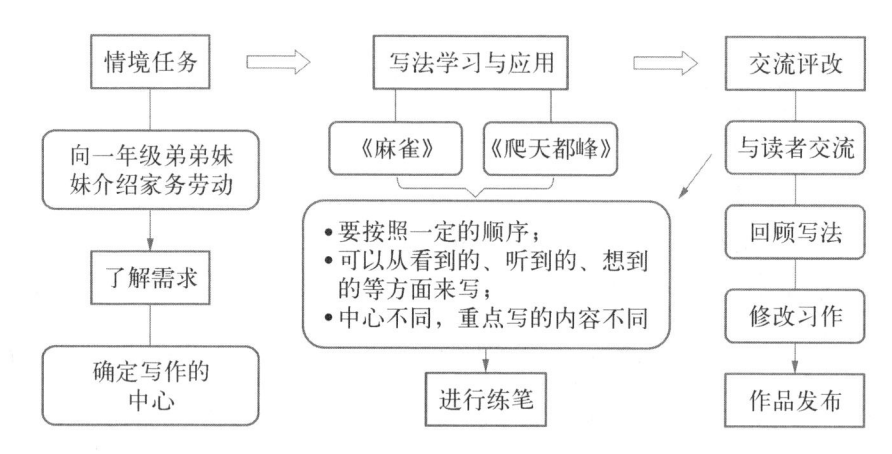

图2-2　部编版小学语文四年级上册第五单元学习任务解决路径

二、渗透迁移，增加读写实效

读写教学不是让学生快速应付完某个习作或者某本书的阅读，而是通过在读与写之间架起一条融通桥梁，在二者的相互关联、转化中，将学生迁移到类似文体的表达和话题的解决之中。

（一）用问题链串联，掌握一类文体的写作思维

浙江大学金建人指出，培养学生的语言能力，其实就是在培养学生的文体和写作思维。同一类文体的语言表征方式是相同的，在单元读写教学中，学生在阅读课文中逐步建构理解一类文体的问题链，并反复运用，形成稳定的思维路径。在写作课中，学生将阅读的问题链转化为写作的问题链，实现读写的自然转译，从而掌握一类文体的写作思维。

如在执教部编版小学语文五年上第五单元时，教师在课文品读教学中紧紧围绕着"课文是从哪些方面、运用什么说明方法、按照怎样的顺序来介绍的"的问题链，引导学生运用阅读说明性文章的策略——梳理说明对象的不同方面、分析说明方法及其好处、推论说明顺序及其意图，来读懂说明性的文章。而在精读课后的练笔环节和习作指导课上，学生则在回忆作者如何写的基础上，将阅读策略转译为写作策略，即围绕所要介绍的一种事物，从确定对象的主要特点、选用恰当的说明方法、安排合理的说明顺序来进行写作。通过这样一系列的提炼归纳、理解转译、模仿应用和迁移创生，学生自然掌握了说明文的写作思维。（见图2-3）

（二）用图示链转译，学会一类话题的创意表达

叶圣陶曾说过，教是为了不教。在读写教学过程中，教师可聚焦一类话题，进行内容、结构、语言三方面的渗透，让学生在阅读中唤醒生活记忆，积累习作素材；梳理与模仿文章结构，进行习作构思；感知作者的语言表达魅力，进行内化与创意表达，从而形成稳定的读写转译图示，助力学生自主学习，如图2-4所示。

如部编版小学语文五年级下册第一单元的阅读要素是"体会课文表达的思想感情"，而习作要求则是"把一件事的重点部分写具体"。这就要求学生围绕所要表达的思想情感，选取重点部分进行具体描写。在《少年闰土》《祖父的园子》《月是故乡明》三篇课文的执教过程中，教师围绕课文表达的思想情感（中心）、选取的重点内容（内容与组织）以及作者如何描写重点内容来凸显思想情感（语言）这样的方式组织教学。在此基础上，引导学生将前两篇课文与最后一篇进行对比，发现前者采用的是感情递增的方式来撰写，而后者则是转折的方式。教师顺势向学生推荐了《梅兰芳练功》《真正愤怒》

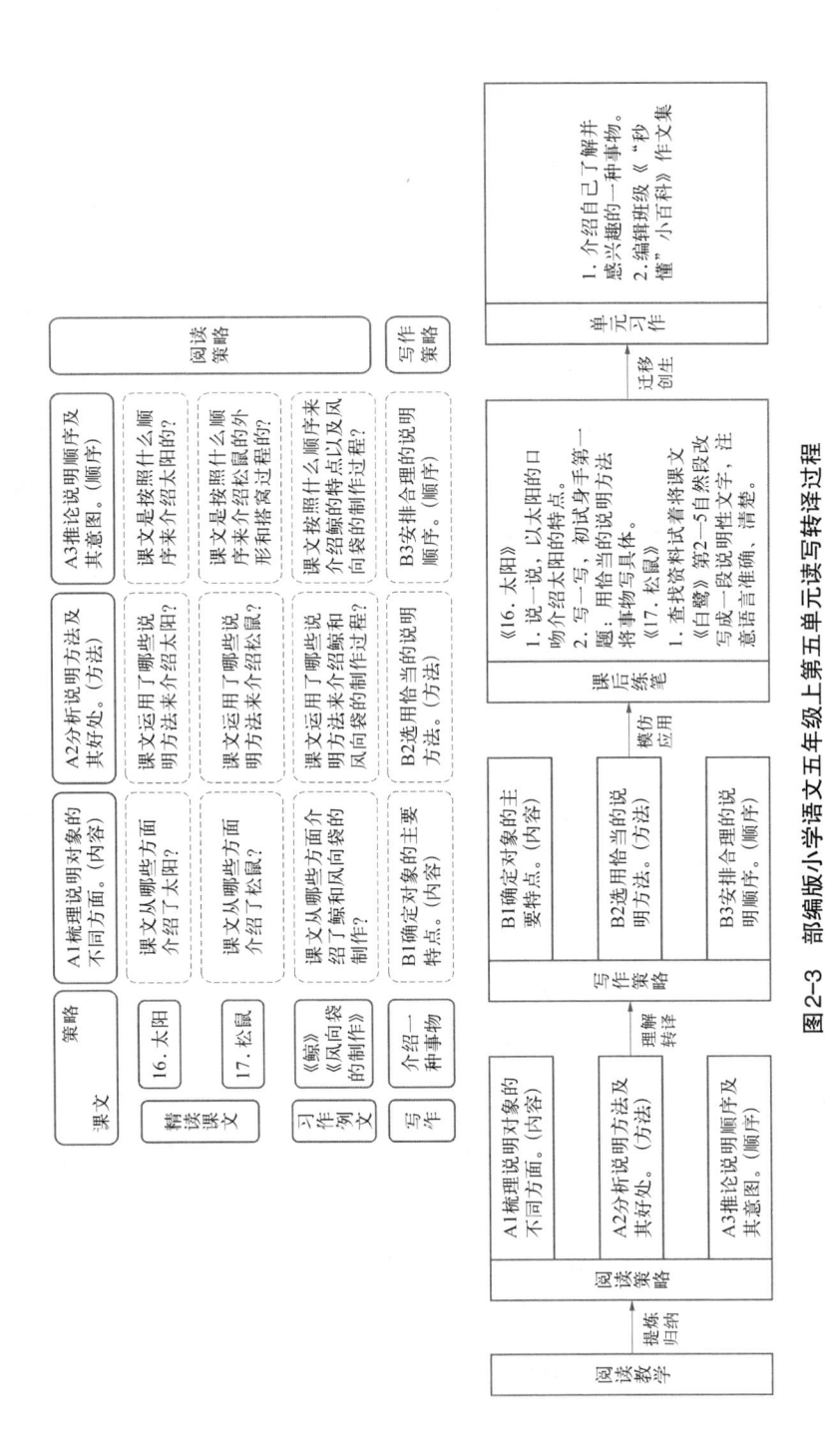

图 2-3 部编版小学语文五年级上第五单元读写转译过程

54　浸润式读写的理论与实践

读写转译
读 { 内容—积累、唤醒—素材
　　 结构—梳理、模仿—构思
　　 语言—感知、创生—表达 } 写

图 2-4　读写转译机制图示

两篇文章，加深其对结构的理解。与此同时，教师引导学生进一步品读这几篇文章的重点部分的描写，发现作者均采用细节描写，学生在进行独立撰写时，自然能够进行创意表达。

三、全过程渐进，融通读写要素

"泡在"某种环境中的物体，只有浸泡足够的时间，才能被环境熏陶渐染，读写教学同样如此。教师需要重点关注的不是"最后的文章"，而是学习者读与写的过程，因此，教师应该通过序列化的任务和伴随性的评价，让学生在过程中慢慢"浸染"，自然地提升读写能力。

（一）设计序列任务，在多向转化中读写

读写教学不是简单的以读促写的教学，而是在真实任务的驱动下，学生在完成一系列前后相连、不断转化的读写任务中，自然地积累丰富的背景知识、激活生活经验，实现真实而有效的输出。这就需要教师设计任务驱动下的系列读写活动。

例如，在执教部编版小学语文五年级上册第八单元时，教师设计了"向他人推荐《老人与海》"的大任务和三个连续的读写一体的小任务。首先，请同学们按照"出海前、出海中、返航时"的顺序阅读，并尝试从印象深刻的情节、人物等方面记录下自己的所思所想。之后，请学生用"故事山"来

梳理故事大致内容。在此基础上，教师将学生的阅读视野聚焦于老人五次斗鲨鱼的场景，让学生从鲨鱼的数量、可用工具、战斗结果以及内心想法四个方面进行信息再提取，感受到老人即便所面临的环境越来越艰难，可使用的工具越来越少，但是从未放弃过的坚毅品质。三次任务让学生始终沉浸于对该书的反复阅读中，从零散的感受到整体的输出，从浅表的认识到精神的感染，思维能力不断提升。

（二）开展过程评价，在反思改进中读写

在读写的过程中，为了让学生全身心沉浸于对学法的习得与应用之中，对祖国优秀语言文字的理解与赏析之中，对自我、他人以及自然、社会的不断认识与理解之中，需要伴随性的表现性评价。通过评价，学生得以在学习过程中不断地审视与反思自我的学习。

如在执教部编版小学语文四年级上册第五单元时，教师创设了"写一件事，向校刊《生活万花筒》投稿，争取被录用"的任务。为完成该任务，教师又设计了四项小任务和相应的评价关注点。首先，读前收集素材，教师引导学生对素材从事件的完整性、特点等方面展开评价，以便找到自己最想写的一件事。接着，上过精读课后，进行片段仿写。教师在学生品读文章的过程中，引导学生梳理出作者把一件事写清楚的方法，形成写作的评改工具，用于后续写作评改。之后，学生阅读有关校刊"美食""旅游""趣事"等不同栏目的介绍，了解栏目特点，然后结合自己想要写的一件事，自由选择栏目，试写片段。评价时，教师引导学生重点关注所写的内容与栏目需求是否一致，并不断完善评价标准。最后，自由撰写，然后同班互评。整个过程在评价的引领下，学生从不会写到会写，从不会赏析到乐于赏析，从无意识生活到留心观察生活，实现了核心素养的全面提升。

总之，浸润式学习作为一种强调情感体验、过程渐进、自然渗透的学习方式，可以有效解决当前读写教学面临的困境，提高读写教学的品质，促进学生语言运用能力等综合素养的全面提升。

第五节 ‖ 浸润式读写的实践样态

随着教改的不断深入，"情境"成为频繁出现在国家重要的政策之中、当前中小学教师研究之中的热词和重要领域。早在《普通高中语文课程标准（实验）》中，该词便出现了3次，而在《普通高中语文课程标准（2017年版2020年修订）》中更是出现34次之多。在最新修订的全国性《普通高中课程标准（2017年版2020年修订）》中，各个学科都提到了"情境"，据不完全统计，在《普通高中数学课程标准（2017年版2020年修订）》中，情境就在正文中出现了79次之多。在政治课程标准、历史课程标准、地理课程标准、化学课程标准中，分别出现了69次、28次、58次和62次之多。可见国家正在有意识地推进情境化的学科教育。情境教学之所以受重视，是因为其反映了培养综合性素质人才的基本教育导向。因此，现代教育教学越来越强调要创造情境，强调学习不要脱离生活，而是应该沉浸于解决真实生活的问题之中，以润物无声的方式自然提升综合素养。

情境是沉浸式读写教学的重要特征和实施途径。[①]《义务教育语文课程标准（2022年版）》指出，义务教育语文课程培养的核心素养，是学生在

---

① 季卫兵，刘琳.高校思想政治理论课"浸润式"教学及其呈现[J].中国高等教育，2017（11）：25-28.

积极的语文实践活动中积累、建构并在真实的语言运用情境中表现出来的。在读写教学中，为了让学生"泡在"学习中，教师需要创设真实的语言运用情境驱动读写。那究竟什么是情境？著名教育家李吉林提出了"情境教学"及"意境说"："情境就是让儿童走进真实情感或择美构境，境美生情，以情启智。"而《义务教育语文课程标准（2022年版）》强调"真实的语言运用情境"，提出"'按照日常生活、文学体验和跨学科学习'三类语言情境，整合识字和写字、阅读与鉴赏、表达和交流、梳理和探究等语言实践活动"。

  本研究在长期实践的基础上，针对学生学习的场景，提出了基于三种类型情境的浸润式读写教学实践样态。这里的情境主要分为学科学习情境、跨学科学习情境和超越学科的真实生活情境。其中学科学习情境主要是指语文学科的学习情境。因为语文的学习情境与教材、学生阅读的材料有着密切的关系，当前的教材是按照学习主题和语文要素两条线进行单元设置的，学生在学习时要尊重单元的编写逻辑。而整本书阅读不同于单元中课文的学习，以整本的方式呈现，有其独特的语言特点和文学意境。因此，这里说的学科情境主要是指单元学习情境和文学体验情境。跨学科学习情境，主要是指教师在学生进行跨学科学习的过程中所设计的情境。而真实生活情境，则是教师针对学生真实生活中所遇到的问题，为了更有效地帮助学生解决问题，将该问题场景作为学习情境。无论怎样的情境，在教学过程中，教师都会以该情境为总任务情境，让学生始终围绕该情境进行学习与探究。

  情境不同，阅读与写作的性质和开展的方式会有所差异，实践样态也不同。根据前面论述的四种情境，在实践中，我们形成了四种不同实践样态，见下图。

基于真实生活情境
以解决生活中的问题为目的
是一种实用型读写教学

基于跨学科学习情境
以促进学科学习为目的
是一种支持型读写教学

基于整本书文学情境
以提升文学作品鉴赏力为目的
是一种鉴赏型读写教学

基于语文单元学习情境
以掌握读写策略为目的
是一种掌握型读写教学

图2-5 四种情境下的浸润式读写教学实践样态

一、掌握型读写教学：基于单元学习情境的浸润式读写

掌握式学习理论最早由美国著名教育心理学家本杰明·布鲁姆（Benjamin Bloom）提出。布鲁姆进行了长期的实验和跟踪，发现教师如果能够给予学生足够的学习时间和适切的教学，那么大部分学生对学习的内容都能达到精熟程度。基于该理论，布鲁姆结合浸润式教学关于情境化体验、渗透性内容、渐进性的过程等相关要求，在进行大量读写实践的摸索后，建构了"掌握型读写教学"。所谓"掌握型读写教学"就是基于语文单元教学情境，以掌握阅读与写作策略为目的（for Methods），在系列前后相连的精读课、略读课、梳理课以及写作课中，借助问题链，在教师的引导下，从内容、结构、语言三方面，完成系列化的读写任务，将阅读文章的策略化为学生自主写作策略的一种浸润式读写教学实践形态（详细内容见第三章）。

如教师在执教部编版小学语文四年级上册第五单元时，"考虑到单元整体教学的连贯性和整体性"，教师围绕"一件事情写清楚"，创设了单元读写大情境任务：写一件自己或印象深刻、或让自己感动或新颖有趣的事，给校园杂志《五彩生活》投稿，争取被录用。此外，为使学生顺利完成任务，教师还设计了四项写作小任务。任务一在单元教学实施前开展，引导学生学会搜集素材；任务二和三分别嵌入在《麻雀》《爬天都峰》学习后，引导学生将"课文写了一件什么事，是按照什么顺序写的，重点写了什么，怎么把重点部分写清楚的，表达了什么中心"的阅读问题链转化为"你想表达什么中心，打算写一件什么事，要按照什么顺序写，重点写什么，怎么把重点写清楚"的写作问题链，分别写"奶奶过生日""做家务"，让学生尝试应用精读课文中梳理的写作方法，并引导学生借助阅读问题和助学系统理解、赏析习作例文。此后，教师根据学生前两个任务习作中呈现的不足，介绍校刊栏目，让学生根据栏目的要求，进行补偿性练写。任务四，学生以习作问题链为抓手，综合应用所学完成总任务。整个过程学生经历了从不会写到会写，从不会赏析到乐于赏析，从无意识生活到留心观察生活的学习能力转变。

二、鉴赏型读写教学：基于整本书文学情境的浸润式读写

不同于"掌握型读写教学"，"鉴赏型读写教学"是一种基于整本书文学情境，以提升文学鉴赏能力为目的（for Appreciation），教师在充分关注语文学科特质的基础上，尊重学生的阅读感受，鼓励学生围绕整本书阅读，开展系列读写学习任务，逐步感知作者独特的语言文字表达，理解该文学作品所内含的思想情感和人文精神；了解文学作品的基本特点，欣赏和评价语言文字，提高审美品味，不断提升个人的审美体验和文学鉴赏能力，从而丰盈个人的精神世界；与此同时学生能够主动观察、感受自然与社会，表达自己独特的体验与思考，尝试创作文学作品的浸润式读写教学实践形态。

例如，在《中国民间故事》整本书阅读教学时，教师围绕"情节、人物、主题"三个方面设计了系列读写活动。在"情节"部分教师让学生自主阅读《田螺姑娘》《白娘子》《龙牙颗颗钉漫天》等民间故事，绘制故事情节图，写下自己的发现，让学生了解民间故事在情节上的基本特点。接着，在人物章节中，教师借助三个助手，让同学分别读一个故事，然后输入主人公的名字。学生通过名字发现，中国民间故事中人物的名称通常是称呼、昵称或者用鲜明特点来替代，如"长发妹"，这也是其能够不断口耳相传的原因。接着，教师让学生通过人物形象内外对比图来梳理自己喜欢人物的特点（见图2-6）。在同伴交流中，学生了解到民间故事中塑造了很多外表看似弱小但内心十分强大的人物形象，如哭倒长城的孟姜女，感受到中国古代劳动人民朴素的愿望和崇高的精神价值追求。接着教师便以微课的方式呈现了20世纪80年代由中国民间文艺工作者对我国各民族和各地区的口头文学中流传的《牛郎织女》的普查结果，让学生了解不同时期、不同地域《牛郎织女》中织女形象的变迁，助力形成辩证的、用发展的眼光看问题的思维方式。基于此，学生对当地的民间故事进行采风并全班展示，最后基于前期有关民间故事的学习进行创意写作。

图2-6 民间故事人物"内外"形象分析

三、支持型读写教学：基于跨学科学习情境的浸润式读写

所谓"支持型读写教学"是教师基于跨学科学习情境和学习的需要，设计系列相互联结的阅读与写作任务，综合运用学科知识去发现、分析、解决问题来提升语言文字运用能力（for Learning）的一种浸润式读写教学实践形态。伴随着信息技术的发展，人类面临的问题日益复杂，单一学科的知识与技能已经无法应对各种复杂的挑战，跨学科学习应运而生，对读写教学提出了新的挑战。"支持式读写教学"就是在这一背景下提出的。这种实践形态的教学，关注课堂内与外、语文学科与非语文学科、语文日常学习与现实社会生活之间的关联，通过设计真实的任务，为学生提供广阔的语言实践空间，使得学生能够在问题解决的过程中切实提高语言文字运用的能力。

例如，教师在执教《小邮票大世界》这节课时，采用项目化学习的方式，发放驱动任务——2025年正值学校建校十五周年，请同学们小组合作，为学校设计一组邮票套票，并附上设计说明。那么怎么完成任务呢？在第一课时，教师首先邀请小朋友进行了数字化阅读，浏览了线上博物馆，辅以纸质简介，学生绘制思维导图，展示了对中国邮票的种类、历史与意义的了解。在邮票设计阶段，学生了解了邮票设计要素、设计原则和布局特点后，在练习中基本掌握了如何绘制单张邮票。在此基础上，教师再次使用数字化阅读，向学生展示了亚运会套票在主题、布局、色彩等方面的特点，学生聆听了讲解员们细致的解说，知道了如何去设计与解说套票。最后便是设计与解说，修改与展示。在这样的系列读写活动中，教师巧妙利用读、写、说三项语言实践活动，让学生始终沉浸在邮票的创作之中。

四、实用型读写教学：基于真实生活情境的浸润式读写

不同于前三种实践形态，实用型读写教学是基于学生的真实生活，教师在读写实践中创设真实的交际语境，让学生面向真实的作者，出于真实的表达需求，进行真实的写作，以解决生活中的某个问题（for Problem）。《义务教育语文课程标准（2022年版）》指出："语文学习情境源于生活中语言文字运用的真实需求，服务于解决现实生活的真实问题。"生活中的问题并不会分学科，学生需要调动综合素养才能解决问题。

如端午来临之际，四年级教师结合主题班会，让学生向一年级的同学写一篇介绍如何包粽子的小文章。首先，学生阅读了梁实秋《雅舍谈吃·粽子节》、沈从文的《边城·端午日》、迟子建的《故乡的吃食》，让学生以思维导图的形式写下对端午节和端午吃粽子这一习俗的认识及疑问。在师生、生生对话中，增加学生对端午吃粽子这一习俗的了解和对传统文化的认知。接着，教师从学生的真实问题出发，围绕不同地域的吃粽子习俗展开小组讨论，从制作方法、缘由、吃法等方面来记录与介绍，发现不同吃法背后反映的是地域的文化特征。教师趁热打铁，让学生以籍贯地域为小组，进行包粽子活动，并邀请其他组的成员一起参与。在参与中，学生们真正了解了包粽子背后所折射的文化期盼，然后再完成介绍文的撰写。通过这样一系列的读写活动，不仅让学生了解了端午习俗，更重要的是让学生沉浸于节日氛围中，自然地运用读写，潜移默化地感受传统文化的魅力。

第三章　掌握型读写教学：基于单元学习情境的浸润式读写

第一节 ‖ 实 施 缘 起

一、实践背景

　　随着教育理念的不断更新发展，当今的语文教学愈发重视对于学生读写能力的培养。单元学习情境作为一种整合性的教学方式，逐渐成为教学改革的主流教学模式。它旨在打破传统教学中孤立的知识点传授，将一个单元内的多篇课文、各类读写活动以及相关的学习资源有机融合，为学生营造一个更为真实、丰富且连贯的学习环境。

　　《义务教育语文课程标准（2022年版）》中强调培养学生综合运用语文知识与技能的能力，要求学生不仅能够读懂各类文本，还要能通过书面表达清晰准确地传达自己的想法与情感。单元学习情境的设置正好契合这一要求，通过围绕一个核心主题展开系列读写教学活动，有助于学生在情境中逐步提升读写综合素养。

　　在实际的语文学习过程中，学生往往面临着对读写内容理解不够深入、读写能力提升缓慢等问题。传统的单篇教学模式有时难以让学生建立起知识之间的广泛联系，而单元学习情境下的浸润式读写教学则能提供更多元的学习视角和更丰富的实践机会，使学生在情境的浸润中更自然地理解读写知识，提高读写能力，更好地满足他们在语文学习上不断进阶的需求。

二、问题透视

（一）读写关系定位模糊，读写目标不清晰

在语文教学实践中，读写关系的准确定位一直是困扰教师的重要问题之一。一方面，部分教师将阅读与写作简单视为两个相对独立的教学板块，在教学安排上缺乏有机的整合。例如，在阅读教学过程中，教师更侧重于对文本内容的理解、字词的讲解以及对文章主旨的提炼，而没有充分挖掘阅读材料对于写作的示范与启发作用。学生在阅读过程中难以直观地感受到阅读与自身写作能力提升之间的紧密联系，无法从阅读中有效汲取写作的养分。另一方面，读写目标的设定也存在不够清晰明确的情况。教师在制定教学计划时，有时未能根据学生的实际学情和课程标准要求，精准地界定每一个读写教学阶段学生应达到的具体目标。比如，在写作教学中，对于不同年级、不同层次的学生，应该培养他们具备怎样的写作技巧、达到何种写作水平，以及如何通过阅读来辅助实现这些目标等，都缺乏细致入微的规划。这就导致学生在读写学习过程中缺乏明确的方向指引，学习效果大打折扣。

（二）读写转译路径泛化，读写策略不落地

读写转译，即从阅读到写作以及从写作到阅读的有效转化，是提升学生语文读写素养的关键环节。然而，当前教学中这一环节存在诸多问题。教师在日常教学中，引导学生进行了大量的阅读活动，但对于如何帮助学生将阅读中所获得的阅读策略有效地迁移到写作实践中，缺乏具体可操作的指导。例如，学生阅读了许多作家的优美文章，能够欣赏到文中细腻的描写手法和

独特的情感表达，但当自己动手写作文时，却依然无从下手，不知道如何借鉴阅读中的经验来构建自己的写作框架、选择合适的描写角度以及运用恰当的修辞手法等。

将阅读转译到写作，所涉及的读写策略在教学过程中往往难以真正落地实施。教师虽然介绍了不少读写策略，如在阅读时做圈画批注、借助思维导图梳理文章脉络；写作前列框架提纲、坚持在素材积累单中积累素材等，但在实际教学中，由于缺乏对学生持续的监督和指导，不能使学生熟练掌握这些策略并将其运用到日常的读写学习中，这些策略更多地停留在理论层面，无法切实发挥其提升学生读写能力的作用。

（三）读写学评策略相离，读写转化不深入

在当前的语文读写教学实践中，读写教学与学习评价策略之间存在着明显的脱节现象。教师在开展读写教学活动时，所使用的读写评价方式较为单一，大多集中在对学生读写成果的终结性评价上，这种评价方式往往只能反映学生在某一特定时刻的读写表现，无法全面、动态地展现学生在整个读写学习过程中的成长与变化，使得评价结果难以真正为学生的读写转化提供有针对性的指导。同时，由于读写学评策略的相离，学生在进行读写转化时也面临诸多困境。例如，学生在阅读一篇优秀作品后，虽然能够理解其中的写作手法和情感表达，但在自己写作时，却很难将从阅读中学到的东西有效地运用到实际写作中，实现从读到写的深度转化。同样，在完成一篇作文后，学生也很难依据所学的阅读分析方法对自己的作品进行深入反思和自我评价，进而难以从写再回归到读的层面去进一步提升自己的读写能力。这种读写转化不深入的情况，最终影响了学生读写综合素养的有效提升。

第二节 ‖ 实 施 策 略

以教材中的单元习作为依托，创设基于单元学习情境的浸润式读写任务的前提便是教师对教材单元进行整体化解析。根据单元语文要素中阅读要素与习作要素关联度的大小，可以将教材单元分为以下三类：写作策略单元、普通阅读单元、阅读策略单元。

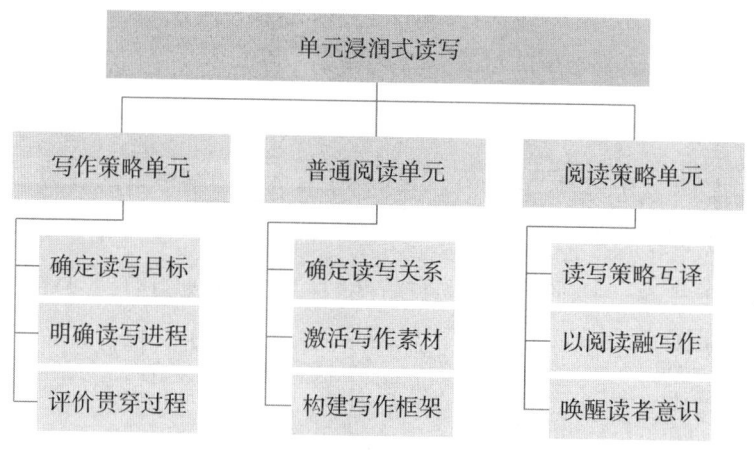

```
                    单元浸润式读写
        ┌───────────────┼───────────────┐
   写作策略单元      普通阅读单元      阅读策略单元
        │               │               │
   确定读写目标     确定读写关系     读写策略互译
        │               │               │
   明确读写进程     激活写作素材     以阅读融写作
        │               │               │
   评价贯穿过程     构建写作框架     唤醒读者意识
```

图3-1 基于教材单元的分类

一、写作策略单元：读写要素一致单元的实施策略

（一）以终为始，确定读写目标

部编版小学语文教材自三年级开始，每一单元设置了单元导语页，清晰标注出该单元的两条语文要素。"写作策略单元"即单元语文要素中的阅读要素和习作要素都清晰地指向同一个读写策略的习得，并且单元的习作也是围绕该策略的习得而设置。此类单元以每册教材的习作单元最为典型。教师可以仔细

分析这两条语文要素，找出两条要素中共同出现的关键词作为读写策略。

以五年级下册第四单元为例，该单元的语文要素是"学习描写人物的基本方法"，习作要求是"初步运用描写人物的基本方法，具体地表现一个人的特点"。基于这样的目标，课文、交流平台、初试身手、习作例文、习作都为紧扣人物描写而设置。笔者在文献检索的过程中，也发现当前关于"读写一体的过程性习作"研究主要集中于每册的类似单元，因为这样的单元有着先天的优势。因此，在执教此类单元时，教师可以全面统整单元，在阅读中梳理写作经验，在写作中尝试应用。

（二）逆向设计，明确读写序列

写作策略单元围绕语文要素展开编排了导语——精读课文——交流平台——初试身手——习作例文——习作六个环节，环环相扣，层层递进。而非习作单元，通常包括导语、精读课、略读课、语文园地、口语交际、习作等不同的板块，单元之间差异较为明显，这就要求教师能够深入解读教材。然而在实际教学中，很多教师只关注部分，对教材内容了解不够，因此在教学方法的匹配和使用上存在问题，导致教学效果不佳。为了避免课堂上阅读教学与写作教学停留在表面融合的问题，教师应该整体把握和解析教材，研究教材的读写关联点，整合教材及拓展类阅读的写作资源，积极主动地探索与之相对应的策略和方法。

以部编版小学语文四年级上册第五单元为例，本单元的阅读材料由《麻雀》《爬天都峰》两篇精读课文和《我家的杏熟了》《小木船》两篇习作例文组成。本单元教材中"初试身手"部分提供了两次习作片段的练笔。第一个练笔教材呈现了两幅图片，分别是"跑步比赛""给奶奶过生日"，让学生看图把这两幅图片所呈现的内容说清楚，重点训练的是"按照一定顺序把一件事写清楚",可以放在《麻雀》一文的阅读之后作为写作顺序的强化训练;第二个练笔教材让学生通过观察,用动词把家人做家务的过程写清楚,重点训练"抓住动作把事情写清楚"的能力,可以放在《爬天都峰》一文的阅读之后。也可以让学生先写,然后进行文章阅读,在学生了解了文章的写作策略后回过头来修改自己原先的练笔片段。总之,教师应充分利用教材中的读写练习资源,将其灵活转化为学生易于完成的学习支架,在降低学习难度的同时,让学生一步步掌握单元的读写策略。

(三)评价贯穿,导学导写导评

表现性评价是了解学生在学习过程中掌握情况的重要手段。学习是一个逐步深入的过程,系列习作任务往往根据学生的认知水平逐步深化而设计,因此在开展教学评价时,也可以通过学生的认知结构水平层次进行评价。比格斯提出的学习质量评价分类理论为教师基于教材进展设计评分提供了重要依据。教师们需要为学生设定标准,构建涉及读写关键能力表现的指标要求,同时基于教材从学段—单元—课时三个层面详细设计评价标准和任务。在这样的设计中,形成基于标准的教学,实现学生能力有梯度、有序列的提升。

以部编版小学语文四年级上册第五单元为例,教师特意创设了这样一个任务:写一件事,然后向校刊《生活万花筒》投稿,力求能够被录用。并且为此设计了四项小任务以及与之对应的评价关注点。在读前进行的素材收集环节,教师引导学生围绕事件的完整性、特点等方面展开评价,目的在于帮助学生找到自己内心最想写的那件事。在精读之后开展片段仿写活动,当学生品读文章之时,教师会引导他们梳理出作者将一件事写清楚的具体方法,进而形成用于后续写作评改的工具。接下来让学生去阅读校刊中有关"美食""旅游""趣事"等不同栏目的介绍内容,使其充分了解各栏目的特点,然后结合自己想要写的那件事，自由选择合适的栏目来试写片段。在进行评价的时候，教师会着重引导学生关注所写内容与栏目需求是否相符，并持续对评价标准加以完善。最后，安排学生进行自由撰写，之后开展同伴互评。

二、普通阅读单元：读写要素相关单元的实施策略

（一）双线并进定读写要素关系

像写作策略单元这种阅读要素和习作要素相一致的单元毕竟是少数，教材中大部分单元的两条语文要素并非是完全一致的，而是只有一定的相关性，即"普通阅读单元"。因为阅读要素与习作要素中没有相同的关键词，许多教师便直接认为此类单元的读写无关，不适合进行掌握式读写教学，但事实并非如此。针对非习作单元，教师可以从习作要素出发，思考阅读要素与习作要素的契合点与内在的相关性，从而厘清读与写的关系。

以部编版小学语文五年级下册第一单元为例，该单元的阅读要素是"体会课文表达的思想感情"，习作要素是"把一件事的重点部分写具体"，二者之间没有任何相同的关键词直接作为单元的读写策略，读写关系貌似不一致。不过从习作要素出发去思考，"一件事的重点部分"一定和作者想表达的中心、情感有关；而"课文表达的思想感情"则必须从作者具体写事的细节中品悟出来。可见，这一单元的阅读与习作要素实际上是有相关性的。因此，可以将该单元的读写策略定为"抓住重点内容，把一件事写具体""刻画细节，表达情感"。

（二）用阅读内容激活写作素材

从人文主题入手，单元阅读材料与写作主题之间可以建立密切的相关性，

教师可以基于人文主题中的写作关键点，设计相关的读写任务贯穿于单元教学之中，激发学生对写作素材的搜集与发现，降低学生在写作时选材的难度。

以部编版语文三下第四单元为例，该单元的人文主题是"观察与发现"，单元的阅读要素为"借助关键语句概括一段话的大意"，教材纳入了《花钟》《蜜蜂》《小虾》三篇课文，它们分别从不同的角度为学生呈现了因留心观察生活而得来的诸多发现。习作要素是"观察事物的变化，把实验过程写清楚"，与之对应的习作内容为"我做了一项小实验"。统编教科书针对观察能力的训练点呈现出一种梯次推进的态势，其训练目标也是按照序列依次分布的。本单元属于对"观察"能力的进阶式训练，重点在于让学生亲身参与实践，在阅读中借助图表等阅读支架来了解作者是如何细致观察生活中的现象的，进而在写作中继续借助图表支架，整理小实验的主要信息，将自己的"发现"以一种有序且清晰的方式表达出来。

（三）以文体特点构建写作框架

学生畏惧写作往往是因为在写作前没有搭建好写作框架。教师可以基于单元文章的文体特点，在单元教学中，让学生通过整体感知、品词析句等阅读活动，把握文章的文体特点和结构特点，掌握读这一类文章的阅读策略。经过读写互译，学生就知道在写这一类文章时，需要哪些必要的部分，从而厘清自己的写作思路，为后续的写作搭建框架。

以部编版小学语文三年级下册第四单元为例，该单元的习作主题是"我做了一项小实验"，单元阅读材料中的《蜜蜂》也是围绕做实验写的。在《蜜蜂》这一课的教学中，通过阅读文章，学生梳理出作者的"实验目的""实验过程""实验结论"等必要的实验步骤。经过读写互译，学生了解到实验文章的文体特点，从而在写作前梳理自己文章的实验步骤，构建出写作框架。

三、阅读策略单元：读写要素相异单元的实施策略

（一）将阅读策略转为写作策略

部编版语文教材还有一类特殊的单元，即"阅读策略单元"。该单元重点让学生通过学习，掌握相应的阅读策略，如预测、自我提问、快速阅读等。对这类单元的教学而言，写作并非是单元教学的侧重点，但依旧可以通过读写策略的互译原则，将单元阅读策略转换为写作策略，运用习得的阅读策略为写作服务。

以部编版小学语文四年级上册第二单元为例，该单元的阅读要素是"尝试从不同角度去思考，提出自己的问题"。在单元教学中，学生会在阅读中学会针对课文的内容、写法、启示等不同方面提出自己的问题，并尝试通过自主思考、小组讨论等方式解答这些问题，从而掌握"提问"这一阅读策略。当学生熟练掌握了提问策略后，教师便可引导学生将其运用到写作当中。在写作前，鼓励学生像在阅读时那样，对自己即将要写的主题进行多角度提问。该单元的习作主题是"小小'动物园'"，学生可以先问自己：家里的每个人分别像哪种动物？为什么会觉得他像这种动物？是因为外貌相似，还是性格特点相近？我要通过怎样的具体事例来体现出这种相似之处？通过这样的提问，学生能够更加深入地思考写作主题，明确自己写作的方向和重点，就如同在阅读中通过提问来深入理解课文一样。

（二）以阅读策略融通写作支架

以部编版小学语文教材三年级上册第四单元为例，该单元的阅读要素要求学生在阅读课文时，不断根据已有信息进行预测，并在阅读过程中验证自己的预测是否正确，从而提高阅读的趣味性和理解深度。在教学过程中，教

师先引导学生熟悉预测的方法和技巧。例如，通过观察文章的标题和开头的描述，猜测文章可能会讲述一个什么样的故事；根据文中出现的关键人物的性格特点和行为表现，预测他们在后续情节中的遭遇；依据文中的一些伏笔和暗示，推测文章的最终结局等。当学生对预测策略有了较好的掌握后，教师可以引导学生将其运用到写作中，以此来搭建写作支架。在写作构思阶段，学生可以像在阅读时进行预测那样，对自己要写的故事进行预先设想。该单元的习作是看图续写故事，学生可以先根据已有信息进行预测，如通过人物表情猜测他们此刻的心情以及可能面临的情况，故事的结果最终是什么样的。通过这样的预测，学生能够初步勾勒出故事的轮廓，确定故事的大致框架，这就为后续的写作提供了清晰的思路。

（三）以阅读策略唤醒读者意识

读者意识是指作者在创作过程中，心中时刻考虑到读者的存在，能够站在读者的角度去思考作品的诸多方面，以更好地满足读者的需求、引发读者的共鸣并达到预期的创作目的。在阅读策略的习得过程中唤醒学生的读者意识，可以将阅读策略与写作策略有机结合起来，使学生在写作中更好地考虑读者的需求和感受。

以部编版小学语文五年级上册第二单元"快速阅读单元"为例，该单元的阅读要素是让学生学会运用快速阅读的技巧，在短时间内准确把握文章的主要内容、关键信息以及作者的主要观点，习作主题是"漫画"老师。教师在教学过程中，通过设置不同难度的阅读材料，让学生反复练习快速阅读的方法。当学生对快速阅读能力有了一定的掌握后，教师可以引导学生将读者意识融入到写作当中。在写作前，学生要思考：围绕"漫画"老师，读者可能对老师的哪些方面感兴趣，是老师的外貌、性格、教学方法还是与学生之间的互动？然后根据读者的关注点来选取合适的素材进行写作，并在写作过程中注意用生动形象的语言来描绘老师的特点，以便让读者能够更好地想象出这位老师的形象，产生阅读的兴趣。

第三节 ‖ 实 践 案 例

◎锁定融合点　掌握一类文体表达
——以部编版小学语文五年级上册第五单元为例

（一）教材分析

1. 单元整体解析

统编版小学语文四年级上册第五单元是习作单元，本单元的阅读材料由《麻雀》《爬天都峰》两篇精读课文和《我家的杏熟了》《小木船》两篇习作例文组成。四篇文章都是以第一人称叙写的，所写的内容也都是作者生活中遇见或亲身经历的事情，生活气息较浓，易于学生学习。

《麻雀》一文叙述了"我"打猎回来，猎狗发现了一只刚出生不久、掉落在地上的小麻雀，它正要攻击小麻雀时，一只老麻雀从树上飞下来，用自己的身体掩护小麻雀，最终猎狗被吓退了。全文虽然篇幅不长，但围绕麻雀，把事情的起因、经过、结果写得十分清楚，将老麻雀的无畏、猎狗的攻击和退缩写得很生动，情节一波三折，扣人心弦。

《爬天都峰》一文写的是爸爸假日里带"我"去爬天都峰。在山脚下，望着又高又陡的天都峰，"我"不禁心里发颤。这时，一位素不相识的老爷爷来问"我"，和"我"一起爬天都峰。最终，"我"和老爷爷、爸爸都爬上了天都峰，在天都峰顶互相感谢对方给予的鼓励和力量。课文按爬天都峰的过程一步步叙述，明白晓畅，尤其是将爬山前和登顶后"我"与老爷爷互相鼓励的人物对话写得很清楚。

《我家的杏熟了》写了"我家"院子里有一棵奶奶亲手栽的杏树，每年秋天都会结上金黄的杏。有一天，邻居家的小淘淘嘴馋偷偷爬上树摘杏，不小心从树上摔了下来，"我"原以为奶奶会收拾他们，可奶奶却用长竹竿将杏打下来，从地上捡起，分给小伙伴们吃。奶奶告诉"我"，果子要大家吃才真的香甜。文章按照事情的发展顺序，将奶奶"分杏"的动作、语言写得很清楚。

《小木船》写了"我"与陈明原本是形影不离的好朋友，有一天因为"我"不小心摔坏了陈明做的小木船，"我们"产生了矛盾，友谊破裂；几个月后，陈明做了一只新的小木船送给"我"，并说自己要搬家了，"我们"重新和好。

2. 语文要素分析

本单元的单元导语是"我手写我心，彩笔绘生活"，阅读要素是"了解作者是怎样把事情写清楚的"，习作要素是"写一件事，把事情写清楚"。对比两条要素，不难发现，"把事情写清楚"在阅读要素和习作要素中都有提到，这便是本单元的读写融合点，也是开展单元学习情境的浸润式读写教学的重点。

《现代汉语词典（第七版）》对"清楚"一词的解释是"对事物了解很透彻"，可以借此对本单元的读写融合点进行界定。通过单元阅读材料的学习，梳理并提炼作者"把事情写清楚"的写作策略，在单元学习过程中实现阅读策略和习作策略的互相转译，习得"把事情写清楚"的写作策略。即"通过阅读学策略，通过习作用策略"。

（二）目标制定

根据单元分析，本单元的教学目标设计如下：

1. 感受生活的丰富多彩，感受爱与成长，体会记录与分享生活的快乐。初步形成基于读者（观众）的意识。

2. 认识12个生字，读准1个多音字，会写22个字，会写25个词语。

3. 知道什么是"把一件事写清楚"，知道写一件事的基本顺序。能发挥想象把图片的内容说、写清楚。能用表示动作的词语把做家务的过程写清楚。

4. 观察周围世界，能选择一件印象深刻的事，围绕中心，把事情的起因、经过、结果写清楚，把经过部分重要情节写清楚。

5. 尝试运用评价工具对是否写清楚一件事作出反思与评价。

（三）读写学习路径

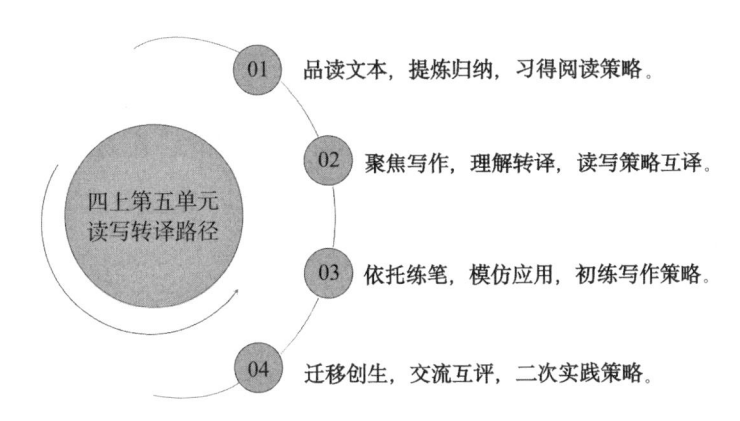

图3-2　四上第五单元读写转译路径

如图3-2所示，学生通过阅读文本，完成相应的阅读任务，提炼归纳阅读策略；在教师的引导下，将阅读迁移至习作，实现阅读策略与实践策略的互译；学生借助教材中的练笔资源，完成片段写作任务，实现从习得到模仿应用的转变；最后由模仿到创生，完成单元习作，再调动阅读策略予以再评改，产生二次实践策略。

围绕"作者是怎么把这件事写清楚的？"这一核心问题，在单元的阅读教学中，我们设计了五个有层级、有序列的子问题，构成了单元阅读教学问题链：

①"作者写了一件什么事？"——整体感知课文大意；

②"作者是按照什么顺序写的？"——了解作者的写作顺序；

③"作者重点写了什么？"——了解作者写一件事时的详略安排，以及为什么这样安排；

④"作者是怎么把重点部分写清楚的？"——了解作者的表达方式；

⑤"作者通过这件事想表达什么中心？"——分析作者的写作目的，了解作者的写作中心。

此时，教师通过引导交流，启发学生思考"我在写作时，要怎么把事写清楚？"从而进行阅读策略向习作策略的转译。学生能借助阅读策略，知道写作时要首先考虑写作目的是什么，确定好写作中心；然后围绕这个中心选事例素材、明确写作顺序、详略布局、表达技巧等。

①"我想要表达什么中心？"

②"我要写一件什么事？"

③"我要按照什么顺序写？"

④"我需要重点写什么？"

⑤"我该如何把重点部分写清楚？"

可以发现，学生按照"内容—结构—表达—中心"这一路径习得阅读策略。通过教师引导、读写转译后，学生知道写作前要首先考虑"中心"的确定，形成"中心—内容—结构—表达"这一写作的构思路径。

```
阅读策略  ——在写作时,要思考怎样的问题?——> 写作策略

① 课文写了一件什么事?              ① 想表达什么中心?
② 是按照什么顺序写的?              ② 打算写一件什么事?
③ 重点写了什么?          转译       ③ 要按照什么顺序来写?
④ 怎么把重点部分写清楚的?          ④ 重点写了什么?
⑤ 表达了什么中心?                  ⑤ 怎么把重点部分写清楚?
```

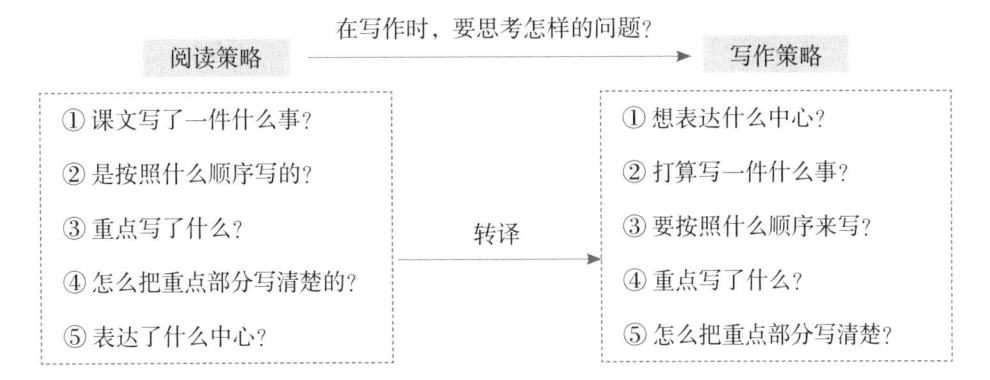

图 3-3　阅读策略与写作策略转译图

（四）读写任务设计

1. 情境创设

基于单元习作话题"生活万花筒"，创设了给校园电视台《生活万花筒》栏目投稿的单元情境。

2. 读写任务

基于问题链，设计了以下单元读写任务：

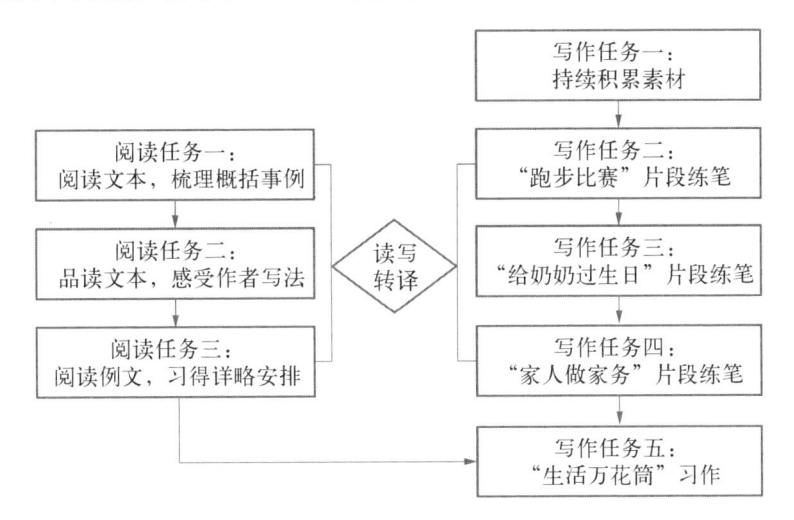

```
阅读任务一:             写作任务一:
阅读文本,梳理概括事例     持续积累素材

阅读任务二:             写作任务二:
品读文本,感受作者写法     "跑步比赛"片段练笔
                读写
                转译
阅读任务三:             写作任务三:
阅读例文,习得详略安排     "给奶奶过生日"片段练笔

                        写作任务四:
                        "家人做家务"片段练笔

                        写作任务五:
                        "生活万花筒"习作
```

图 3-4　四上第五单元读写任务图

由于本单元是习作单元,核心任务是完成一篇习作,因此本单元读写任务的实施以写作任务为重点展开。

任务一:持续积累素材

1. 读写任务要点

写作任务:每天坚持用两三句话来记录身边新奇有趣、印象深刻、最受感动的事。

2. 读写任务实施流程

```
情境导入,明确单元写作任务:写一件发生在身边的事,积极投稿,
争取被校园电视台《生活万花筒》栏目选中
          ↓
出示习作评价表,明确写作要点
          ↓
初步交流选材:生活当中哪些事让你印象深刻呢?
          ↓
教师布置写作任务一:每天持续积累素材
          ↓
交流点评,修改素材清单
```

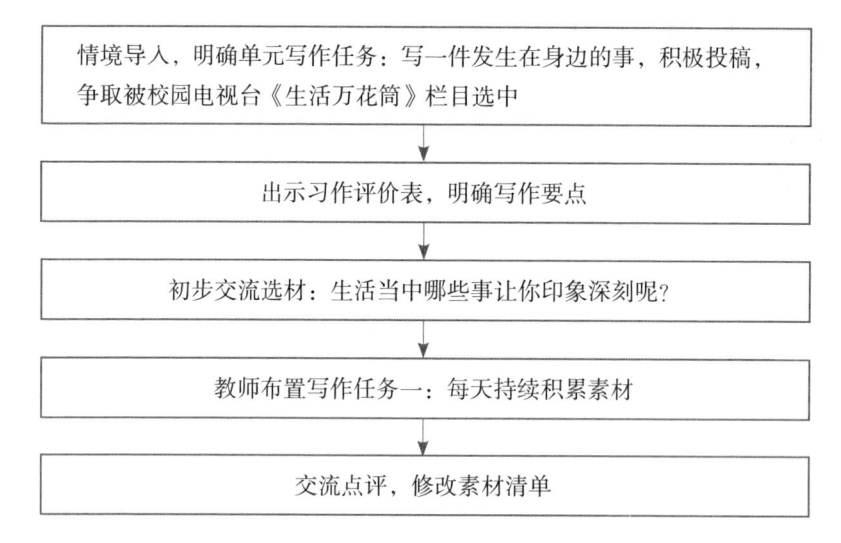

图3-5 任务一实施流程

(1)情境导入,明确单元写作任务。

(2)教师出示习作评价表,学生了解单元学习任务。

(3)学生交流选材:生活中哪些事让你印象深刻呢?

(4)布置任务一:每天持续积累素材。

(5)学生交流素材记录单,教师指导点拨,修改素材单。

3.读写任务学习单

写作任务一：持续积累素材

同学们，校园电视台即将开设《生活万花筒》栏目，现向各位同学征集发生在自己身边的多姿多彩的事例素材，学校将选取优秀作品在节目中播放哦！

评价表

描　　述	评　价
用两三句话记录身边新奇有趣、印象深刻、最受感动的人和事。	☆☆☆

例：在"紫超杯"足球赛的开幕式上，每个班的班主任老师进行了"点球大战"。不会踢球的于老师最后进球数却是最多的，让我既感到意外，又为她取得胜利而高兴。

序　号	事　　例	等　第	主　体
事例1		☆☆☆	自评
		☆☆☆	师评
修改		☆☆☆	自评
		☆☆☆	师评
事例2		☆☆☆	自评
		☆☆☆	师评
修改		☆☆☆	自评
		☆☆☆	师评

续 表

序 号	事 例	等 第	主 体
事例3		☆☆☆	自评
		☆☆☆	师评
修改		☆☆☆	自评
		☆☆☆	师评

任务二:"跑步比赛"片段练笔

1. 读写任务要点

阅读任务：阅读课文，借助情节表，梳理事情的"起因""经过""结果"，明确课文的写作顺序，了解作者的写作中心。品读课文，圈画出"写出老麻雀的无畏、猎狗的攻击和退缩"的词句，交流分享阅读感受。

写作任务：观察"初试身手"中"跑步比赛"的图片，确定自己的写作中心；借助情节表，按照顺序梳理出事情的"起因""经过""结果"。借助情节表，用上学到的方法，把"跑步比赛"的内容写清楚。

2. 读写任务实施流程

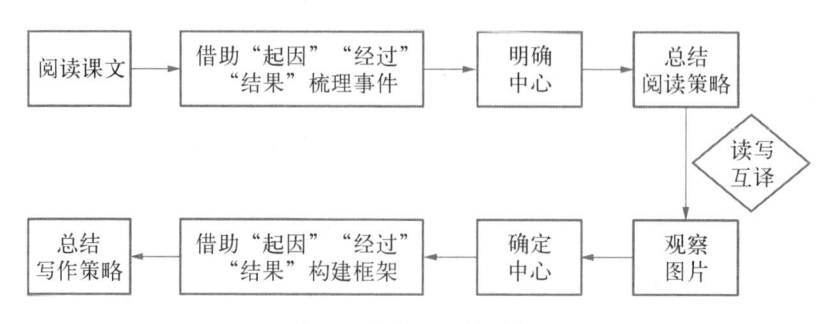

阅读课文 → 借助"起因""经过""结果"梳理事件 → 明确中心 → 总结阅读策略 → 读写互译 → 观察图片 → 确定中心 → 借助"起因""经过""结果"构建框架 → 总结写作策略

图3-6　任务二实施流程1

（1）学生自由读课文，读准字音，读通句子；交流讨论，用简洁的语言概括：文章围绕麻雀写了一件什么事；

（2）再读课文，借助情节表，梳理出事情的"起因""经过""结果"；交流讨论，确定文章的写作顺序；

（3）小组讨论：作者想要通过这件事情表达什么中心？教师借助问题链小结，从阅读引导至写作，读写策略互相转译；

（4）引导学生观察"初试身手"的"跑步比赛"图片，引导学生交流，确定表达的中心；

（5）借助情节表，梳理"跑步比赛"的"起因""经过""结果"。

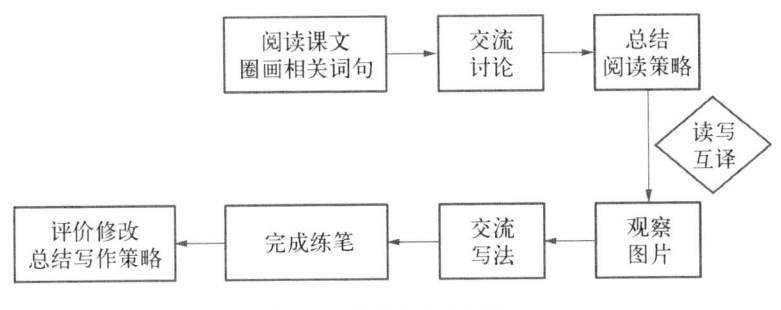

图3-7　任务二实施流程2

（6）出示任务要求：课文是怎么把老麻雀的无畏、猎狗的攻击和退缩写清楚的？圈画相关句子；

（7）教师小结写作方法，从阅读引导至写作，读写策略互相转译；

（8）学生观察"跑步比赛"图片，交流：怎么把跑步比赛的重要部分写清楚；

预设：围绕一个中心，按照一定的顺序，发挥想象，把看到的、听到的、想到的写清楚。

（9）学生运用所学的写作策略，借助支架，完成"跑步比赛"写作片段；借助评价表，展开评价、修改。

3. 读写任务学习单

阅读学习单

1. 自由读课文，读准字音，读通句子。思考：文章围绕麻雀写了一件什么事？

2. 自读文章，借助情节表，梳理出事情的"起因""经过""结果"。

起因	
经过	
结果	

写作学习单

观察"跑步比赛"图片，说一说事情的"起因""经过""结果"，并完成"跑步比赛"小练笔。

任务三:"给奶奶过生日"片段练笔

1. 读写任务要点

阅读任务:阅读文本,借助山形图,梳理事件的内容和经过,把握课文的写作顺序,了解作者的详略安排和写作中心。对比读文,知道课文的详略安排;品读详写的部分,交流作者是怎么把"我"和老爷爷互相鼓励的部分写清楚的。

写作任务:观察"初试身手"中"给奶奶过生日"的图片,确定自己的写作中心;借助山形图,按照顺序梳理出事情的"起因""经过""结果"。根据图片,借助山形图,确定写作的重要部分;用上学到的方法,把内容写清楚。

2. 读写任务实施流程

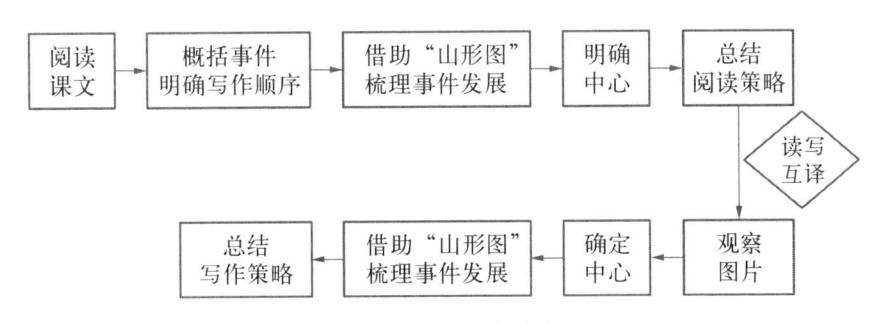

阅读课文 → 概括事件明确写作顺序 → 借助"山形图"梳理事件发展 → 明确中心 → 总结阅读策略 → 读写互译 → 观察图片 → 确定中心 → 借助"山形图"梳理事件发展 → 总结写作策略

图3-8 任务三实施流程1

(1)学生自由读课文,边读边思:文章写了一件什么事?是按照什么顺序写的?交流讨论,明确写作顺序;

预设:文章是按照"爬山前—爬山时—登顶后"的时间顺序写的。

(2)再读课文,借助山形图,梳理事件并交流;

(3)小组讨论:作者通过这件事想表达什么中心?

（4）教师小结，从阅读引导至写作，读写策略互相转译；

（5）引导学生观察"初试身手"中"给奶奶过生日"的图片，引导学生交流，确定表达的中心；借助山形图，学生梳理"给奶奶过生日"的事情发展；

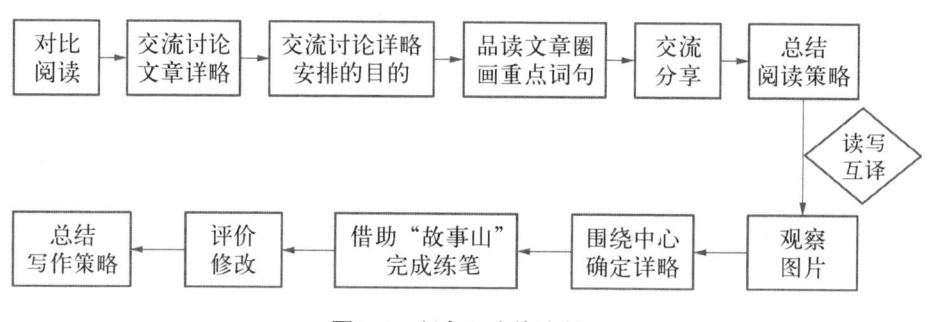

对比阅读 → 交流讨论文章详略 → 交流讨论详略安排的目的 → 品读文章圈画重点词句 → 交流分享 → 总结阅读策略

↓ 读写互译

总结写作策略 ← 评价修改 ← 借助"故事山"完成练笔 ← 围绕中心确定详略 ← 观察图片

图3-9 任务三实施流程2

（6）对比读文，引导学生思考：哪一部分是作者重点写的？为什么？

预设：作者重点写了"爬山前"和"登顶后"这两个部分，"爬山时"的部分一笔带过，是因为作者想表达"我"和老爷爷互相鼓励，从别人身上汲取力量，最终收获成功这一中心。

（7）品读重要部分，思考：作者是怎么把和老爷爷互相鼓励这一重点部分写清楚的？圈画相关词句；

预设：作者把自己怎么想、怎么说、怎么做的写得很清楚。

（8）教师小结写作方法，从阅读引导至写作，读写策略互相转译；

（9）学生观察"给奶奶过生日"图片，思考：围绕确定的中心，哪一部分要重点写，重点部分要怎么写？

（10）学生运用所学的写作策略，借助支架，完成"给奶奶过生日"写作片段；借助评价表，展开评价、修改。

3.读写任务学习单

阅读学习单

1. 自由读课文，边读边思：文章写了一件什么事？是按照什么顺序写的？

2. 再读课文，借助山形图，梳理事件。

3. 对比读文，思考：文章的哪一部分是作者重点写的？作者为什么要这样写？

4. 品读重要部分，思考：作者是怎么把和老爷爷互相鼓励这一重点部分写清楚的？圈画相关词句。

写作学习单

1. 观察"初试身手"中"给奶奶过生日"的图片，思考：你想表达的中心是什么？

2. 借助山形图，梳理事情的发展过程。

3. 思考：围绕确定的中心，哪一部分要重点写？请你在山形图的重点部分上打个五角星。

4. 完成小练笔。

任务四："家人做家务"片段练笔

1.读写任务要点

阅读任务：阅读《我家的杏熟了》，梳理事件顺序和重点部分，了解作者是怎么把"奶奶分杏"这一重点部分写清楚的；阅读《小木船》，梳理事件顺序和重点部分，了解作者的详略安排和段落之间的衔接。

写作任务：完成"初试身手"习作片段，围绕一个中心，按照一定的顺序，将做家务的过程写清楚，将重要的部分重点写。

2.读写任务实施流程

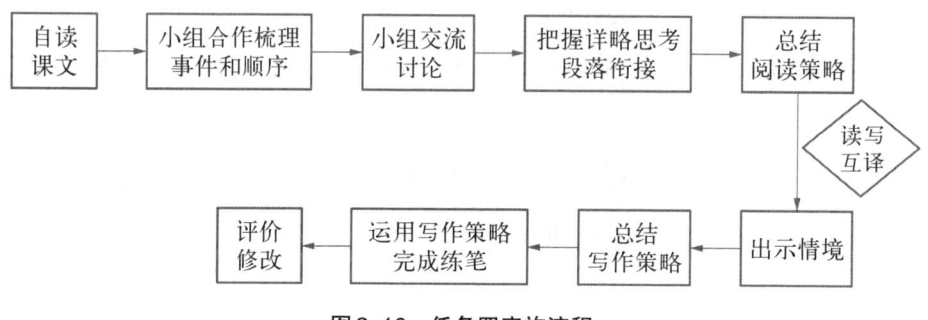

```
自读课文 → 小组合作梳理事件和顺序 → 小组交流讨论 → 把握详略思考段落衔接 → 总结阅读策略
                                                                          ↓
                                                                       读写互译
                                                                          ↓
评价修改 ← 运用写作策略完成练笔 ← 总结写作策略 ← 出示情境
```

图3-10 任务四实施流程

（1）布置阅读要求：自读《我家的杏熟了》，梳理文章内容和写作顺序；学生带着问题，自由阅读，自主借助思维导图、图表等学习支架梳理文章；

（2）学生交流，教师小结，从阅读引导至写作，读写策略互相转译；

（3）引导思考：哪一个部分是重点部分？

预设：奶奶分杏。

（4）学生自由读文，圈画出相关语句，小组讨论，思考：文章是怎么把"奶奶分杏"这件事写清楚的；学生交流，教师小结，从阅读引导至写作。

读写转译：作者抓住"奶奶分杏"的动作和语言，已经将"看到的""听到的"写得很清楚了，就不用写"想到的"内容了。我们在写一件事时，也要根据自己的写作需要来选择，不用把每个方面都写到。

（5）布置阅读任务：自读《小木船》，小组合作，自主梳理文章内容和写作顺序，交流讨论。

（6）引导思考：文章的重点部分是什么？两个部分中间是用什么连接的？为什么作者要这样写？

预设："友谊破裂"和"重归于好"是文章的重点部分，作者写得很详细。矛盾持续了几个月，中间没有别的事情发生，作者就用了"转眼几个月过去了"一句话带过，详略得当。

（7）教师小结，从阅读引导至写作。

读写转译：作者把重要的事情重点写，不重要的事情一笔带过，这样不仅使文章详略得当，而且两个部分之间衔接自然。我们在写作的时候，也可以用这样的方法。

（8）出示写作任务3情境：《生活万花筒》栏目开设了"家务专栏"。观察家人炒菜、擦玻璃等做家务的过程，用表示动作的词语，把家人做家务的过程写清楚。

（9）学生运用所学的写作策略，借助支架，完成"做家务"写作片段；借助评价表，展开评价、修改。

3.读写任务学习单

阅读学习单

1. 自读《我家的杏熟了》，梳理文章内容和写作顺序。

2. 自由读文，圈画出相关语句，小组讨论，思考：文章是怎么把"奶奶分杏"这件事写清楚的？

3. 自读《小木船》，小组合作，自主梳理文章内容和写作顺序。思考：文章的重点部分是什么？两个部分中间是用什么连接的？为什么作者要这样写？

写作学习单

《生活万花筒》栏目开设了"家务专栏"。观察家人炒菜、擦玻璃等做家务的过程,用表示动作的词语,把家人做家务的过程写清楚。

任务五:"生活万花筒"习作

1. 读写任务要点

写作任务:完成"生活万花筒"习作。

2. 读写任务实施流程

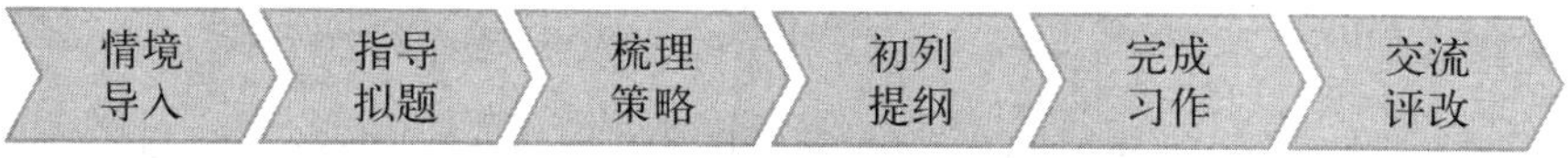

情境导入 → 指导拟题 → 梳理策略 → 初列提纲 → 完成习作 → 交流评改

图3-11 任务五实施流程图

(1)情境导入:离校园电视台投稿的时间越来越近了,这一节课,就让我们用上所学的方法,试着把一件事的重要片段写一写吧!

(2)师引导:语文书上有许多题目,请你说一说,你最想读哪一个故事?

(3)生自由交流。师小结:一个好的题目,能让读者很快知道你写的是什么事,给你带来的感受是什么。

(4)生完成选材、拟题。

(5)梳理学过的阅读策略,转化为写作策略。

(6)生初步列提纲,交流评价。

(7)布置写作任务,完成写作;交流,评价,修改。

3. 读写任务学习单

写作学习单

　　1. 拟题目

题目
例：信不信由你

　　2. 列提纲

起因	
经过	
结果	

　　3. 完成习作

（五）成果示例与评价方案

1. 学习任务一

○评价标准

用两三句话记录身边新奇有趣、印象深刻、最受感动的人和事。	☆☆☆☆☆

○学习成果

【典型病例】

今天的自然课上，我们学习了陶瓷器。

【问题诊断】

没有用两三句话来记录事例，表达较为简单；事例比较普通。

【原因剖析】

小作者选择了一件在学校里发生的事情——在自然课上学习了陶瓷器。不过，这件事是不是有必要记录下来呢？所记录的事例素材是要新奇有趣，或是让自己印象深刻、最受感动的，这样的事例才值得写在作文中让读者阅读。所以小作者不妨想一想：在自然课上学习陶瓷器时，发生了什么有趣的事？或是让你印象深刻的瞬间是什么？如果没有，最好换一个更加符合要求的素材事例。

【病文修改】

今天的体育课上，我们玩了"打野鸭"的游戏，每个小朋友轮流当"鸭子"。又高又壮的小白，反而是我们中最灵活的一个，每次她当"鸭子"都能坚持好久。她可真厉害！

评析：小作者经过修改之后，换了一则事例素材。素材中，小作者写清楚了小白同学身材的高壮与玩耍时候的灵活，二者形成了强烈的反差，这样的反差令小作者印象深刻。如果小作者用这则素材写作的话，一定要写一写小白同学在玩耍时是怎么灵活地躲开"攻击"的，这会非常吸引读者的阅读兴趣。

2. 学习任务二

○评价标准

评价维度	评 价 标 准	星 级
内容	• 能围绕跑步比赛来写，题目合适、新颖； • 感情真挚，有自己独特的见解； • 能加入合理的想象，写出比赛的激烈。	☆☆☆☆☆

续 表

评价维度	评 价 标 准	星级
结构	• 把跑步比赛的过程和结果写清楚； • 能抓住主要人物的言行进行描写，层次分明； • 用上之前所学到的写作方法，如先概括后具体等。	☆☆☆☆☆
表达	• 能围绕中心，恰当运用多种描写，把自己看到的、听到的、想到的写清楚； • 能运用自己平时积累的语言材料，尤其是有新鲜感的词句； • 能运用多种修辞手法来描述，句式丰富； • 句子通顺、流畅；没有错别字或添漏字的情况，标点符号使用正确，文面整洁。	☆☆☆☆☆

○ 学习成果

【典型病例】

今天学校举行跑步比赛啦！操场上好多人呀，大家都很兴奋的样子。我看到同学们在旁边喊加油，声音可大了。有个同学跑得特别快，一下就冲出去好远。比赛结束后，听说有人破纪录了呢。我也好想参加下次的比赛呀。

【问题诊断】

缺乏对比赛过程及人物细节的描写。

【原因剖析】

此次小练笔主题是"跑步比赛"，但读完这段内容可以发现，作者没有确定一个主要的描写对象，像是在写整个比赛场景，没有深入刻画其中任何一个关键人物，比如参赛选手或自己，只是简单描述了自己看到的一些现象，像同学们喊加油、有同学跑得快、有人破纪录等，对于比赛过程中选手们具体的跑步动作、表情以及自己在这场比赛中的心情变化、内心想法等都没有详细描写，导致内容比较空洞，没能很好地展现出跑步比赛的精彩和紧张的氛围。

【病文修改】

今天，学校的操场上热闹非凡，因为正在举行一场激动人心的跑步比赛，而我，就是参赛选手之一呢！

比赛还没开始，我站在起跑线上，心里像揣了只小兔子，怦怦直跳。我不停地做着深呼吸，眼睛紧紧盯着前方，暗暗给自己打气：一定要跑出好成绩呀！

"砰！"发令枪响了，我像离弦的箭一般冲了出去。风在我耳边呼呼作响，我的双腿快速交替着，每一步都带着十足的力量。旁边的同学们扯着嗓子喊："加油！加油！"那声音震耳欲聋，给了我更多的动力。我看到其他选手也都不甘示弱，一个个咬紧牙关，奋力追赶。其中有个同学步伐特别大，速度也很快，眼看就要超过我了，我心急如焚，更加拼命地摆动双臂，加快脚步。

快到终点了，我感觉自己的体力有些跟不上了，但一想到老师和同学们期待的眼神，我又咬紧了牙关，使出全身的力气向前冲去。终于，我冲过了终点线，虽然累得气喘吁吁，但心里满是成就感。

评析：经过修改后，小作者明确了自己作为主要描写对象，将自己参加跑步比赛的整个过程写得十分详细。从比赛前的紧张心情、自我鼓励，到比赛中的奋力奔跑、与其他选手的竞争，再到比赛后的疲惫与成就感，整个过程被描绘得十分完整。同时，还加入了丰富的细节描写，比如起跑时像离弦的箭、跑步时双腿的动作、风在耳边的声音，以及同学们加油的呼喊声等，生动地展现出了跑步比赛的紧张刺激和精彩氛围，使读者仿佛身临其境，感受到了这场比赛的激烈。

3. 学习任务三

○**评价标准**

评价维度	评 价 标 准	星 级
内容	• 能围绕给奶奶过生日来写，题目合适、新颖； • 感情真挚，有自己独特的见解； • 能加入合理的想象，写出过生日时的温馨。	☆☆☆☆☆
结构	• 把家人为奶奶准备生日的过程写清楚； • 能抓住主要人物的言行进行描写，层次分明； • 运用之前所学的写作方法，如先概括后具体等。	☆☆☆☆☆
表达	• 能围绕中心，恰当运用多种描写，把自己看到的、听到的、想到的写清楚； • 能运用自己平时积累的语言材料，尤其是有新鲜感的词句； • 能运用多种修辞手法来描述，句式丰富； • 句子通顺、流畅；没有错别字或添漏字的情况，标点符号使用正确，文面整洁。	☆☆☆☆☆

○**学习成果**

【典型病例】

今天，奶奶过七十大寿啦！奶奶白发苍苍，温暖体贴。妹妹说："好大的蛋糕啊！奶奶生日快乐！"随着音乐，我们唱起生日歌来。爸爸说："今天奶奶要过七十大寿了，她为我们家付出了那么多，现在我要给你们的奶奶戴上生日帽！"我高兴得合不拢嘴，希望奶奶可以长命百岁！

【问题诊断】

没有抓住主要人物来写；没有合理运用动作、语言、心理描写。

【原因剖析】

本次小练笔的主题是"给奶奶过生日"，阅读完小作者写的段落后，可以看出,首先,小作者没有抓住奶奶这一主要人物来写,而是用大量的语句来写妹妹、爸爸说的话。其次,小作者主要运用的是语言描写,帮奶奶过生日的一系列动作则没有写清楚,只写到了"唱生日歌"这个动作。因此,小作者需要更加聚焦奶奶这一主人公,合理运用多种描写来写清这一场景。

【病文修改】

今天是奶奶的生日。到了傍晚,我们早早就吃完了晚饭,妈妈和奶奶在公园里散步,我和爸爸就在家里做准备。蛋糕散发出甜津津的香味,一旁的妹妹都流出了口水。我还做了鸡蛋饼、水煮鱼、油菜,看着都十分好吃。妈妈和奶奶回来了,我把奶奶打扮得像仙女一样美丽。爸爸说:"妈,祝您生日快乐!"奶奶笑着说:"呀!原来今天是我的生日。"我们把蜡烛点燃,给奶奶戴上生日帽,关掉灯,一起唱起了生日快乐歌。奶奶的脸上露出幸福快乐的笑容。

评析:经过修改之后,小作者更加聚焦主要人物的动作,将家人们为奶奶准备生日的过程写得很清楚。另外,加入了恰当的人物描写,如爸爸和奶奶的语言描写、奶奶的动作和神态描写等,将这幅温馨的庆生画面细致地刻画了出来。

4.学习任务四

○评价标准

评价维度	评 价 标 准	星 级
内容	• 能围绕做家务来写,题目合适、新颖; • 感情真挚,有自己独特的见解; • 能加入合理的想象。	☆☆☆☆☆

续 表

评价维度	评 价 标 准	星 级
结构	• 把做家务的过程和结果写清楚； • 能抓住主要人物的言行进行描写，层次分明； • 运用之前所学的写作方法，如先概括后具体等。	☆☆☆☆☆
表达	• 能围绕中心，恰当运用多种描写，把自己看到的、听到的、想到的写清楚； • 能运用自己平时积累的语言材料，尤其是有新鲜感的词句； • 能运用多种修辞手法来描述，句式丰富； • 句子通顺、流畅；没有错别字或添漏字的情况，标点符号使用正确，文面整洁。	☆☆☆☆☆

○学习成果

【典型病例】

首先，妈妈拿来拖布，放入自来水里泡四分钟，我问妈妈："为什么要把拖布泡四分钟呢？"她说："这样能让拖布更好拖。"然后把拖布装在拖把上，开始拖大房间。没过一会儿，大房间就拖完了，又把客厅也拖完了。妈妈拖地怎么就这么快呢！

【问题诊断】

没有围绕一个中心来写；没有恰当使用人物描写的方法；语句不够通顺。

【原因剖析】

小作者聚焦妈妈拖地这一件事来写，但是没有围绕中心来写。小作者是想表达妈妈拖地速度很快这一中心，因此可以用妈妈"怎么做""怎么说"来体现出妈妈做家务熟练、速度快等特点。

【病文修改】

　　妈妈首先拿来拖把，将拖把放在装满水的水桶里泡着。我问妈妈为什么，她说："这样能够把拖把洗干净，拖地就会更干净。"说完，她提着拖把，把吸满水的拖布挤干，然后拿着拖把进了房间，开始拖地。只见她弯着腰，两手握着拖把柄，从里到外朝着一个方向拖地，原本浮上一层灰尘的地板立马干净了。三下五除二的工夫，大房间拖好了。妈妈又洗了一次拖把，这次开始拖客厅……十几分钟之后，妈妈已经把每间房间都打扫干净了。妈妈拖地的速度真快呀！

　　评析：经过修改，小作者围绕妈妈拖地速度快这一中心，抓住妈妈拖地的动作，把妈妈拖地这一件事写清楚了。

5. 学习任务五

○评价标准

评价维度	评价标准	星级
内容	• 选择令自己印象深的一件事，事例新颖，体现出自己的独特感受； • 事例具有一定的立意深度。	☆☆☆☆☆
结构	• 故事完整，把一件事的起因、经过和结果写清楚； • 能抓住主要人物的言行进行描写，层次分明； • 运用之前所学的写作方法，如先概括后具体等。	☆☆☆☆☆
表达	• 能围绕中心，恰当运用多种描写，把自己看到的、听到的、想到的写清楚； • 能运用自己平时积累的语言材料，尤其是有新鲜感的词句； • 能运用多种修辞手法来描述，句式丰富； • 句子通顺、流畅；没有错别字或添漏字的情况，标点符号使用正确，文面整洁。	☆☆☆☆☆

○学习成果

【典型病例】

捉 蚊 趣 事

我家突然出现了好大一群蚊子，坐在书桌前写作业的时候，蚊子总是在我耳边"嗡嗡"响，好烦啊！我想，我可得找个好办法消灭它们！

我先用了蚊子拍，一下子在墙上打死了几只蚊子。我觉得这种方法还不错，至少不像用手打，有时一只也拍不到。但面对百万蚊子大军，这也太慢了吧！

我灵机一动，找来一个喷雾器，按一下手柄，从喷嘴里喷出一些水雾，洒向那些蚊子。咦？怎么回事？这些蚊子好像不怕水，不管我怎么喷，一只也不死。有了，我在水里添了一些花露水，再向它们喷，一下子掉下来好几十只。但就算我每三秒喷一下，按这速度，也要好几天不吃不喝也不睡，也不能把它们杀光。

唉！我沮丧地想，看来我是无法把蚊子全都杀光的，还是和它们和平共处吧！

【问题诊断】

没有体现题目"捉蚊趣事"的"趣"字。

【原因剖析】

小作者选择了一件捉蚊子的事来写，重点刻画了自己用蚊子拍、用喷雾器喷来消灭蚊子的过程。不过，题目是"捉蚊趣事"，小作者的表达让这一件事显得太过平凡了。

【病文修改】

捉 蚊 趣 事

下午，乌云密布，挡住了温暖，也挡住了光。倒霉的事就是从这时开始的。倒霉是因为，妈妈晒衣服时忘了关窗，蚊子大军乘虚而入飞进了家，给我手臂上叮了好几个小山丘——蚊子包，让我痒得发狂。

蚊子包实在太痒了！我实在受不了啦！今天我要和蚊子大军"决一死战"！我先用我的"千里眼"观察了一下四周，发现了一只掉队的蚊子，我想：呵呵，我今天要把你打成"蚊子饼"！我飞快地跑向蚊子，手掌狠狠地打向它，但没想到它还挺灵活，我往左边打，它往右边飞；我往右边打，它往左边飞。还飞到了时钟上！我从卫生间拿来了扫把，站在椅子上，踮起脚，举起扫把打向蚊子。但是它第二次飞走了，蚊子没打着，时钟倒是被我打怕了，怕得都不"走"了！不止如此，这声巨响还把我耳尖的妈妈也吸引了过来，她问道："白家果！这时钟是不是被你给打坏了？"我来不及解释，因为蚊子已经飞走了！

蚊子飞啊，飞啊，飞到了爸爸的头上！我悄悄地、慢慢地、轻轻地走向蚊子，一巴掌拍了过去。结果蚊子又飞了，手打红了，爸爸的脑门也被打红了！现在倒好，不仅要给妈妈解释，还要和爸爸争辩！突然，我的耳边听到了一阵蚊子扇翅膀的声音，原来是蚊子大军来报复我了！

蚊子大军的数量之多，以至于爸爸妈妈也看得一清二楚，他们也加入了打蚊子的队伍中，我们变成了打蚊子三人组，人多力量大，我们三人越战越勇，直接消灭了蚊子大军！

看来，今晚可以睡一个好觉了！

评析：经过小作者修改后，语言有趣，捉蚊子的过程也变得一波三折，最后全家人加入捉蚊大军，真是一件捉蚊"趣"事。

（六）课时安排

本单元开展浸润式读写教学计划共计9课时，具体安排如下：

课时安排	主　要　环　节
第1课时	1. 单元情境创设，教师布置单元读写任务。 2. 根据单元习作要求，教师引导学生持续记录生活，将生活中发生的印象深刻的事件记录下来，作为写作素材。
第2课时	1. 学生交流、分享已经记录的素材。 2. 讨论交流，思考怎样的事例是值得记录下来作为写作素材的，教师引导学生学习写作素材的选择。
第3课时	1. 学生阅读《麻雀》，学习生字、词语。 2. 教师布置阅读任务：借助情节表，梳理出事件的内容和经过，把握课文的写作顺序，了解作者的写作中心。 3. 学生完成阅读任务，交流成果；教师小结阅读策略，并将其转化为写作策略，实现读写转译。 4. 教师布置写作任务：观察"初试身手"中"跑步比赛"的图片，确定自己的写作中心；借助情节表支架，按照顺序梳理出事情的"起因—经过—结果"。 5. 学生完成写作任务，交流成果，评价修改；教师小结写作策略。
第4课时	1. 教师布置阅读任务：品读文章的重点部分，圈画重点词句，感受作者的细致描写。 2. 学生完成阅读任务，交流重点词句与自己的阅读感受；教师小结阅读策略，并将其转化为写作策略，实现读写转译。 3. 教师布置写作任务：将"初试身手"中"跑步比赛"的内容写清楚。 4. 学生完成写作任务，交流成果，评价修改；教师小结写作策略。
第5课时	1. 学生阅读《爬天都峰》，学习生字、词语。 2. 教师布置阅读任务：借助山形图，梳理事件过程，明确作者的表达中心。 3. 学生完成阅读任务，交流成果；教师小结阅读策略，并将其转化为写作策略，实现读写转译。 4. 教师布置写作任务：确定自己要表达的中心，借助图表，梳理出"初试身手""给奶奶过生日"的过程。 5. 学生完成写作任务，交流成果，评价修改；教师小结写作策略。

续表

课时安排	主 要 环 节
第6课时	1. 教师布置阅读任务：确定作者重点写的部分；圈画关键词句，品读感受作者的细致描写。 2. 学生完成阅读任务，交流重点词句与自己的阅读感受；教师小结阅读策略，并将其转化为写作策略，实现读写转译。 3. 教师布置写作任务：将"初试身手"中"给奶奶过生日"的内容写清楚。 4. 学生完成写作任务，交流成果，评价修改；教师小结写作策略。
第7课时	1. 学生阅读《我家的杏熟了》，教师布置阅读任务：梳理事件顺序和重点部分，了解作者是怎么把"奶奶分杏"这一重点写清楚的。 2. 学生完成阅读任务，交流重点词句与自己的阅读感受；教师小结阅读策略，并将其转化为写作策略，实现读写转译。 3. 学生阅读《小木船》，教师布置阅读任务：梳理事件顺序和重点部分，了解作者的详略安排和段落之间的衔接。 4. 学生完成阅读任务，交流重点词句与自己的阅读感受；教师小结阅读策略，并将其转化为写作策略，实现读写转译。 5. 教师布置写作任务：完成"初试身手"习作片段，围绕一个中心，按照一定的顺序，将做家务的过程写清楚，将重要的部分重点写。
第8课时	1. 学生交流写作任务成果，评价修改。 2. 教师小结单元读写策略。 3. 教师布置写作任务：完成单元习作"生活万花筒"，分享并修改习作。
第9课时	1. 学生交流、分享写作成果。 2. 评价、修改、发表。

（七）总结与思考

从阅读到写作的转译来看，学生在深入剖析课文如《麻雀》《爬天都峰》等文章，梳理作者写作思路、表达方式以及详略安排等的过程中，逐渐明晰了"把事情写清楚"的具体策略和方法。随后，在进行写作任务时，便能借鉴这些方法，将比赛过程中的人物动作、心理等细节清晰地呈现出来，实现了从阅读策略到写作策略的有效迁移。然而，在教学过程中也发现了一些问题：部分学生在读写转译时，虽能理解阅读材料中的写作方法，但在实际运用到自己的写作中时，仍存在生搬硬套的情况，未能根据具体的写作主题和情境进行灵活调整。这提示我们在今后的教学中，需要更加注重引导学生对写作方法的内化和个性化运用，让读写融合更加自然、深入。

◎谋定链接点　学会一种话题表达
——以部编版小学语文五年级下册第一单元为例

（一）教材分析

1.单元整体解析

部编版语文教材五年级下册第一单元以"童年往事"为主题，课文有《古诗三首》《少年闰土》《祖父的园子》《月是故乡明》4篇。习作要求是"把一件事的重点部分写具体"。习作话题"那一刻，我长大了"则是从单元的人文主题延伸出来，旨在让学生在了解他人童年的同时，关注自己的成长历程。通过本单元课文的学习，引导学生体会作者寄托在人事景物中的思想感情，通过习作引导学生写清楚成长过程中印象最深的一件事的经过，并把受到触动、感到长大的"那一刻"写具体，表达自己的真情实感，达到读写结合的目的。

2.语文要素分析

该单元的阅读要素是"体会课文表达的思想感情"，习作要素是"把一件事的重点部分写具体"，二者之间没有任何相同的关键词可以直接作为单元的读写策略，读写关系貌似不一致。不过从习作要素出发去思考，"一件事的重点部分"一定和作者想表达的中心、情感有关；而"体会课文表达的思想感情"则必须从作者具体写事的细节中品悟出来。可见，这一单元的阅读与习作要素实际上是有相关性的。因此，将该单元的读写策略定为"抓住重点内容，把一件事写具体""刻画细节，表达情感"。

（二）目标制定

1. 借助问题链梳理课文主要内容，理清楚习作的结构。

2. 借助注释、图片等理解《古诗三首》的大致内涵，抓住关键词，想象画面，感受童趣；抓住作者描写的新鲜事，体会"我"对少年闰土的喜爱、崇拜之情，借助作者对园子环境的描写和园子中所做之事的描写，感受"我"对祖父的依恋、喜爱以及祖父对"我"的宠爱之情，通过品读关键语句感受作者的思乡之情。

3. 通过采访了解父辈的童年故事，学会从同一角度或不同角度提出采访问题。

4. 运用人物描写方法刻画"成长"的场景，用直接和间接抒情的方法抒发成长感悟。

5. 能从自己的成长经历中选择一件印象深刻的事，把事情经过写清楚，把感到长大的"那一刻"的情形写具体，书写真实感受。

（三）读写学习路径

结合本单元课文和单元读写要求，我们将课时顺序进行了调整，形成了五个阶段的教学顺序。

前两个阶段先学习《少年闰土》《月是故乡明》，然后进行梳理，形成两种表达情感的写作思路——渐进式和转折式；第三阶段学习《祖父的园子》，再次执教习作梳理评改课，在对三篇课文的梳理中以及对同类经典课文的语

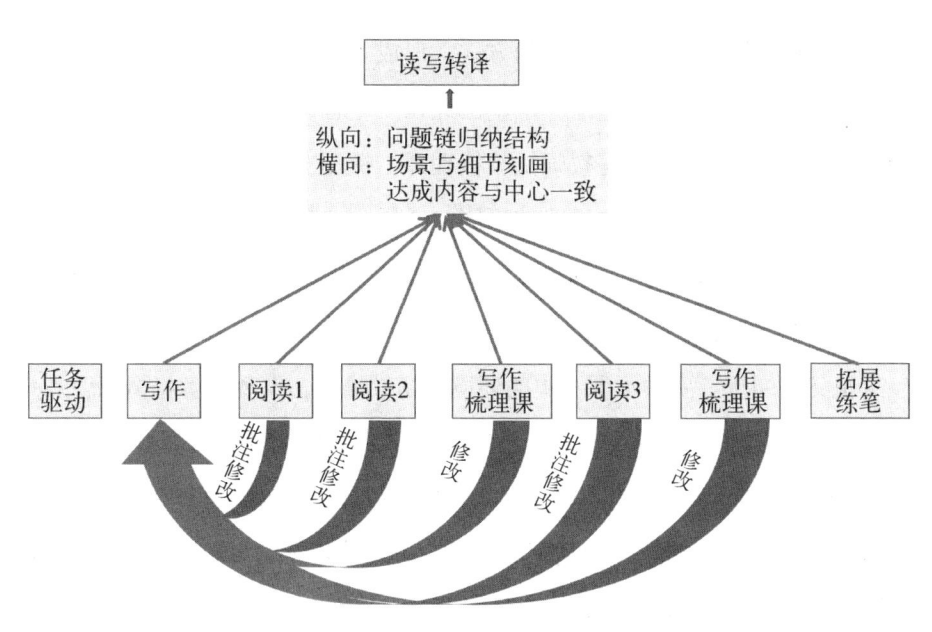

图3-12 读写学习路径

言品读中,修改习作重点描写的场景和细节;第四阶段在执教完《古诗三首》后,让学生综合应用之前学的方法,围绕"童趣"这一中心,任选一首古诗改编成短文;第五阶段综合评改,对学生的过程表现和最终习作进行评价,展示优秀作品。

《少年闰土》作为本单元第一篇阅读课文,在学习的过程中,教师先提问学生这篇课文讲了什么内容,重点写了哪一部分。通过梳理发现,讲新鲜事这一部分是重点写的,而且还写了两次,接着追问学生两次描写有什么异同,在比较中,学生知道了重点内容是如何写具体的、这样写是为了表达怎样的思想情感,同时发现,作者对少年闰土的情感是逐渐增进的。

《月是故乡明》不同于《少年闰土》,它的情感表达方式是直接的:文章的前半部分写了作者小时候在月下玩耍的场景;后半部分讲了作者离开家乡后见过的无数的美丽的月亮,但是仍然思念、最爱家乡的小月亮。与《少年闰土》不同，作者多次运用对比的方式，形成了一种转折的行文思路，来让情感更突出。执教完这两堂课，学生已经在一定程度上认识到，完成这篇习作有不同的行文思路。于是教师执教梳理课，梳理文章在情感表达方式、文章结构上的不同。因为行文思路的不同，感受到触动的场景在习作中所处的位置也不同。学生进一步了解到文章可以采用不同的行文思路和情感表达方式，接着现场修改自己的作文，并交流、点评。

《祖父的园子》要学习课文中的环境、场景描写，发现作者将情感融入具体的事物，营造了一种热闹、生机勃勃、快乐和自由的氛围。接着教师引导学生关注作者写了哪些事、重点写了什么、如何写具体的等问题，通过品读，发现作者重点描写了"我"犯错后祖父的反应，尤其是三次大笑，感受祖父对我的爱。在学完这三节课后，教师引导学生再次去品味细节，读懂情感；让学生结合自己的习作，说说自己要写的重要场景是什么，当时注意到了哪些细节，学生进行添加，然后让一名学生交流、一起助力修改。最后回家完善。

（四）读写任务设计

1. 情境创设

本单元的任务是单元习作《那一刻，我长大了》。情境描述为：

每个人都有自己的童年往事，快乐也好，辛酸也好，都是让人心动神怡的深刻记忆。五年级的我们即将小学毕业，回顾往昔，定会发现许多珍贵的回忆，它们都是成长中的足迹。接下来的两周，我们将去探寻文人、父辈的童年经历，并回顾自己童年里深刻的记忆，将这份记忆编辑进自己的毕业纪念册，永久珍藏。

2. 读写任务

基于问题链，设计了以下单元读写任务（如图3-13）：

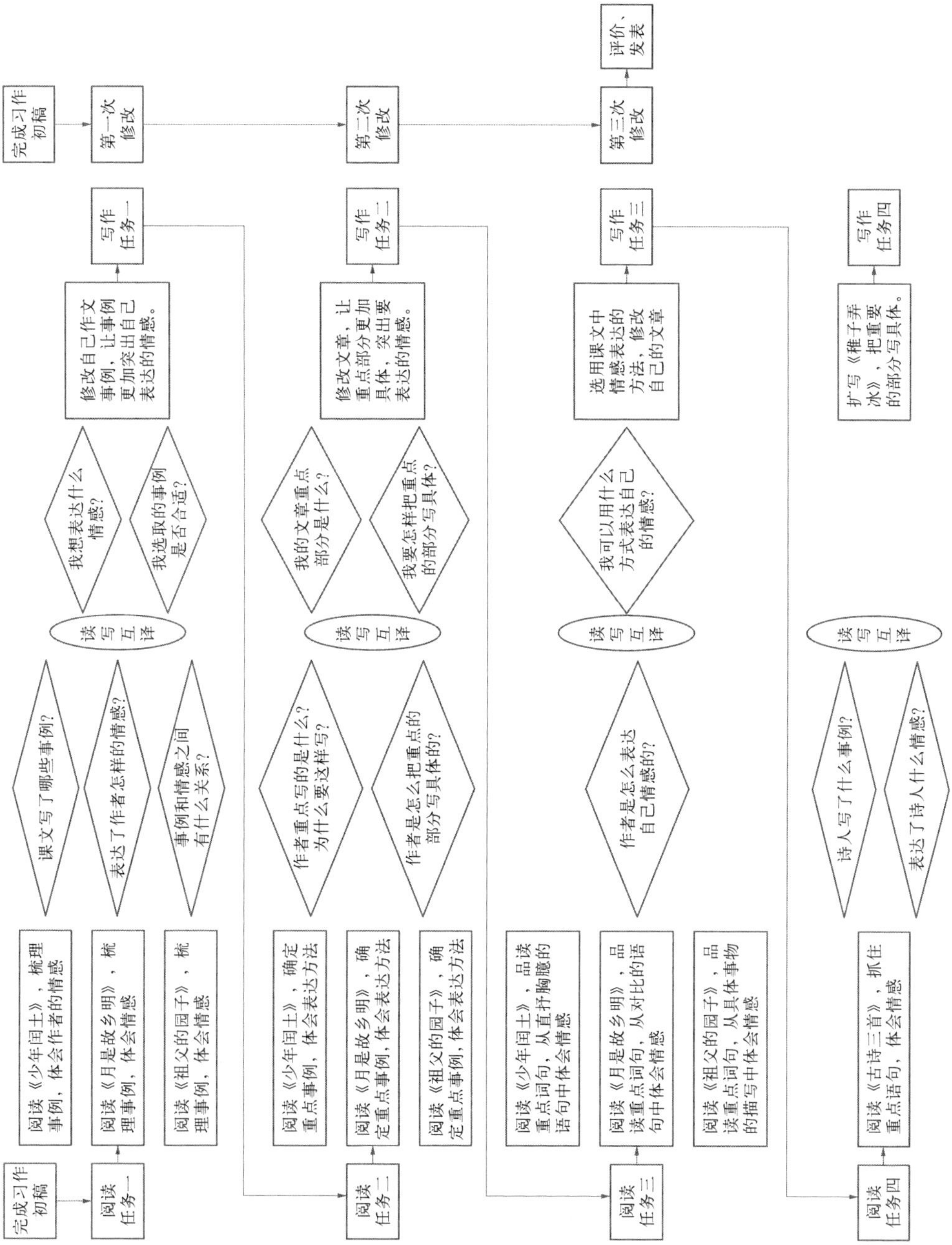

完成习作初稿 → 第一次修改 → 第二次修改 → 第三次修改 → 评价、发表

阅读任务一：
- 阅读《少年中国说》，梳理事例，体会作者的情感
- 阅读《月是故乡明》，梳理事例，体会情感
- 阅读《祖父的园子》，梳理事例

读写互评：
- 课文写了哪些事例？
- 表达了作者怎样的情感？
- 事例和情感之间有什么关系？
- 我想表达什么情感？
- 我选取的事例是否合适？

写作任务一：修改自己作文事例，让事例更加突出自己表达的情感。

阅读任务二：
- 阅读《少年中国说》，确定重点事例，为什么这样写
- 阅读《月是故乡明》，确定重点事例，体会表达方法
- 阅读《祖父的园子》，确定重点事例，体会表达方法

读写互评：
- 作者重点写的是什么？
- 作者是怎么把重点部分写具体的？
- 我的文章重点部分是什么？
- 我要怎样把重点的部分写具体？

写作任务二：修改文章，让重点部分更加具体，突出表达的情感。

阅读任务三：
- 阅读《少年中国说》，品读重点词句，品味直抒胸臆的语句中体会情感
- 阅读《月是故乡明》，品读重点词句中体会情感
- 阅读《祖父的园子》，品读重点词句，从事物的描写中体会情感

读写互评：
- 作者是怎么表达自己情感的？
- 我可以用什么方式表达自己的情感？

写作任务三：选用课文中情感表达的方法修改自己的文章

阅读任务四：
- 阅读《古诗三首》，体会情感，抓住重点语句

读写互评：
- 诗人写了什么事例？
- 表达了诗人什么情感？

写作任务四：扩写《稚子弄冰》，把重要的部分写具体。

图 3-13 五上第一单元读写任务

第三章　掌握型读写教学：基于单元学习情境的浸润式读写

任务一　完成习作初稿

1. 读写任务要点

写作任务：完成作文《那一刻，我长大了》

2. 读写任务实施流程

引出话题畅谈"长大" → 借助事例引申含义 → 书写成长主题词 → 勾连回忆确定选材 → 完成习作

图 3-14　任务一实施流程

（1）板书课题，引出话题：接下来两周，我们将通过阅读，探寻作家文人、父辈亲人的童年经历，并回顾自己的童年，选择一件自己成长过程中印象最深的事情写成一篇文章，编辑进自己的毕业纪念册，永久珍藏。

（2）教师提问：你怎么理解长大？学生交流。

（3）借助事例，引申含义：从教材的这三个事例中，你从哪里看出了"长大"？学生交流。

（4）学生书写描写"那一刻"的主题词。教师板书，生成词云。

（5）回忆"那一刻"，分享事件。

（6）完成习作初稿。

3. 读写任务学习单

写作学习单

评价维度	评价标准
内容	• 能从自己的成长经历中选择一件自己受到触动、感到长大了的事情； • 事例具有一定的立意深度。

续 表

评价维度	评 价 标 准
结构	• 故事完整，把一件事的起因、经过和结果写清楚； • 能把受到触动、感到长大的那个时刻的情形写具体，详略得当； • 题目新颖，能吸引读者阅读兴趣。
表达	• 能围绕中心，恰当运用场景描写、人物描写，把"那一刻"的情形写具体； • 能运用自己平时积累的语言材料，尤其是有新鲜感的词句； • 能运用多种修辞手法来描述，句式丰富； • 句子通顺、流畅；没有错别字或添漏字的情况，标点符号使用正确，文面整洁。

任务二：第一次修改

1. 读写任务要点

阅读任务：初读《少年闰土》，梳理文章中所写的事例，体会作者的情感；确定作者写的重点事例，体会作者是怎么把重点部分写具体的；品读《少年闰土》中的重点词句，从直抒胸臆的语句中体会作者表达情感的方法。

写作任务：修改自己作文中的事例，让事例更加突出自己所要表达的情感。

2. 读写任务实施流程

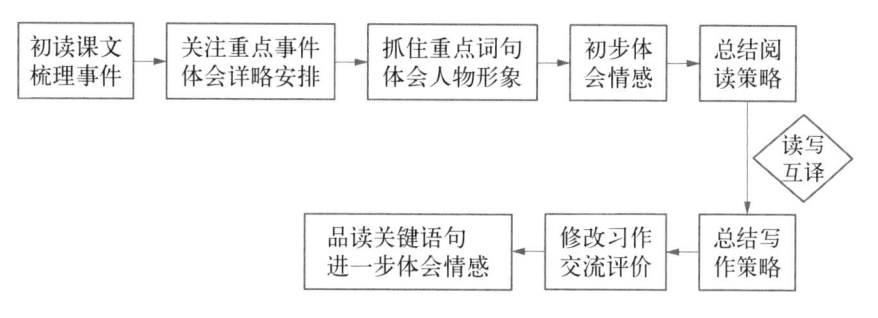

初读课文梳理事件 → 关注重点事件体会详略安排 → 抓住重点词句体会人物形象 → 初步体会情感 → 总结阅读策略 → 读写互译 → 总结写作策略 → 修改习作交流评价 → 品读关键语句进一步体会情感

图3-15 任务二实施流程

（1）初读课文，梳理内容：课文围绕"我"和少年闰土，写了哪几件事情？

（2）教师引导：哪一件事是作者重点写的？为什么？

预设：看瓜刺猹，因为作者写到了两次。

（3）品读"看瓜刺猹"部分，抓住重点词句，体会闰土的人物形象，指导朗读。

（4）教师引导学生体会情感：说说"我"对闰土的情感是怎样的。

预设：喜爱、钦佩。

（5）教师出示阅读要求：品读其他事例，思考：闰土是个怎样的少年？作者是怎么写出闰土的特点的？

（6）教师布置作业，学生修改自己的作文，选择更能表达自己情感的事例。

（7）教师布置阅读任务：阅读6—18自然段，画出描写"我"内心活动的文字。思考：表达了"我"怎样的思想感情？

（8）学生抓住关键词句交流，教师小结：作者直接抒情，"并不知道""素不知道""所不知道"等词句，衬托出闰土见多识广，这些"不知道"的背后是对自己狭隘枯燥生活不满的宣泄，是对真诚伙伴离别的慨叹，是对闰土丰富广阔的生活天地的真切向往。

3.读写任务学习单

> **阅读学习单**
>
> 1.自由读课文，边读边思考：课文围绕"我"和少年闰土，写了哪几件事情？
>
> 2.再读课文，思考：闰土在和"我"相处的过程中，说了哪些

稀奇有趣的新鲜事？小组合作，给每一件事起一个小标题。

3. 品读"看瓜刺猹"部分，思考：闰土是一个怎样的少年？圈画出相关词句。

4. 品读其他事例，思考：闰土是个怎样的少年？作者是怎么写出闰土的特点的？

5. 阅读6—18自然段，画出描写"我"内心活动的文字。思考：表达了"我"怎样的思想感情？

写作学习单

修改自己作文中的事例，让事例更加突出自己所要表达的情感。

任务三：第二次修改

1. 读写任务要点

阅读任务：阅读《月是故乡明》，梳理事件，体会作者表达的情感；确定重点事例，体会表达方法；品读重点词句，从对比的语句中体会情感。

写作任务：修改文章，让重点部分更加具体，突出要表达的情感。

2. 读写任务实施流程

（1）读课文，整体感知、思考：作者由月亮想到了哪些往事和经历？抒发了哪些内心感受？

（2）全班交流，感知往事和经历。用课文中的词语简要概括作者由月亮

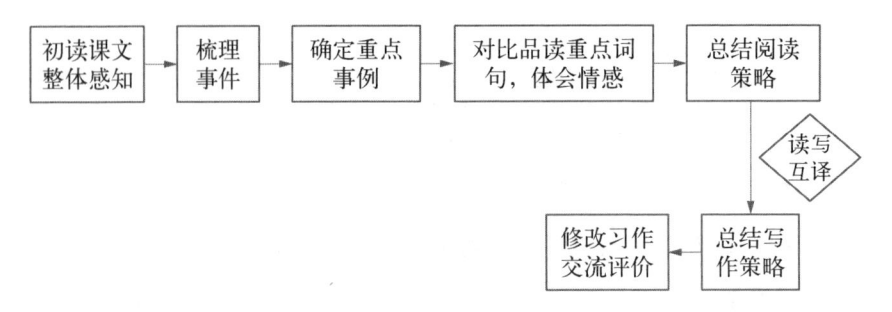

```
初读课文    梳理    确定重点    对比品读重点词    总结阅读
整体感知 →  事件 →  事例     → 句，体会情感   →  策略
                                                    ↓
                                                   读写
                                                   互译
                                                    ↓
                            修改习作  ←  总结写
                            交流评价     作策略
```

图3-16　任务三实施流程

想到的往事和经历。

（3）品读描写外国和故乡月亮的部分。指名学生交流体会。

（4）感悟写法：对比的写作手法。

（5）引导学生思考：季羡林爷爷已经功成名就，为什么还对那个小山村念念不忘呢？除了记得在故乡发生的事，他还记得故乡的什么？他为何要写故乡的水呢？

（6）教师小结：月也好，水也好，都是为了借物抒情。借故乡的月亮，借故乡的水来抒发自己的思乡之情。

（7）布置作业：修改文章，让重点部分更加具体，突出要表达的情感。

3. 读写任务学习单

> **阅读学习单**
>
> 1. 自由读课文。思考：作者由月亮想到了哪些往事和经历？抒发了哪些内心感受？
> 2. 用课文中的词语简要概括作者由月亮想到的往事和经历。
> 3. 再读文章，思考：作者写了哪些地方的月亮？

写作学习单

修改文章，让重点部分更加具体，突出要表达的情感。

任务四：第三次修改

1. 读写任务要点

阅读任务：阅读《祖父的园子》，梳理事例，体会作者表达的情感；确定重点事例，体会表达方法；品读重点词句，从具体事物的描写中体会情感。

写作任务：修改文章，让重点部分更加具体，突出要表达的情感。

2. 读写任务实施流程

初读课文整体感知 → 梳理事件 → 确定重点事例 → 对比品读重点词句，体会情感 → 总结阅读策略 → 读写互译 → 总结写作策略 → 修改习作交流评价

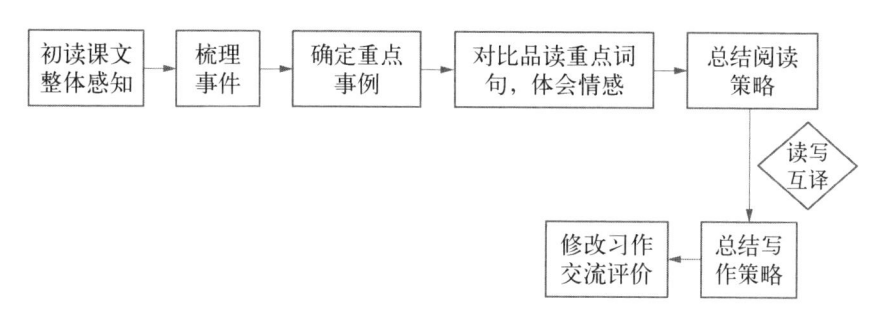

图3-17 任务四实施流程

（1）学生初读课文，整体感知，梳理课文内容。教师布置阅读任务：读读2—3、15—18自然段，思考：作者写了哪些景物，表达了怎样的感情？作者是怎样表达感情的？

（2）自由读课文4—14、第19自然段，思考："我"在祖父的园子里做了些什么？在文中圈画。

（3）学生品读这些内容，体会作者是怎么写清楚"我"在祖父园子中的活动的。

（4）学生朗读文中写"我"的感受的句子，体会情感。教师小结：作者将情感寄托在具体事物的描写中。

（5）布置作业：修改文章，让重点部分更加具体，突出要表达的情感。

3. 读写任务学习单

阅读学习单

1. 自由读课文，思考：课文哪几个自然段写了祖父的园子里有什么？哪几个自然段写了"我"和祖父在园子里做了什么？

2. 读读2—3、15—18自然段，做好批注。挑选你喜欢的一段思考：

（1）作者写了哪些景物，表达了怎样的感情？

（2）小组讨论：作者是怎样表达感情的？

3. 读读4—14、第19自然段，思考："我"在祖父的园子里做了些什么？

4. 仔细阅读这些内容，通过"我"在祖父园子中的活动，你能体会到课文表达了怎样的思想感情？

写作学习单

选用课文中情感表达的方法，修改自己的文章。

任务五：扩写《稚子弄冰》

1. 读写任务要点

阅读任务：阅读《古诗三首》，抓住重点语句，体会情感。

写作任务：扩写《稚子弄冰》，把重要的部分写具体。

2.读写任务实施流程

初读古诗
理解诗意 → 品读古诗
感悟情感 → 改写古诗
交流评价

图3-18　任务五实施流程

（1）初读古诗，理解诗意。

（2）品读古诗，感悟情感。

（3）引导学生思考：诗人是如何通过具体事物来表现童趣的？教师总结：诗人抓住了稚子脱冰、穿冰、敲冰等具体的动作，以及冰的声音变化，生动地展现了儿童的天真烂漫和对新鲜事物的好奇与探索。

（4）明确改写要求：围绕作者表达的情感，选择自己要详细描写的重点镜头，抓住细节，辅之以相衬的环境描写，让习作更吸引人。

（5）以小组为单位，讨论如何选择重点镜头、如何进行细节描写、环境描写。可以从儿童的外貌、动作、表情、心理等方面入手，同时描写周围的环境，如天气、景色等，为故事营造氛围。

（6）学生根据讨论的结果，进行《稚子弄冰》的改写练习。教师巡视指导，及时发现学生在改写过程中存在的问题，并给予帮助。

（7）选择几位学生的改写作品进行展示，让学生读一读自己的作品。其他学生进行评价，从选择重点镜头、细节描写、环境描写等方面提出优点和改进建议。

（8）教师进行总结评价。

3.读写任务学习单

写作学习单

根据《稚子弄冰》古诗内容，展开想象，将它改写成短文。

（五）成果示例与评价方案

○评价标准

本单元的所有读写任务都是围绕最后的习作而展开的，因此每个任务的评价就是最终习作的评价表。如下表所示：

维　度	评　价　标　准	星　级
内容	• 能从自己的成长经历中选择一件自己受到触动、感到长大了的事情； • 事例具有一定的立意深度。	☆☆☆☆☆
结构	• 故事完整，把一件事的起因、经过和结果写清楚； • 能把受到触动、感到长大的那个时刻的情形写具体，详略得当； • 题目新颖，能吸引读者阅读兴趣。	☆☆☆☆☆
表达	• 能围绕中心，恰当运用场景描写、人物描写，把"那一刻"的情形写具体； • 能运用自己平时积累的语言材料，尤其是有新鲜感的词句； • 能运用多种修辞手法来描述，句式丰富； • 句子通顺、流畅；没有错别字或添漏字的情况，标点符号使用正确，文面整洁。	☆☆☆☆☆

○学习成果

【典型病例】

意义非凡的一天

去年暑假，半年未见的表妹，不远千里来上海，我们在一起开开心心地玩了一个多月。在这么多快乐的日子里，令我印象最深的是那一天——

那一天爸爸妈妈因为都有事，吃完早饭就走了，只留下了我表妹"独守空房"。从听到他们关门声的那一刻起，我作为哥哥的自豪感和责任心便油然而生。首先我和表妹约法三章：先把学习上的难题解决好再放松。在此期间，我帮表妹扫清了学业上的困难，就像一个小老师一样有成就感。然而，快到中午时，我们似乎遇到难题了。表妹弱弱地说："哥哥，我饿了，我想吃饭了！"说完指了指她饿得咕咕叫的肚子。这可是给我出难题了。平时中午我们俩可以说是王子和公主级别的待遇，根本不用自己操心，而今天却要自己动手解决温饱问题了。

不过小case，难不倒我的。

很快，老爸平时煮面的场景像放电影一样开始闪现在我脑海中。"要不我们就煮荷包蛋香肠面吃吧！""非常赞同！"说干就干，先热锅，倒入少许油，快速将鸡蛋敲开倒入，只见透明的蛋白在高温下快速凝固变成白色，稍一翻面后继续加热，一个金灿灿的荷包蛋就完成了。接着就是煮开水，下入面条，再放入少许青菜点缀，切一些香肠片……一碗色香味俱全的荷包蛋香肠面就大功告成啦！"哧溜哧溜……"我和表妹吃得津津有味，表妹对我的厨艺更是赞不绝口。

爸爸妈妈回来后以每人十元钱的"巨款"奖赏我们出色的表现。当我接过钱时，我感觉这一笔钱尤为珍贵：因为它不仅是我一天辛勤付出的成果，更让我感受到了成长的喜悦。当老妈对我们竖起大拇指时，我感觉我长大了！这看似简单的一天对我而言却意义非凡。

【问题诊断】

没有体现出"那一刻"的长大瞬间。

【原因剖析】

小作者把自己第一次帮妹妹煮面吃的经历写得很清楚、具体。但是读了题目和文章内容，会发现小作者主要想表达的是"那一天"而不是"那一刻"。小作者可以想想到底是哪一个瞬间让你对自己长大的体会更深了。

是把面煮好的那一刻？还是和妹妹一起吃完自己做的面十分满足的那一刻？还是爸爸妈妈知道这件事后表扬你的那一刻？把那个瞬间写得再具体一些！

【病文修改】

那一刻，我长大了

这简单的一碗面，对我而言却意义非凡。

去年暑假，半年未见的表妹，不远千里来上海。有一天，爸爸妈妈因为有事，只留下了我和表妹待在家里。快到中午的时候，我们似乎遇到难题了。表妹弱弱地说："哥哥，我饿了，我想吃饭了！"说完指了指她饿得咕咕叫的肚子。

这可怎么办呀！平时我们俩在家可以说是"王子"和"公主"级别的待遇，吃饭问题根本不用自己操心，而今天却只能自己动手来解决了。不过做饭这种事，应该难不倒我的吧？

我的大脑飞速旋转，爸爸平时煮面的场景像放电影一样开始闪现在我脑海中。"要不我们就煮荷包蛋香肠面吃吧！""好啊好啊！"说干就干！我先热锅，倒入少许油，等油热了后快速将鸡蛋敲开倒入。只听"滋滋"的响声，透明的蛋白在高温下迅速凝固变成白色——"妹妹小心一点，不要被烫到哦！"我虽然害怕自己也被飞溅的热油烫到，但还是勇敢地拿起了锅铲。等油溅得少些了，我快速铲起蛋，轻轻一翻——一个圆圆的荷包蛋已经初见雏形啦！等荷包蛋的两面都煎得金灿灿时，荷包蛋就完成了。

最难的部分已经完成了，剩下的就简单了！接着烧开水，下入面条，等面条熟了后，再放入少许青菜点缀；切一些香肠片做一些摆盘，最后把圆圆的荷包蛋小心地放上去……一碗色香味俱全的荷包蛋香肠面就大功告成啦！"哥哥，你真厉害！"看着餐桌上我第一次做的面，表妹不由得赞不绝口，那一刻我的内心别提有多高兴了！我也能自己下厨，照顾妹妹了！

"哧溜哧溜……"我和表妹吃得津津有味，看着表妹吃完后满足的表情，让我深深感受到了成长的喜悦。

评析：经过修改之后，小作者把下厨的经过写得更加具体，并且聚焦面做好后的"那一刻"，把自己的心理活动写清楚了，体会到了成长的喜悦之情。

（六）课时安排

本单元开展浸润式读写教学计划共计用9课时，具体安排如下：

课时安排	主　要　环　节
第1课时	1. 单元情境创设，教师布置单元读写任务。 2. 根据单元习作要求，教师引导学生完成习作。
第2、3课时	1. 学生阅读《少年闰土》。 2. 教师布置阅读任务：梳理文章中所写的事例，体会作者的情感。 3. 教师布置阅读任务：确定作者写的重点事例，体会作者是怎么把重点部分写具体的。 4. 教师布置作业：修改自己作文中的事例，让事例更加突出自己所要表达的情感。 5. 品读《少年闰土》中的重点词句，从直抒胸臆的语句中体会作者表达情感的方法。
第4课时	1. 学生阅读《月是故乡明》，学习生字、词语。 2. 教师布置阅读任务：读课文，思考：作者由月亮想到了哪些往事和经历，抒发了哪些内心感受？ 3. 学生用课文中的词语简要概括作者由月亮想到的往事和经历并交流。 4. 教师布置阅读任务：品读描写外国月亮和故乡月亮的部分，学生交流体会。 5. 教师布置阅读任务：引导学生感受作者情感，体会作者的抒情方式。 6. 教师布置写作任务三： 布置作业：选用课文中情感表达的方法，修改自己的文章。

续表

课时安排	主　要　环　节
第5、6课时	1. 学生阅读《祖父的园子》，学习生字、词语。 2. 教师布置阅读任务：初读课文，整体感知，梳理课文内容，体会作者表达的感情。 3. 教师布置阅读任务：自由读课文第4—14、19自然段，思考："我"在祖父的园子里做了些什么？在文中圈画重点词句。 4. 教师布置阅读任务：圈画文中写"我"感受的句子，体会情感。 5. 教师布置写作任务二： 布置作业：修改文章，让重点部分更加具体，突出要表达的情感。
第7课时	1. 交流修改后的作文。 2. 互相评价，提出修改意见。 3. 文章发表。
第8、9课时	1. 学生读《古诗三首》，理解诗意，体会情感。 2. 教师布置写作任务四，学生完成。 3. 评价、修改。

（七）读写思考

学生在本单元的学习中，通过对作者如何将情感融入具体事例以及用细节描写来表达情感等写作手法的剖析，逐渐掌握了"抓住重点内容，把一件事写具体"以及"刻画细节，表达情感"的读写策略。这种对阅读文本的细致解读为学生在自己的写作中提供了范例，使其明白要选择能体现情感的重点事例，并将其写具体，才能更好地表达自己的思想感情。然而，在实际教学中，我们也发现一些问题。部分学生虽能理解阅读课文中的写作手法，但在运用到自己的习作时，往往难以精准地找到与情感紧密相关的重点部分进行详细描写。这提示我们在今后的教学中，需要进一步加强对学生的引导，帮助他们学会从自身情感体验出发，准确筛选出最能体现"长大"这一主题情感的关键事例，并进行深度刻画。

◎确定转化点　内化一种策略运用
——以部编版小学语文三年级上册第四单元为例

（一）教材分析

1. 单元整体分析

部编版小学语文三年级上册第四单元是阅读策略单元，围绕"预测"展开。这一独特的单元设置旨在培养学生对故事发展进行合理推测的能力，不仅增强学生的阅读理解能力，也激发他们阅读的兴趣与积极性，使阅读过程更具趣味性与互动性。教材编排了三篇童话故事：《总也倒不了的老屋》《胡萝卜先生的长胡子》和《小狗学叫》，三篇课文充满奇思妙想，使学生有兴趣阅读和推测后续的故事情节。

2. 语文要素分析

本单元的阅读要素是"一边读一边预测，顺着故事情节去猜想"。教材通过课文中的旁批、课后练习等多种方式，引导学生逐步掌握预测的方法，如依据题目、插图、上文内容、生活常识等进行预测。习作要素是"学习预测的一些基本方法，尝试续编故事"。在学生学会预测的基础上，鼓励他们运用预测的思路对故事进行续编，将自己的设想以文字的形式展现出来，这不仅能加深对预测的理解与运用，还能锻炼学生的写作能力与想象力。

（二）目标制定

1. 能够准确认读、书写本单元的生字词。

2. 掌握预测的基本方法，能依据文章的标题、插图、故事情节发展等进行合理预测。

3. 在阅读过程中，能够一边读一边顺着故事情节去猜想，准确捕捉文本中的关键信息来支持或调整自己的预测，并能用简洁的语言表达预测内容。

4. 能结合预测内容，清晰、流畅地表达自己的想法和观点。

（三）读写学习路径

学 预测方法	改 预测内容	用 续写故事
·题目 ·插图 ·线索 ·结构	·丰富故事内容 ·合理发展情节 ·故事结构一致	·观察图片内容 ·推想人物关系 ·关注人物细节 ·猜测人物想法

图 3-19　读写学习路径

1. 阅读《总也倒不了的老屋》，学习预测方法，学会从题目、插图、课文线索、结构等方面进行预测。

2. 阅读《胡萝卜先生的长胡子》《小狗学叫》，用预测方法预测故事发展，丰富故事内容，注意情节发展合理，故事结构一致。

3. 运用预测方法续写故事。通过观察图片内容，推想人物关系，关注人物细节，猜测人物想法。

（四）读写任务设计

任务一：阅读《总也倒不了的老屋》，体会人物形象

1. 读写任务要点

阅读任务：阅读《总也倒不了的老屋》，学习预测方法，了解文章结构；

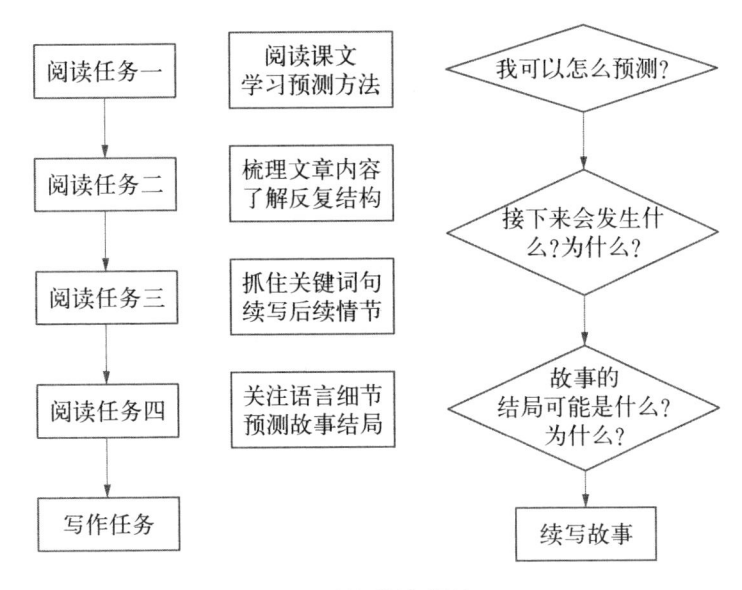

```
阅读任务一 → 阅读课文          我可以怎么预测?
              学习预测方法            ↓
     ↓                          接下来会发生什
阅读任务二 → 梳理文章内容        么?为什么?
              了解反复结构            ↓
     ↓                          故事的
阅读任务三 → 抓住关键词句        结局可能是什么?
              续写后续情节        为什么?
     ↓                              ↓
阅读任务四 → 关注语言细节        续写故事
              预测故事结局
     ↓
写作任务
```

图3-20　读写任务设计

品读文章,体会老屋的形象。

　　写作任务:说一说老屋给你留下了什么样的印象。

2.读写任务实施流程

了解预测　　梳理探究　　梳理结构
　　　　　　学习预测　　感知反复

图3-21　任务一实施流程

　　(1)教师引入"预测"话题,提问:什么是预测?学生自由交流。教师小结:预测就是猜测、推想,就是猜读。

第三章　掌握型读写教学:基于单元学习情境的浸润式读写　　123

（2）教师出示课文题目，提问：看到题目，你有什么问题？学生依据题目，说出自己预测的内容。教师小结：依据题目可以预测。

（3）教师出示第3自然段，提问：后面会发生什么？学生自主预测，交流分享。教师小结：依据插图、旁批等可以预测。

（4）用学到的预测的方法，交流讨论故事的发展。

（5）教师布置任务：小组合作，阅读课文，梳理故事的结构。

（6）小组合作，梳理情节结构。教师小结情节反复的故事结构模型。

3. 读写任务学习单

> **阅读学习单**
>
> 1. 运用预测的方法，交流讨论故事的发展。
> 2. 阅读课文，小组合作，梳理故事的结构。

任务二：运用策略，预测《胡萝卜先生的长胡子》《小狗学叫》

1. 读写任务要点

阅读任务：运用预测的方法，基于故事情节反复的特点，预测故事发展；抓住故事中的关键词句，续写后续的故事情节。

写作任务：关注语言上的细节，预测故事的结局，并写下来。

2. 读写任务实施流程

边读边预测 → 梳理结构感受反复 → 抓关键词句续写故事 → 关注细节预测结局

图3-22 任务二实施流程

（1）教师带领学生回顾学习《总也倒不了的老屋》时的预测方法。

（2）教师组织学生学习：小组合作，阅读《胡萝卜先生的长胡子》《小狗学叫》，边读边预测接下来会发生什么，在预测的地方做圈画。小组交流预测内容。

（3）小组合作，梳理故事中的人物和人物遇到的困难，预测会如何解决。

（4）布置阅读任务：画出故事中的关键语句，想一想：故事会怎么发展下去？

（5）学生自由交流。教师小结：找到关键语句，就能寻找情节发展的规律，预测后续的故事情节了。

（6）教师提出问题：故事的结局是怎样的呢？说说你的理由。学生自主思考。

（7）学生写一写故事的结局。班级内分享交流。

（8）教师出示故事结局。提问：我们在预测的时候可以怎么做？学生交流，教师小结：预测要把握文章语言的细节。

3.读写任务学习单

阅读学习单

1.小组合作，阅读《胡萝卜先生的长胡子》，边读边预测接下来会发生什么，在预测的地方做圈画。

2.画出故事中的关键语句，想一想：故事会怎么发展下去？

3.想一想：故事的结局是怎样的？

写作学习单

预测故事的结局，写一写。

第三章　掌握型读写教学：基于单元学习情境的浸润式读写　　125

任务三：续写故事

1. 读写任务要点

写作任务：续写故事。

2. 读写任务实施流程

梳理单元预测方法 → 观察图片梳理人物关系 → 关注人物细节推想人物想法 → 小组讨论预测第四幅图 → 完成习作 → 交流评改

图3-23 任务三实施流程

（1）梳理单元预测方法。

（2）明确习作任务：看图片，续写故事。

（3）观察图画内容，推想人物关系。

（4）说清楚多幅图之间的联系，通顺、连贯地说一段话。

（5）指导关注人物细节，推想人物想法。

（6）小组讨论，预测第四幅图的故事情节。

（7）完成习作，交流评改。

3. 读写任务学习单

写作小贴士

完成习作

评 价 标 准	星　　级
观察插图，写清楚前序故事	☆☆☆
迁移方法，预测后续故事	☆☆☆
乐于分享，修改习作	☆☆☆

（五）成果示例与评价方案

1. 学习任务一

○评价标准

体会老屋善良、富有同情心的美好品质。	☆☆☆
语言流畅，表达清楚。	☆☆☆

○学习成果

老屋给我留下了十分温暖且坚韧的印象。它已活了一百多岁，窗户成了黑窟窿，门板也破了洞，尽显沧桑，可即便如此，在面对小猫、老母鸡、小蜘蛛接连的求助时，它一次次放弃倒下的念头，选择坚守，慷慨地为它们提供庇护，用善良和乐于助人的品性，展现出了别样的坚韧，就像一位慈祥又坚强的老者，让人由衷地敬佩与喜爱。

2. 学习任务二

○评价标准

基于原文情节，合理预测结局。	☆☆☆☆☆
语言流畅，表达清楚。	☆☆☆☆☆

○学习成果

胡萝卜先生继续往前走，当他走过鸟太太家的树底下，鸟太太正在找绳子晾小鸟的尿布。胡萝卜先生的长胡子刚好在风里飘动着。"哇！好长的绳子呀！"鸟太太边说边剪了一段胡子晒小鸟的尿布。

胡萝卜先生继续向前走，他路过小兔子家门口时，小兔子正四处寻找绳子荡秋千。胡萝卜先生的胡子刚好在风里飘动着。小兔子看见长胡子，自言自语："这根绳子好长呀！拿来做秋千绳正合适。"她拉了拉胡子，确定绳子牢固，就剪了一段来荡秋千。

胡萝卜先生的胡子既帮助了别人，也快乐了自己。他继续往前走，可是胡子却不长了，因为果酱的营养被吸收完了。

3.学习任务三

○评价标准

观察插图，写清楚前序故事	☆☆☆☆☆
迁移方法，预测后续故事	☆☆☆☆☆
乐于分享，修改习作	☆☆☆☆☆

○学习成果

难忘的生日

李晓明的生日到了，他像往常一样来到教室门口，却发现教室里一片昏暗，这让他满心疑惑：难道今天是双休日？可他马上否定了这个想法，今天明明是星期二呀！带着满心的好奇，李晓明缓缓推开了教室的门。

刹那间，灯亮了起来，"祝你生日快乐！""祝你笑口常开！"同学们热情洋溢的祝福语如同一束束温暖的阳光照进他的心田。映入眼帘的是一排排五彩斑斓的气球，那一个个气球就像可爱的小精灵，将他带入了一个梦幻的气球世界；天花板上挂满了一条条彩带，它们随风舞动，仿佛绚丽的彩龙在欢快地穿梭。这一刻，李晓明才明白，原来同学们这些日子一直在悄悄地为他准备这个惊喜。

一股暖流涌上心头，李晓明的眼眶湿润了。他从未想过，自己能在学校里拥有这样一个温馨的生日派对，一直以来因为父母不在身边的孤单感在这一刻烟消云散。在许愿的时候，他闭上眼睛，心中满是感动，他默默告诉自己：一定要珍惜这些可爱的同学们，以后要和大家更加友善相处、互帮互助。当他睁开眼睛,看着跳跃的烛火,那火焰仿佛是同学们真挚的情谊在燃烧。他深吸一口气,激动地吹灭了蜡烛,掌声和欢呼声在教室里响起。

和同学们一起吃着香甜的蛋糕,那甜蜜的味道在口中散开,也甜到了他的心里。教室里充满了欢声笑语,这个生日的每一个瞬间都像璀璨的星星,镶嵌在李晓明记忆的天空中,熠熠生辉,成为他一生中最难忘的回忆。

评析:文章清晰地讲述了李晓明生日时同学们为他准备惊喜派对的故事,从发现教室昏暗时的疑惑,到推开门后的惊喜,再到许愿、吹蜡烛、吃蛋糕的一系列情节,完整且流畅。对气球、彩带等场景的描写细致入微,为读者呈现出了一个欢乐温馨的生日画面。

(六)课时安排

本单元开展浸润式读写教学计划共计6课时,具体安排如下:

课时安排	主要环节
第1、2课时	阅读《总也倒不了的老屋》
第3课时	阅读《胡萝卜先生的长胡子》
第4课时	阅读《小狗学叫》
第5、6课时	1. 梳理阅读时的预测方法,读写互译。 2. 指导单元习作,学生完成写作。 3. 评价修改,发表。

(七)读写思考

本单元将阅读策略与写作要素紧密结合,期望学生在学会预测的基础上尝试续编故事,实现读写互译。在实践过程中可以发现,当学生掌握了一定的预测方法后,确实能够为续写故事打开思路,他们基于自己对前文情节、关键语句等的把握，去设想后续的发展，想象力在这个过程中得到了锻炼。但同时也暴露出一些问题，比如部分学生虽然能预测出故事可能的走向，但在将其转化为文字表述时，却出现条理不够清晰、语言表达较为平淡等情况。这让我们意识到，阅读与写作之间的桥梁搭建并非一蹴而就，还需要在平时的教学中更加注重细节描写、行文结构等写作技巧方面的引导，让学生能够更顺畅、更精彩地把脑海中的预测内容转化为高质量的书面表达，真正达到读写相得益彰的效果。

第四章 鉴赏型读写教学：基于整本书文学情境的浸润式读写

第一节 ‖ 实 施 缘 起

一、实践背景

（一）全民阅读成为政策要求

1972年，联合国教科文组织提出要建构"阅读社会"。1995年，联合国将每年的4月23日定为"世界读书日"，来号召全世界的人读书。部分国家甚至为阅读立法。在我国，政府也多次号召全民阅读。自2014年以来，我国已经七次在政府工作报告中强调"全民阅读"，其中五次是"倡导"，一次是"推进"，现在是"深入推进"。2022年3月，全国首次"全民阅读大会"在北京召开。可见，"全民阅读"已经成为政府工作的重要内容之一。其中，"全民阅读"推进的关键在于小学生阅读素养的提升。[①]因为小学阶段相比中学、大学学业压力轻，学生有更多的空余时间，更为重要的是，该阶段的学生处于阅读素养的养成期。阅读素养不仅是学生走向社会、参与政治事务的基本能力，也是小学生核心素养的重要内容，更是语文核心素养的重要支撑。

（二）整本书阅读正从边缘走向中心

2011年，《义务教育语文课程标准》颁布，强调"要重视培养学生广泛的

---

① 肖林，宋乃庆.提升中小学生阅读素养是全民阅读的重要前提[J].中国教育学刊，2017（1）：103.

阅读兴趣，扩大阅读面，增加阅读量，提高阅读品味，提倡少做题，多读书，好读书，读好书，读整本的书"，整本书阅读教学开始被广泛重视。然而从实施情况来看，"整本书阅读"只是作为课外阅读的形式推行，未真正走入课堂实际教学。2017年，伴随着《普通高中语文课程标准（2017年版）》的颁布，"整本书阅读与研讨"成为众多任务群的首个学习任务，被纳入学分与考试评价，整本书开始真正得到重视，被广泛付诸于高中一线教学实践。2022年，新出版的《义务教育语文课程标准（2022年版）》将义务教育阶段的"整本书阅读"任务要求和标准具体化，更是将这种浪潮推向高潮，全国上下开始了整本书阅读教学实践。

基于整本书文学的情境就是针对整本书特有的文学情境，教师进行情境的创设和系列读写实践的设计，让学生能够在循序渐进的语言实践中，了解文学作品的基本特点，欣赏和评价语言文字作品，感受文学语言和形象的独特魅力，提高审美品味，激发创造欲，表达自己对自然与社会独特的体验与思考，尝试创作文学作品。

二、问题透视

然而，在推进的过程中，我们发现"鉴赏型读写教学"存在如下问题，亟需解决。

（一）整本书阅读轻学情诊断，读写素养无进阶

"鉴赏型读写教学"本以提升学生文学鉴赏能力为目的，然而在实践过程中，教师对于学生鉴赏能力的了解是模糊的，更遑论鉴赏能力的提升。《义务教育语文课程标准（2022年版）》指出"文学阅读与创意表达"任务群"旨在

引导学生在语文实践活动中,通过整体感知、联想想象,感受文学语言和形象的独特魅力,获得个性化审美体验;了解文学作品的基本特点,欣赏和评价语言文字作品,提高审美品位;观察、感受自然与社会,表达自己独特的体验与思考,尝试创作文学作品"。因此,"鉴赏型读写教学"是以整本书为载体,教师在充分了解学生关于鉴赏能力发展特点的基础上,针对学生在阅读方面的能力水平,结合书籍所具有的独特文学情境,创设系列的读写活动,让学生能够通过积累与梳理、交流与研讨等丰富的语言实践活动,积累整本书阅读的经验,提升学生对整本书所蕴含的独特的语言、形象的感知力,提升综合素养。

(二)整本书阅读轻过程指导,读写方法无序列

"浸润式读写教学"特别强调过程的渐进性和伴随性的指导。然而,在"鉴赏型读写教学"实施的过程中,可能因为教师前期对于书籍不够了解等原因,常常让学生自己制定阅读计划后便自由阅读,最后每个学生汇报一下自己感兴趣的内容或者章节即算完成任务。这样的阅读方式虽然自由、个性化,但十分考验学生的整本书阅读经验以及信息提取与加工能力。学生能够理解该文学作品的大致内容已经较为困难,更不用说提升对该文学作品的语言、形象、情感、主题的鉴赏能力。因此,要想让学生真正了解该书的内容,感受到其语言、形象的独特魅力,提升文学审美与鉴赏能力,教师必须在学生完成系列化阅读与写作任务的过程中,给予学生适当的指导,让学生掌握足够的阅读方法,方能循序渐进地进入文学世界,与书中的内容、作者进行深层次的对话,进而联系自己对自然与社会的观察,发表独特的看法。

(三)整本书阅读轻评价伴随,读写成效不显著

不同于其他形态的整本书读写教学,基于整本书文学情境的浸润式读写

教学更需要教师关注，因为整本书往往篇幅比较大。这要求学生要有一定的阅读能力，同时在过程中保持足够的阅读兴趣和阅读意志力，不然，学生很容易半途而废，更不用说去鉴赏。因此，基于整本书阅读的现状，为了让学生能够更好地沉浸于整本书的学习过程之中，教师需要在学生的阅读过程中为其提供伴随性的评价，并及时根据学生在读写过程中出现的问题，适当调整任务和评价标准。且这种评价标准往往是教师与学生、学生与同伴在反复的讨论中形成的。借助这样的方式，学生不仅能够清楚地理解标准内涵，也会在无形中基于标准去改进自身的学习，切实发挥评价的引导作用。

第二节 ‖ 实 施 策 略

"抓课外读写，花时少，而功效大。"[1] 著名教育家吕书湘先生曾指出，对于语文学习，课内与课外的功效大概是三七开：三成功效在课内，七成功效在课外。李家同在《大量阅读的重要性》中指出，很多学生学习无法顺畅和进步的症结点在于"不能阅读"。[2] "大量的阅读就等于大量的练习，不只是在无形中积累一篇篇文章的理解能力，还训练和培养写作能力。任何的学习都是从模仿开始的，一再磨炼之后，自然能提升自己，这是必然的。"[3] 这里的练习不是纸笔的一项项测验，而是说学生在阅读时，通过任务，对其思想与能力的锤炼。通过梳理整本书与写作的关系，在实践中，我们形成了以下读写任务实施路径：

---

[1] 黄朝霞.语文教学艺术研究［M］.福州：福建教育出版社，2017：189.
[2] 李家同.大量阅读的重要性［M］.北京：中国人民大学出版社，2012：12.
[3] 李家同.大量阅读的重要性［M］.北京：中国人民大学出版社，2012：37.

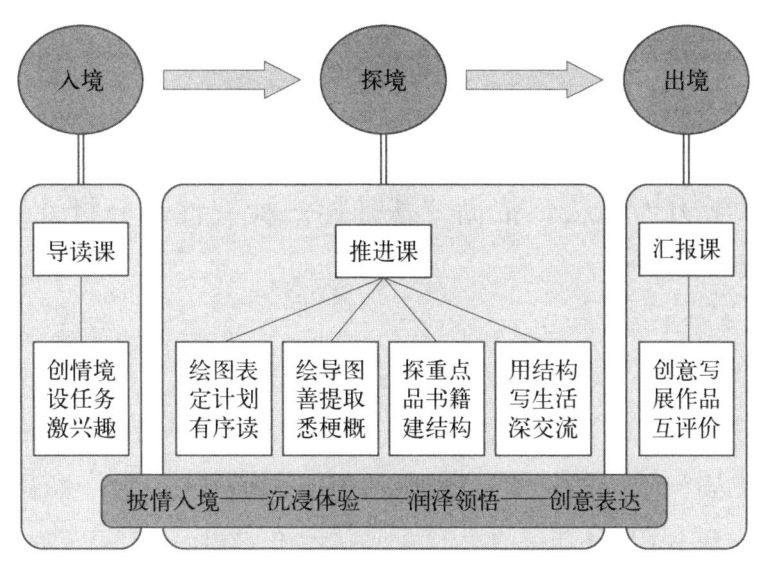

```
     入境    →    探境    →    出境
      |            |            |
   ┌─────┐    ┌─────────┐    ┌─────┐
   │导读课│    │ 推进课  │    │汇报课│
   └─────┘    └─────────┘    └─────┘
      |       /   |   |   \       |
   ┌────┐ ┌───┐┌───┐┌───┐┌───┐ ┌────┐
   │创情境││绘图表││绘导图││探重点││用结构│ │创意写│
   │设任务││定计划││善提取││品书籍││写生活│ │展作品│
   │激兴趣││有序读││悉梗概││建结构││深交流│ │互评价│
   └────┘ └───┘└───┘└───┘└───┘ └────┘
      └──披情入境──沉浸体验──润泽领悟──创意表达──┘
```

图4-1 掌握式读写教学实施路径

具体而言，"鉴赏型读写教学"就是从整本书文学情境出发，让学生经历"入境—探境—出境"三个阶段有序学习。在导读课中，教师基于整本书特有的文学情境，创设贴合学生学习实际的情境，并发布读写总任务，激发学生阅读的兴趣，让学生能够披情入境；接着让学生在推进课中根据自己的阅读能力绘制图表，私人定制个性化的阅读计划，开启系列阅读之旅；边读边用思维导图提取关键信息，借助该工具，获悉整本书的大致内容，并在此基础上通过多种语言实践活动，如辩论会、评说会、故事会、戏剧节等，探究书中的重点内容，以深入了解文学作品的思想，感受并尝试评价文学作品在语言、形象、情感等方面的独特之处，建立起对该书结构化的理解，进而能够借鉴、模仿书中的相关内容，进行交流，开启创意写作等活动；在汇报课中，将自己的创意写作作品进行展示与评价。需要注意的是，整个过程中，学生借助系列读写活动和伴随性评价，实现"披情入境—沉浸式体验—润泽领悟—创意表达"的不断进阶（如上图所示）。

为了更好地推进"鉴赏型读写教学"的实施，在实践中，还形成了三种基本实施策略，具体如下。

一、以学力为隐线，依循"基础性—检视性—分析性"进阶读写能力

《如何阅读一本书》中指出，阅读的类型主要有基础阅读、检视阅读、分析阅读和主题阅读四种形式。其中基础阅读主要面向小学低段学生，要求学生能够掌握文章的主旨，做到没有不理解的字词或句子；检视阅读主要面向的是小学4—6年级的学生，期望学生借助封面、目录等进行略读，了解整本书的大致内容，对重要的章节形成自己的理解；不同于基础阅读和检视阅读，分析阅读对于学生的要求更高，其主要面向的是初中学生。学生在整本书阅读过程中能够进行完整、优质地阅读，完全理解和掌握书中的内容，并内化成自己的知识。而主题阅读面向的则是正在接受高等教育的学生，他们常针对某一个主题进行系统化的研究和阅读，并提出研究结论，这是高等教育阶段需要培养的能力。在整本书读写的过程中，我们一定程度上参照了前三种类型的阅读，希望学生在阅读的过程中能够慢慢地从基础性阅读达到检视性阅读，甚至分析型阅读的水平，以促进学生学力的不断提升。

二、以策略为主线，依托"导读课—推进课—汇报课"设计读写任务

《如何阅读一本书》中提出，对于每个阅读者而言，要想提升信息获取

的效率，提高自己的文学鉴赏能力，就必须促进学生开展主动的阅读。学生需要始终关心四个问题：① 该书在谈论什么？② 该书的大致内容是什么？作者是怎样来写的？③ 这本书说得有道理吗？④ 读了这本书我想到了什么？围绕这四个问题，教师在整本书阅读的过程中，根据不同书籍的特点，分别开设"导读课""推进课""汇报课"等不同类型的读写课，让学生能够有计划、有梯度地进行读与写，并在读与写的有机联结、转化中，读懂大致内容，感受并尝试评价文学作品在语言、形象、情感等方面的独特之处。

三、以评价为明线，依照"形成性使用—反思性改进"优化读写实践

针对当前教师在整本书读写教学过程中出现的重教学轻评价的现象，教师需在进行"鉴赏型读写教学"的过程中，将教、学、评紧密联系在一起。评价目的不仅仅在于甄别与选拔，更在于促进学生的学习。在读写之前，教师通常会预先设计好一系列的读写任务以及相应的评价标准。在读写的过程中，教师在发布任务时，为了让学生能够切实理解评价标准，发挥评价标准对学生学习的促进作用，通常会采用两种方式来推进表现性评价，一种是在任务解读的过程中，教师从作品输出的角度，引导学生思考、讨论怎样做才能算是优秀的表现，从而形成评价的标准；另一种是教师在教学的过程中，引导学生围绕可能产生的行为进行讨论，然后再去发布相应的任务。无论哪种形式，通过讨论形成的评价不仅能够提升学生学习的主动性，更能让学生及时地反思自我的学习效果。

第三节 ‖ 实 践 案 例

◎感知与理解　在探究中读写
——以《老人与海》为例

（一）文本解读

1. 书籍介绍

《老人与海》故事发生的背景是20世纪中叶的古巴。老渔夫桑地亚哥一连84天没钓到一条鱼，几乎快要饿死了。但他仍不认输，在第85天，他终于钓到一条大马林鱼。大鱼拖着船往大海走，即使没有水、食物、武器以及助手，但老人依然不放，哪怕他的左手抽筋，也丝毫不灰心。经过两天两夜的"战斗"，老人终于杀死大鱼，把它成功拴在了船边。但又有许多鲨鱼前来夺食，他不得不把这些鲨鱼一一杀死，直到只剩下一支折断的舵柄作为武器。最终，大马林鱼被吃光了，老人拖着一副鱼骨头回去了。作者欧内斯特·米勒尔·海明威是美国作家、记者，被认为是20世纪最著名的小说家之一。1953年，他凭借《老人与海》一书获得普利策奖；1954年，他又凭该书夺得诺贝尔文学奖。同时该书也被评为影响历史的百部经典之一，成为美国历史上具有里程碑意义的32本书之一。1986年，作为法国《读书》杂志推荐的理想藏书，在48小时内卖出530万本，销量曾排名第一。

2. 影视介绍

1999年，俄罗斯动画导演亚历山大·彼得洛夫对海明威的《老人与海》进行改编，历时五年执导并拍摄了动画片《老人与海》。本片在内容上高度还原了小说情节。2000年，《老人与海》动画片获第72届奥斯卡金像奖及第

53届英国电影学院奖（提名）。

3. 教材链接

部编版小学语文二年级下册第八单元的"口语交际"是让小朋友"推荐一部动画片"，要求小朋友讲讲最有吸引力的人物或者故事片段。而三年级下册第八单元的"口语交际"主题是"趣味故事会"，要求小朋友能够把故事讲得吸引人。海明威的《老人与海》在出版后，被拍摄成了动画片，深受人们喜爱。因此，小朋友在阅读原著后，教师可以引导学生观看动画片，将脑海中的文字与视觉印象相结合，增强对故事的理解。

（二）学情分析

相比于高年级的学生而言，三年级的学生在阅读理解和表达能力方面均处于弱势，学生对于语言的品读与分析也相对不足。《老人与海》是一篇中篇小说，故事情节简单，主要讲了一位老渔夫钓鱼的事，整个故事中人物角色较少，加之有相"配套"的电影，将"文字"与"影视"相结合，便可以在很大程度上降低学生对文本理解的难度，加深学生对情节和主要人物的印象，使学生在推荐本书时更有话可说。

（三）目标制定

1. 把握《老人与海》一书的大致内容，能够准确理解书中的情节和人物形象。

2. 能联系阅读实践，借助电影，结合故事情节和人物形象向他人介绍该书。

3. 通过同学间的互荐书籍、互读习作等活动，感受阅读与习作的快乐。

（四）读写学习路径

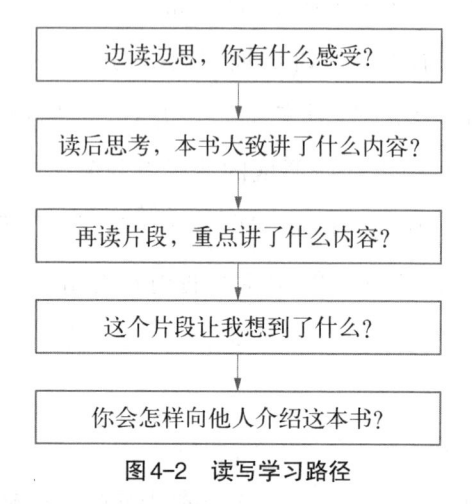

```
边读边思，你有什么感受？
        ↓
读后思考，本书大致讲了什么内容？
        ↓
再读片段，重点讲了什么内容？
        ↓
这个片段让我想到了什么？
        ↓
你会怎样向他人介绍这本书？
```

图4-2　读写学习路径

1. **整体感知，边读边思。** 教师向同学们介绍本书和相关电影所取得的成就以及人们对它的评价，激发学生的阅读兴趣。教师引导学生观察本书的封面，了解本书的大致内容。与此同时，教师提供书中的部分内容，让学生谈谈自己的感受。在此过程中，引导学生发现可以针对书中的内容、情节、语言表达以及自己的生活经验等谈自己的阅读感受。在此基础上学生开展自主阅读与记录。

2. **绘制导图，梳理大意。** 学生根据"故事山"来梳理整本书的大致内容。同学之间相互交流、评改，完善故事山。

3. **阅读片段，记录发现。** 教师引导学生重点阅读老人五次斗鲨鱼的过程，让学生从鲨鱼的数量、老人使用的工具、老人的心理变化、马林鱼的状况等不同方面进行内容梳理，在梳理中感受老人不向困难低头的高贵品质。

4. **观看电影，介绍重点。** 在文本分析之后，教师向学生出示该部分的电影片段,让学生将读到的信息与影视作品相结合,在充分理解的基础上,讲一讲这一部分的内容以及自己的感受。

5. **回顾整体,趣味介绍**。读完整本书后,教师引导学生从故事的内容、喜欢的情节以及对主要人物的表现等方面向同伴介绍该书。

(五)读写任务设计

基于以上问题链,设计了以下读写任务:

写作任务	阅读任务	问题链
核心任务: 撰写"介绍"文案	核心任务: 通读全书,了解整本书的大致内容,读懂老人五次斗鲨鱼的过程,感受老人的不屈精神。	核心问题: 你会向他人怎样推荐这本书?
任务一: 记录"我的感受"过程单	任务一: 阅读《老人与海》,根据记录单分阶段阅读。	问题1: 边读边思,你有什么感受?
任务二: 绘制"故事山"	任务二: 快速阅读《老人与海》,从起因、发展、结局三个阶段绘制"故事山",梳理故事的大致内容。	问题2: 读后思考,本书大致讲了什么内容?
任务三: 完成"五次斗鲨鱼"梳理表	任务三: 阅读"五次斗鲨鱼"这个片段,从攻击者、抵御工具、老人心理活动、战斗结局等不同方面进行内容梳理,在梳理中感受老人不向困难低头的高贵品质。	问题3: 再读片段,分析小说重点讲了什么内容。
任务四: 撰写介绍提纲	任务四: 学生观看电影,加深对"五次斗鲨鱼"这个片段的理解,并思考如何讲述这段故事。	问题4: 这个片段让我想到了什么?
任务五: 撰写"介绍"文案	任务五: 通读全书,了解整本书的大致内容,读懂老人五次斗鲨鱼的过程,感受老人的不屈精神。	任务五: 你会怎样向他人推荐这本书?

任务一：记录"我的感受"过程单

1. 读写任务分析

阅读任务：阅读片段，提出自己的看法。在教师的引导下，同学之间相互交流、碰撞，知道可以结合自己的经验，针对书中的内容、情节、语言表达等，表达自己的感受。

写作任务：边阅读边思考，针对书中的内容、情节、语言表达等，表达自己的感受，并记录下来。

2. 读写操作流程

```
学习片段 ─── 表达感受 ─── 对话交流
   │
学法提炼 ─── 从内容、情节、语言表达等方面谈感受
   │
学法应用 ─── 再分析片段 ─── 课后延展
```

图4-3 任务一实施流程

（1）**读片段，谈感受**。教师为学生提供出海前的一个片段。学生在阅读之后，结合自己的实际经验谈感受。

（2）**相互评，结学法**。根据交流的内容，学生围绕"他是从什么角度提出自己的看法的"这个问题，相互交流自己的发现，并提炼出可以针对内容、情节、语言表达等方面谈感受的阅读方法。

（3）**用学法，再改进**。在获悉方法后，全班同学共同阅读第一部分"出海前一天"，选择自己印象深刻的语句，尝试从内容、情节、语言表达等方面发表感受。学生之间就同伴发表的感受是否贴切展开讨论。

3.读写任务学习单

▶ 摘录

▶ 感受
关键词：

出海前一天

▶ 摘录

▶ 感受
关键词：

出海第一天

➡ 摘录

➡ 感受
关键词：------------------------------

出海
第二天

➡ 摘录

➡ 感受
关键词：------------------------------

出海
第三天

➡ 摘录

➡ 感受
关键词：

返航第一天

任务二：绘制"故事山"

1. 读写任务分析

阅读任务：快速阅读整本书，从故事的"开端—发展—高潮—结局"几个方面绘制"故事山"，并谈谈每个阶段的感受。

写作任务：在整本书阅读的过程中，边读边梳理故事的大致内容，并以山形图的形式记录下来。

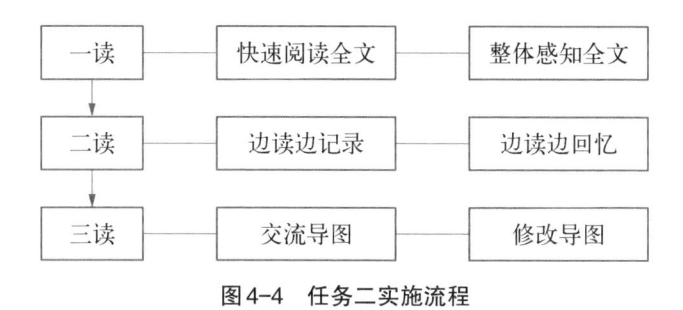

2. 读写操作流程

一读	快速阅读全文	整体感知全文
二读	边读边记录	边读边回忆
三读	交流导图	修改导图

图4-4 任务二实施流程

第四章 鉴赏型读写教学：基于整本书文学情境的浸润式读写　145

（1）**读解大意**。学生利用课下时间快读阅读整本书，根据"故事山"的要素在脑海中形成整个故事的发展脉络。

（2）**读我记录**。形成基本的脉络之后，学生再次翻阅整本书，边读边写下整个故事的发展过程以及每个阶段自己的阅读心情。

（3）**读再完善**。学生绘制完思维导图之后，在"推进课"中交流故事的大致内容和不同的阅读感受，在了解故事大致内容的基础上，感受边读边记录的重要性。在与同伴的交流中，不断完善自己的"故事山"。

3.读写任务学习单

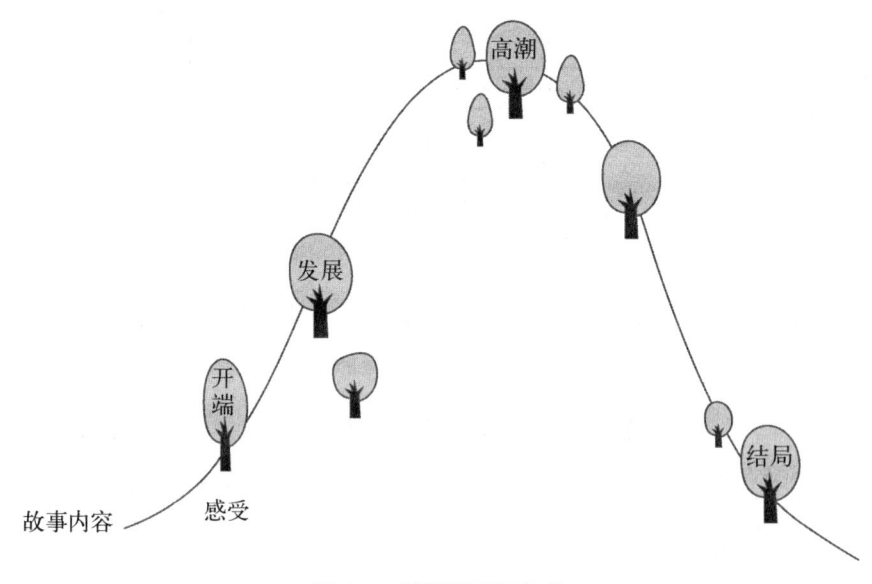

图4-5 读写学习任务单

任务三：完成"五次斗鲨鱼"梳理表

1.读写任务分析

阅读任务：快速阅读老人"五次斗鲨鱼"片段，从攻击者、抵御工具、老人心理活动、战斗结局等不同方面梳理内容，在梳理中感受老人不向困难低头的高贵品质。

写作任务：在整本书阅读的过程中，利用信息梳理表提取关键信息，并记录下来。

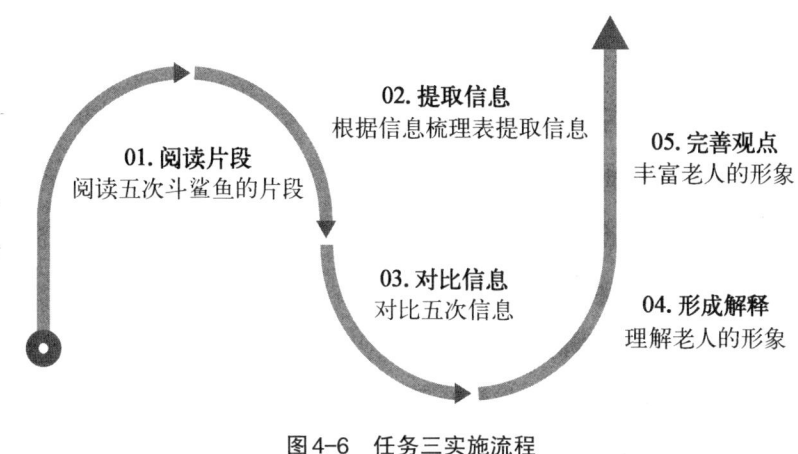

2.读写操作流程

图4-6　任务三实施流程

（1）**阅读片段**。快速阅读老人与鲨鱼五次战斗的片段，形成整体认识。

（2）**提取信息**。根据教师提供的"五次斗鲨鱼"信息梳理表，学生再次阅读该片段，从攻击者、抵御工具、老人心理活动、战斗结局等不同方面提取信息。

（3）**对比信息**。将所提取的信息进行反复对比，根据"攻击者"和"抵御工具"发现老人所面临的敌人越来越多，但是可用的工具越来越少，发现老人的处境愈发的艰难。从"战斗结局"来看老人的战利品大马林鱼已经被鲨鱼抢夺殆尽。从"心理活动"发现，虽然每次的战斗结局都很"惨烈"，但是老人却从未有过要放弃的念头，每一次结束后，老人都会迅速调整状态，积极应对下一次的挑战。

（4）**形成解释**。通过这样的梳理与对比发现，虽然老人的处境愈发艰难，但是老人始终保持着乐观的心态，从中可以看出老人是一个不言放弃、乐观坚韧的人。

（5）**完善观点**。同伴之间相互交流信息梳理表和对老人的印象，并在交流中完善自己的梳理与认识。

3.读写学习任务单

梳理内容	第一次	第二次	第三次	第四次	第五次
攻击者	灰鲭鲨				
抵御工具	鱼叉				
心理活动	没有放弃				
战斗结局	杀死灰鲭鲨，大鱼被吃掉四十磅				
根据表格，结合相关描写，谈谈在你眼中老人是一个怎样的人，写写理由。					

任务四：撰写介绍提纲

1.读写任务分析

阅读任务：观看电影《老人与海》中"老人五次斗鲨鱼"的片段，再次了解故事的内容，并结合课文内容和信息梳理表，获悉故事的大致内容，充分感受老人不向困难低头的高贵品质。

写作任务：根据任务情境，结合自己对该片段的理解，撰写介绍提纲。

2.读写操作流程

```
01 了解任务
向他人介绍老人五次与鲨鱼战斗的过程

02 观看影视
观看电影《老人与海》片段

03 再读片段
再次阅读老人五次与鲨鱼战斗的片段

04 撰写提纲
根据任务要求，撰写介绍提纲
```

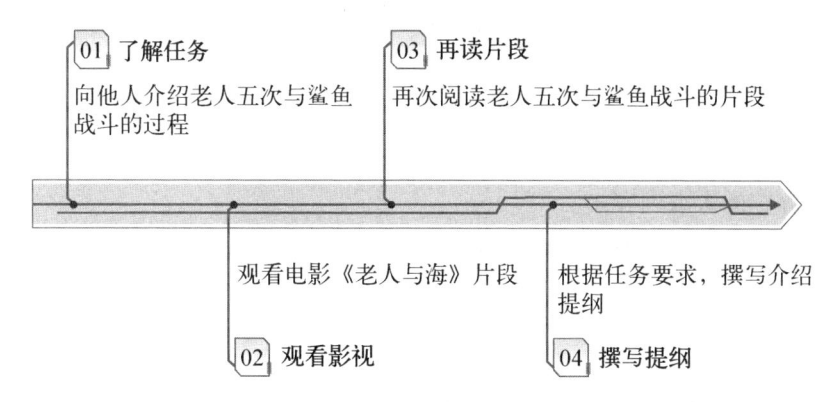

图4-7 任务四实施流程

（1）**了解任务，驱动读写**。教师出示任务情境，让学生知道接下来的任务是向一年级的小朋友介绍老人五次斗鲨鱼的场面。

（2）**观看电影，加深理解**。在了解任务情境的基础上观看电影，在文字与光影的碰撞中，加深对精彩片段的理解。

（3）**再读片段，回忆脉络**。在教师的引导下，学生快读阅读该片段，并结合信息表梳理脉络。

（4）**基于任务，撰写提纲**。根据任务和自己对文本的理解，撰写介绍提纲，教师予以指导。

3.读写学习任务单

任务：现在正值我校"航海文化节"，如果请你向从来没有读过《老人与海》的一年级弟弟妹妹们介绍"老人五次与鲨鱼战斗的过程"，你会从哪些方面介绍呢？写写你的提纲吧。
作品：

任务五：撰写"介绍"文案

1. 读写任务分析

阅读任务：回顾前面所学，根据"故事山""信息梳理表""介绍提纲"等形成介绍的大致内容。

写作任务：根据任务情境，结合自己对该书的理解，撰写介绍内容。

2. 读写操作流程

01 熟悉任务 向一年级同学介绍本书

02 回顾所学 回顾"故事山""信息梳理表""介绍提纲"等内容

03 了解对象 与部分二年级小朋友沟通，发现他们的特点

04 撰写介绍 根据任务要求，撰写介绍的内容

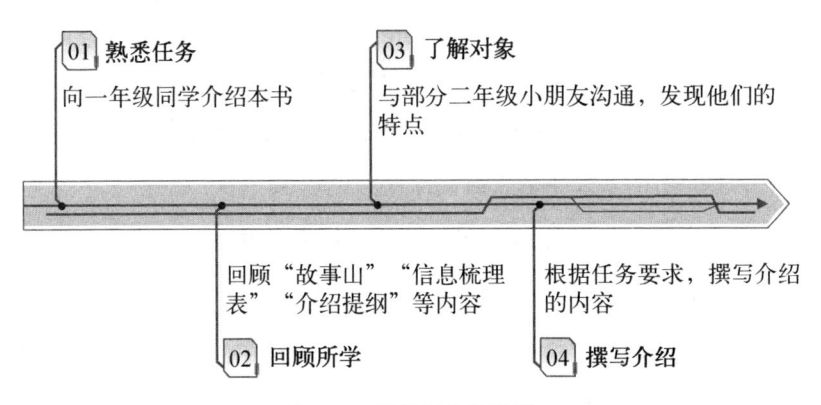

图 4-8 任务五实施流程

（1）**熟悉任务**。教师再次出示任务情境，让学生熟悉任务——向一年级的小朋友介绍《老人与海》这本书。

（2）**回忆所学**。回顾"故事山""信息梳理表""介绍提纲"等内容，充分理解本书的内容。

（3）**了解对象**。在教师的引导下，学生了解一年级同学的特点，以便于介绍。

（4）**撰写介绍**。根据任务和自己对文本的理解，撰写介绍的内容，教师予以指导。

（六）成果示例与评价方案

1. 读写任务一

○评价标准

能够结合自己的生活经验，针对书中的内容、情节、语言表达等，表达自己的阅读感受。	☆☆☆☆☆
边读边思考，养成随时记录的习惯。	☆☆☆☆☆
没有错别字，语句通顺。	☆☆☆☆☆

○学习成果

➡ 摘录

　　我现在能想点儿什么呢？他暗自琢磨。没什么可想的。我什么也不能想，就等着别的鲨鱼来吧。

返航第一天

➡ 感受

关键词：不屈服

　　虽然他的鱼被鲨鱼啃食掉一部分，但他鼓励自己不要过于痛惜，抓紧休养，恢复手的功能，来迎接第三次"灾难"。

2. 读写任务二

○评价标准

能够从故事的"开端—发展—高潮—结局"几方面绘制"故事山"，并谈谈每个阶段的阅读心情。	☆☆☆☆☆

续　表

每个部分的内容较为贴切。	☆☆☆☆☆
没有错别字，语句通顺。	☆☆☆☆☆

○学习成果

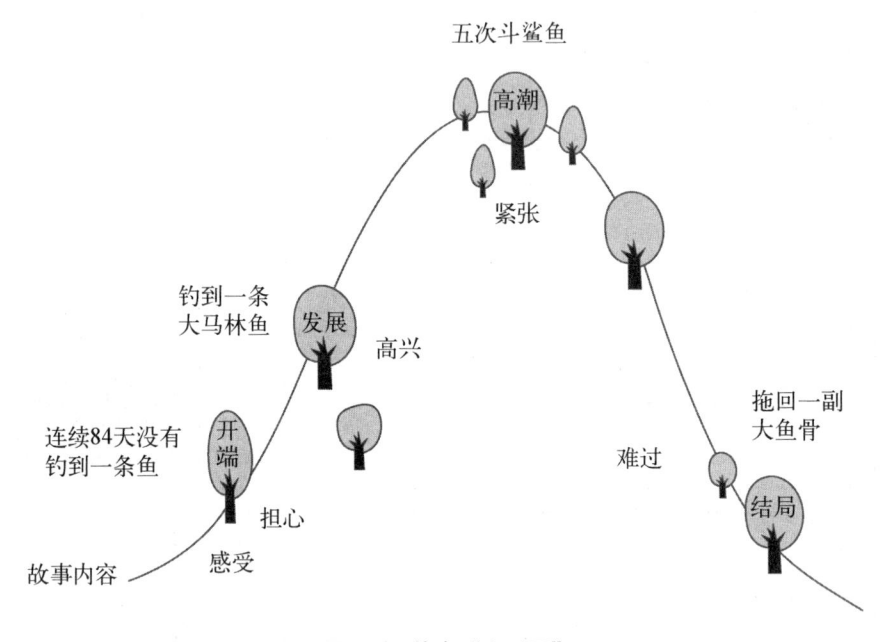

图4-8　故事"山形图"

3. 读写任务三

○评价标准

能够根据片段内容，准确提取相关信息。	☆☆☆☆☆
能够根据所提取的信息，形成对老人较为贴切的认识。	☆☆☆☆☆
没有错别字，语句通顺。	☆☆☆☆☆

○学习成果

梳理内容	第一次	第二次	第三次	第四次	第五次
攻击者	11条灰鲭鲨	2条加拉诺鲨	1条铲鼻鲨	2条铲鼻鲨	鲨鱼群
抵御工具	鱼叉	用绑刀的船桨击打鲨鱼	把绑刀的船桨扎进铲鼻鲨脑壳里	用断了的船桨柄、舵柄击打鲨鱼	用断了的船桨柄、舵柄击打鲨鱼
心理活动	没有放弃	没有放弃	没有放弃	没有放弃	没有放弃
战斗结局	杀死灰鲭鲨，大鱼被吃掉四十磅	鲨鱼逃走了，大马林鱼少了四分之一	铲鼻鲨逃走，刀折断了	铲鼻鲨逃走，大马林鱼少了二分之一	鲨鱼群退去，但是大马林鱼只剩下鱼头、脊柱和尾巴等残骸

根据表格，结合相关描写，谈谈在你眼中老人是一个怎样的人，写写理由。

根据"攻击者和抵御工具"发现老人所面临的敌人越来越多，但是可用的工具越来越少，老人的处境愈发的艰难。从"战斗结局"来看老人的战利品大马林鱼已经被这些鲨鱼抢夺殆尽。从"心理活动"发现，虽然每次的战斗结局都很"惨烈"，但是老人却从未有过要放弃的念头，每一次结束后，老人都会迅速调整状态，积极应对下一次的挑战。通过梳理与对比，发现虽然老人的处境愈发艰难，但是老人始终保持着乐观的心态，从中可以看出老人是一个不言放弃、乐观坚韧的人。

4. 读写任务四

○评价标准

能够准确理解片段的大致内容。	☆☆☆☆☆
能够从不同方面有序介绍故事内容。	☆☆☆☆☆
能够适当地加入自己的感受。	☆☆☆☆☆
没有错别字，语句通顺。	☆☆☆☆☆

○ 学习成果

任务：现在正值我校"航海文化节"，如果请你向从来没有读过《老人与海》的一年级弟弟妹妹们介绍"老人五次与鲨鱼战斗的过程"，你会从哪些方面介绍呢？写写你的提纲吧。

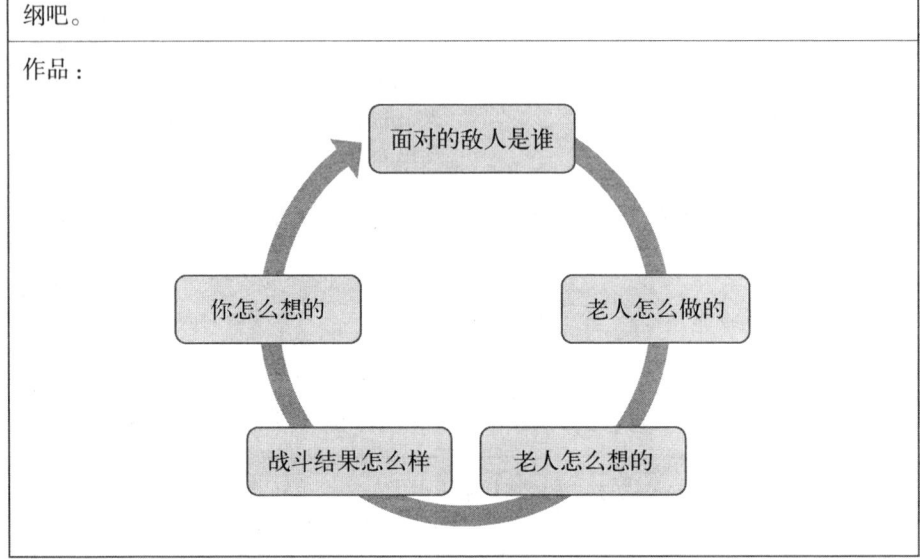

作品：

面对的敌人是谁 → 老人怎么做的 → 老人怎么想的 → 战斗结果怎么样 → 你怎么想的 →（循环）

5. 读写任务五

○ 评价标准

能够向一年级同学介绍本书的大致内容和精彩片段。	☆☆☆☆☆
能够适当加入一些自己的感受。	☆☆☆☆☆
没有错别字，语句通顺。	☆☆☆☆☆

○ 学习成果

你不是失败者

如果有一本书让我学到了坚持，那一定是《老人与海》。

《老人与海》这本书是海明威所著。讲的是老人84天未抓到鱼，但并未放弃，在第85天抓到一条大马林鱼，为将其成功带回与鲨鱼搏斗的故事。

令我印象深刻的是老人出海最后一天回家时的片段。老人安慰自己，虽然自己没有把整条鱼带回家，但是起码自己还有一条船。或许正是老人这样的乐观、坚韧，才给大家留下了一个"硬汉"形象，也是这本书能够被这么多人喜欢的原因。

然而，当我第一次读完《老人与海》时，我却坚信他是一个十足的失败者。在海上艰苦奋斗这么多天，他却只带回了一具骨架，还落了一身的伤。一具鱼骨架，不能卖钱，更不能填饱肚子，对于他的生活，没有什么改变，有什么用呢？

后来有一天，我和爸爸一起跑步，每跑一圈，我就想掉头跑掉。爸爸似乎看出了我的心理，于是问我，最近读了《老人与海》难道没有什么启发吗？难道跑这点步就要放弃吗？我说，从一个失败的人身上能有什么启发？爸爸直摇头。

我回到家一头扎进了书房，又重新仔细地读了起来。这一次，我发现他不是一个失败者，而是一个成功者。出海了那么多天，虽然没有收获，但他没有放弃。面对鲨鱼的五次进攻，他坚持与鲨鱼战斗了三天三夜，他没有放弃，虽然明知只能带回一副鱼骨，他也没有放弃。鱼骨虽然不值钱，然而他乐观、不屈不挠的精神却是无价的，比一切财富都要可贵。

后来，在与爸爸一起跑步时，我总能和爸爸并驾齐驱。一个老人都可以和鲨鱼斗个三天三夜，我怎么能跑不下去呢？每次遇到困难时，我总会想起《老人与海》，我就又有了坚持下去的力量。

——房汇贻

教师点评：

这篇习作读来温情满满。作者结合自己和爸爸跑步时的场景，写了《老人与海》给自己的影响。平实的语言，感人的故事，让人忍不住读了一遍又一遍。

（七）课时安排

《老人与海》整本书阅读的学习任务计划用五个课时，具体安排如下：

课时安排	课 型	读写学习任务
第1课时	导读课	关注封面，了解该书的基本信息；学习片段，了解如何边读边思。布置读写任务一和任务二。
第2课时	推进课	交流学生阅读过程中的感受，在与同伴对话中，知道可以针对书中的内容、情节、语言表达以及自己的生活经验等方面来谈自己的阅读感受；通过交流"山形图"，了解整本书的大致内容，并知道山形图的基本构成要素以及注意事项。
第3课时	推进课	重点品读老人"五斗鲨鱼"的片段，根据任务三，交流梳理结果，并观看电影《老人与海》的相关片段，进一步感受渔夫坚持不懈、不屈不挠的精神。
第4课时	推进课	基于前期系列活动，面向一年级学生推荐《老人与海》。
第5课时	汇报课	同伴之间交流推荐小报，并在互学中改进自己的作品。

（八）总结与思考

在该书整体推进的过程中，不断思考如何让学生读得快乐、学得有效。基于前面的实践经验，笔者主要有两点看法。

1. 有序设计，降低难度。《老人与海》虽然字数不多，但是对于处在三年级下学期的学生而言，阅读起来还是有一定的难度的。因此，在整个推进的过程中，教师把"过程记录感受""写故事山""做信息表""列片段提纲"这样几个小任务，一步步推给学生，让学生在有序的设计中逐步理解内容，形成自己的创意表达。

2. 光影结合，充分理解。 为了让学生更好地理解本书的内容，增加阅读的兴趣，在阅读过程中教师向学生推荐电影《老人与海》，让学生借助电影再次熟悉故事的内容，让每个学生都能说，并能说好。

◎归类与比较　在联结中读写
——以《俗世奇人》为例

（一）文本解读

1. 书籍介绍

《俗世奇人》是著名作家冯骥才先生创作的短篇小说集，曾获得第七届鲁迅文学奖短篇小说奖。《俗世奇人》通过刻画一个个真实立体的底层人物形象，来反映民国初期天津卫的市井生活。因此，书名中的"俗世"，主要是指老百姓的市井生活，而这些底层人物，常"身怀绝技"，且"特立独行"，此为书名中的"奇人"之意[①]。本书由多篇短篇小说构成，篇篇描写的都是奇人奇事。无论是人物描写还是典型事例选择，都非常值得学生学习。

2. 教材链接

部编版小学语文五年级下册第四单元为习作单元。习作单元编排的目的在于改变传统教材完全以学生阅读为中心的编排方式，通过一组文章，引导教师将语文教学集中于学生的表达，尤其是书面表达上。基于这样的编排特点，回看本单元的语文要素和习作要求，发现阅读的目的在于为写作搭建支架。本单元的写作要素是"学习描写人物的基本特点"，习作要求是"初步

---

① 李玉洁.单元统整视域下的习作教学初探——以《形形色色的人》教学为例习作教学初探[J].小学教学（语文版），2023（12）：67-69.

第四章　鉴赏型读写教学：基于整本书文学情境的浸润式读写　　157

运用描写人物的基本方法，具体地表现一个人的特点"。围绕上述语文要素，本单元安排了《人物描写一组》《刷子李》两篇精读课文。其中《人物描写一组》一课由三个片段组成，"旨在引导学生从不同的写人方法中，体会表达的效果"。而《刷子李》一文则是通过描写刷子李的外貌、动作、语言，以及徒弟曹小三的举止和心理活动，表现了刷子李的高超技艺。该课在前一课的基础上，进一步引导学生体会人物的语言、动作、外貌、神态、心理以及周围人的反应。《人物描写一组》是截取的一个片段，故事性不强，学生的阅读兴趣不高。而《刷子李》选自冯骥才的《俗世奇人》，文章语言独特、耐人寻味、带有天津味，体现了冯骥才先生独有的语言风格，深受学生喜欢。教师可以将《俗世奇人》这本书作为一个例子，引导学生通过该书去观察、记录身边的"奇人"，积累写作素材，编写属于自己的"俗世奇人"。

（二）学情分析

在撰写"形形色色的人"这篇习作时，学生已经通过上一篇习作的练习，基本上掌握了用动作、语言、神态等方法去描写一个人。然而，难点在于如何选取典型的事例。在学生心中，可能与所要描写的人物匹配的事例有很多，怎样才能在这些事例中选出典型呢？在以往的习作指导课中，教师通常会以一个学生为例，然后让学生回忆、列举事情，同学们再一起讨论，帮助学生选择，这样的指导是面向个别学生的。由于其他学生经历不同、认知不同，可能对"典型事例"还是难以抉择。而该书的长线阅读，则为学生提供了观察的视角，让学生能够有足够的时间去捕捉和选取典型的事例。

（三）目标制定

部编版教材从小学三年级到五年级，按照难度由低到高的不同层级一共设置了七次习作训练,从感受习作的乐趣,到写出特点,再到写具体,是一个拾级而上的过程。与其他学期不同,五年级下学期共安排了两次写作,一次是"他……了",另外一次是"形形色色的人"。从能力层级看,第二次是在运用第一次训练方法的基础上,"具体地表现一个人的特点"。因此本次习作的目标在于"选取典型事例,综合运用语言、动作、外貌、神态、心理等描写方法,把人物的特点写具体;能发现周围人物的独特之处,并乐于表达出来,与他人分享"。

"写人物"相关单元梳理

册 第	习作主题	习 作 要 求
三上第一单元	猜猜他是谁	体会习作的乐趣
三下第六单元	身边那些有特点的人	写一个身边的人,尝试写出他的特点
四上第二单元	小小"动物园"	写一个人,注意把印象最深的地方写出来
四下第七单元	我的"自画像"	学习从多个方面写出人物的特点
五上第二单元	"漫画"老师	结合具体事例写出人物的特点
五下第三单元	他……了	尝试运用动作、语言、神态描写,表现人物的内心
五下第四单元	形形色色的人	初步运用人物描写的基本方法,具体地表现一个人的特点

在《俗世奇人》整本书阅读的过程中,教师引导学生有意识地观察书中人"奇"在哪里,作者选取了哪些事件来写人物之"奇",又是怎样写人物之"奇"的。围绕上述三个问题以及本单元的学习目标,形成了以下读写目标:

1. 结合《俗世奇人》,体会人物描写方法的表达效果,进一步习得把人物特点写具体的基本方法。

2.能够选取典型事例，联系课文体会选用典型事例的好处，并综合运用动作、语言、外貌、神态等人物描写方法，把所要描写人物的特点写具体。

3.能够借助评价单进行自评、互评以及他评。

（四）读写学习路径

```
                    2                    3
        写了哪几组人物？    同为偷盗者，不同人物特点是怎样的？
                          作者选择哪些典型事例来写？
    1                     这些人物有什么不同之处？
                                              4
冯五爷"奇"在哪里？                    你身边的人"奇"在哪？
作者写了哪些事例？                    你将选择哪些典型事例，
运用了怎样的人物描写                  运用怎样的人物描写方法
方法来凸显他的"奇"？                 来凸显他的奇特之处？

                        《俗世奇人》
```

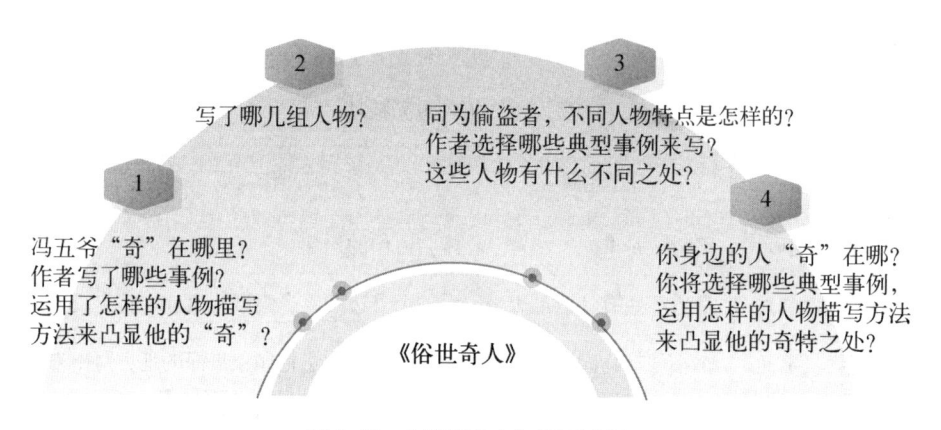

图4-10 《俗世奇人》读写路径

1.**回顾《刷子李》的文章内容及问题链，小组合作梳理《冯五爷》**。《刷子李》是选自《俗世奇人》的一篇文章。在完成读写任务时，首先，让学生回忆《刷子李》的内容，说说"刷子李"是一个怎样的人，从哪些事件中看出来的，作者运用了哪些人物描写方法来突出"刷子李"的形象的。以问题链为抓手，让学生以小组合作的方式学习《冯五爷》，在自主阅读、梳理与合作交流中，明晰"冯五爷"的形象和作者的写作手法。

2.**通读整本书，大致了解书中的人物，并尝试进行人物分组**。在了解本书中人物塑造的基本手法之后，教师给予学生充分的整本书阅读时间，学生根据读到的信息，简单地记录"人物信息卡"，再根据收集到的信息，对书中的人物进行分组。

3. **分析一组人物，了解典型事例，对比人物塑造的不同之处。** 本书中共描写了多位擅长"偷盗"的人物。教师引导学生回顾作者分别选取了哪些典型的事例来塑造这几位偷盗者，以及这些偷盗者有什么异同。

4. **选取身边人物及其典型事例，多角度凸显其"奇特"之处。** 通过前面的学习，学生已经知道了塑造人物的基本方法，接下来教师便让学生将所学运用到作品创作中——选取身边有特点的人物，抓住其典型事例，运用动作、神态、语言等多角度描写的方法进行创作。

5. **依照评价标准，同伴互评作品，不断修改、完善作品。** 学生在写完之后，教师引导学生基于评价标准进行同伴互评，在评价中不断内化标准，并在同伴之间的相互评价中进行相互学习。

（五）读写任务设计

基于以上问题链，设计了以下任务：

写作任务	阅 读 任 务	问 题 链
核心任务： 撰写一位身边的"俗世奇人"	核心任务： 通读全书，回忆单元所学，形成基本的写作策略。	核心问题： 你身边的某个人奇在哪里？你将选择哪些典型事例，运用怎样的人物描写方法来凸显他的奇特之处？
任务一： 完成"冯五爷"人物梳理单	任务一： 阅读《冯五爷》这篇短篇小说，说说"冯五爷"奇在哪里，作者写了哪些典型事件，运用了怎样的人物描写方法来凸显他的奇特之处的。	问题1： "冯五爷"奇在哪里？作者写了哪些典型事例，运用了怎样的人物描写方法来凸显他的奇特之处的？

续 表

写作任务	阅 读 任 务	问 题 链
任务二：绘制"人物巧分组"思维导图	任务二：快速阅读《俗世奇人》，可以从职业、性格等方面进行人物分组。	问题2：该书共写了哪几组人物？
任务三：完成"偷盗四人形象大比拼"学习梳理单	任务三：阅读"偷盗四人"，说说作者所刻画的人物特点以及作者所选取的典型事例。	问题3：同为偷盗者，不同人物特点是怎样的？作者选择哪些典型事例来写？这些人物有什么不同之处？
任务四：列出"我身边的'俗世奇人'"提纲	任务四：根据阅读所获得的人物描写方法，围绕人物特点、典型事例来撰写提纲。	问题4：你身边的某个人奇在哪里？你将选择哪些典型事例，运用怎样的人物描写方法来凸显他的奇特之处？
任务五：撰写一位身边的"俗世奇人"	任务五：通读全书，回忆过程所学，根据撰写的提纲，完成整篇写作。边写边回忆阅读内容，借鉴作者人物描写的方法。	问题5：你所选择的典型事例和运用的人物描写方法能够凸显该人物的"奇"吗？

任务一："冯五爷"人物梳理单

1. 读写任务分析

阅读任务：阅读《冯五爷》这篇短篇小说，说说在冯骥才的笔下，冯五爷"奇"在哪里，作者选取了哪些典型的事例来介绍，又运用了怎样的描写人物的方法来将人物写具体的。

写作任务：带着问题边读边思考，边读边梳理，将梳理的内容填在学习单上。

2. 读写操作流程

```
回顾          了解概况           梳理"冯五爷"         对比《刷子李》
《刷子李》  →  作者、封面、目录  →  人物特点、典型事件  →  与《冯五爷》
```

图4-11 任务一实施流程

（1）**回顾旧知，导入新书**。回顾《刷子李》，重温作者选的典型事例和人物描写方法，以及塑造的"刷子李"形象。在复习中，导入《俗世奇人》这本书。

（2）**观察封面，了解大意**。通过观察封面以及目录，了解本书是一个汇编本，由多篇故事构成。

（3）**运用所学，梳理人物**。在大致了解本书特点的基础上，教师引导学生运用阅读《刷子李》的方法，去梳理"冯五爷"的形象。

（4）**描写对比，发现秘密**。在梳理"刷子李"和"冯五爷"人物形象之后，教师引导学生进行对比：作者在塑造两个人物时方法有何不同。

3. 读写任务学习单

"俗世奇人"之"冯五爷"			
"冯五爷"的特点			
作者所选择的事例		事件概括	重点描写的事件

任务二：人物巧分组

1. 读写任务分析

阅读任务：快速阅读《俗世奇人》整本书，思考作者介绍了哪些人物，这些人物的职业、特点是怎样的，并将这些人物进行分组。

写作任务：边读边记录"人物信息卡"，并在此基础上尝试将所有的人物进行分组。

2. 读写操作流程

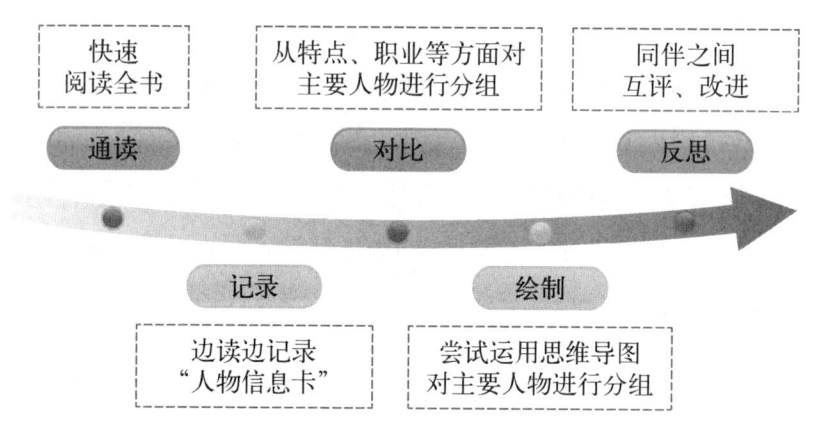

```
快速阅读全书          从特点、职业等方面对        同伴之间
                    主要人物进行分组            互评、改进
   通读                  对比                    反思

          记录                  绘制
       边读边记录           尝试运用思维导图
      "人物信息卡"          对主要人物进行分组
```

图4-12 任务二流程简图

（1）**通读全文，了解大概**。通读《俗世奇人》这本书，了解书中大致讲了哪些人物，边读边记录，完成"人物信息卡"。

（2）**人物对比，绘制导图**。学生从主要人物的特点、职业、作者的态度等方面进行梳理，并尝试用思维导图的方式对十八个主要人物进行分组。

（3）**对话分析，改进思考**。在绘制完导图后，教师引导学生观察其他同学所绘制的思维导图，了解他们分组的理由，反思、改进自己的作品。

3.读写任务学习单

人物信息卡		
人物名称	题目	
职业	主要特点	典型事例
人　物　分　组		

任务三:"偷盗四人"形象大比拼

1.读写任务分析

阅读任务:阅读《小达子》《绝盗》《燕子李三》《钓鸡》四篇小短文,边读边思考这些人物之间有何异同。

写作任务:根据"人物信息卡",梳理《小达子》《绝盗》《燕子李三》《钓鸡》这四篇短文中的"主要人物"以及该人物的"主要特点"和"典型事例",并谈谈自己的发现。

2.读写操作流程

```
快速阅读              完善                交流、反思、
四篇短文          人物信息卡              改进
      ↓                  ↓                    ↓
  读 —— 思 —— 理 —— 比 —— 改
          ↓                    ↓
   故事中的主要人物是谁?         这些人物有
   主要故事是什么? 人物的主要特点有哪些?    什么异同?
```

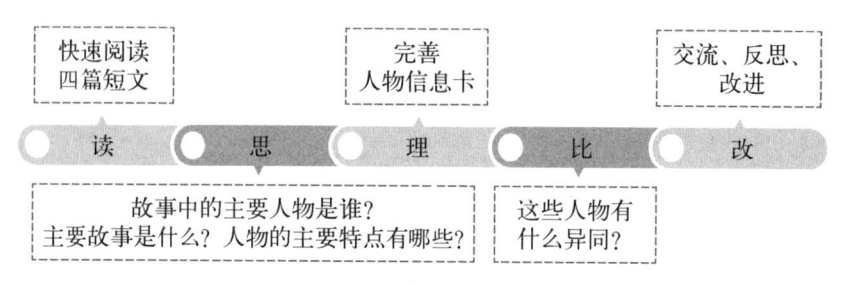

图4-13 任务三实施流程

（1）**快速阅读，了解人物基本信息**。教师引导学生回顾不同的分组方法，然后导入《小达子》《绝盗》《燕子李三》《钓鸡》四篇小短文，让学生快速阅读，了解主要的人物特点、职业等基本信息。

（2）**边读边思，完善人物信息卡片**。教师引导学生围绕"故事中的主要人物是谁，典型的事例是什么，人物的主要特点是什么"这三个问题进行思考，并在同伴交流中不断完善自我的人物信息卡。

（3）**对比信息，发现人物间的异同**。在完善信息卡的过程中，教师引导学生发现四篇短文中主要人物的异同，思考作者是怎么塑造这些不同的。

（4）**记录异同，在同伴交流中完善**。将自己的发现与思考记录在表格之中，并以小组为单位进行全班汇报交流，在交流中不断改进。

3.读写任务学习单

篇　目	主要人物	主要特点	典型事件
《小达子》			
《绝盗》			
《燕子李三》			
《钓鸡》			

续 表

篇　目	主要人物	主要特点	典型事件
异同之处			

任务四：我身边的"俗世奇人"（列提纲）

1. 读写任务分析

阅读任务：回顾整本书阅读过程中思考过的问题：故事中的主要人物"奇"在哪里？作者选取了哪些事例，重点写了什么事例？运用了怎样的人物描写方法来凸显他的"奇"？

写作任务：在阅读完之后，将阅读的问题链化为写作的问题链——你身边的人"奇"在哪？你将选择哪些典型事例，运用怎样的人物描写方法来凸显他的奇特之处？

2. 读写操作流程

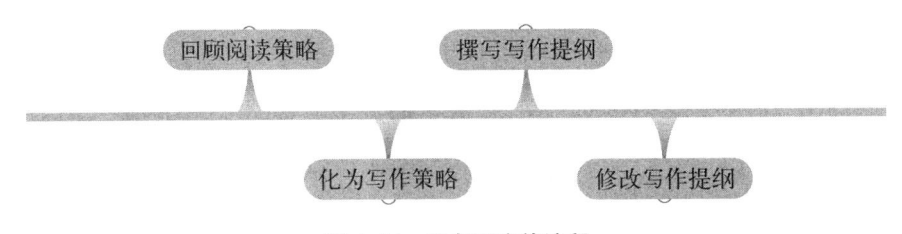

图 4-14 任务四实施流程

（1）**回顾阅读策略**：在学完整本书的基础上，教师引导学生回顾《刷子李》《冯五爷》以及"偷盗四人"，重温整本书阅读的问题链：故事中的主要人物"奇"在哪里？作者选取了哪些事例、重点写了什么典型事例？运用了怎样的人物描写方法来凸显他的"奇"？

（2）**化为写作策略**：教师给出问题情境：如果让你学习作者的写作方法，介绍身边的一位"奇"人，你会怎么介绍？从而将上述阅读问题链转化为写作的问题链：你身边的人"奇"在哪？你将选择哪些典型事例、重点写什么典型事例？运用怎样的人物描写方法来凸显他的奇特之处？

（3）**撰写写作提纲**：教师引导学生按照学习任务清单，罗列自己将要介绍的人的特点。

（4）**修改写作提纲**：学生完成写作提纲之后，教师引导学生分享自己的作品，同学之间相互点评，以帮助其快速解决问题。

3. 读写任务学习单

我身边的"俗世奇人"	
人物基本信息	姓名： 与我的关系：
人物之独特处	
凸显特点的事例	事件概括	重点描写的事件

任务五：撰写身边的"俗世奇人"

1. 读写任务分析

写作任务：学生围绕"我身边的人'奇'在哪？你将选择哪些典型事例，运用怎样的人物描写方法来凸显他的奇特之处？"这些问题以及写作提纲，进行习作的撰写。

阅读任务：写好后，师生对照评价标准进行评改。

2. 读写操作流程

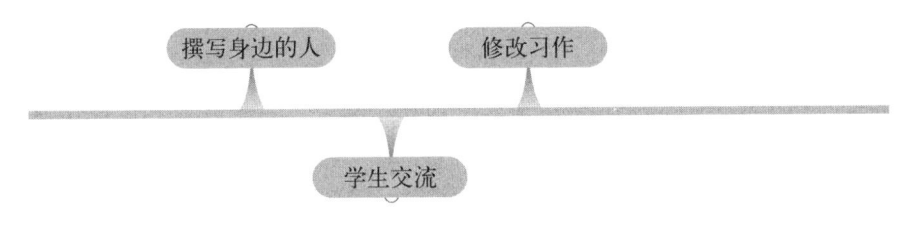

图4-15　任务五实施流程

（1）**撰写身边的人**：学生根据之前所撰写的提纲，进行整篇文章的写作。

（2）**同伴交流修改**：写作完成之后，学生先对照评价标准进行自我评价与修改，修改好后教师选取部分作品，进行全班交流，在同伴的评价与示范中再次修改。

3. 读写任务学习单

写作任务	介绍身边有特点的一个人。在介绍时，注意可以选取典型事例，并运用动作、神态、语言等基本的人物描写方法进行描写，以凸显该人物的主要特点。								
作品									

（六）成果示例与评价方案

1. 读写任务一

○评价标准

能够准确说出"冯五爷"的特点。	☆☆☆☆☆
能够运用简洁的语言概括典型。	☆☆☆☆☆
书写美观、正确。	☆☆☆☆☆

○学习成果

\multicolumn{3}{c}{"俗世奇人"之"冯五爷"}		
"冯五爷"的特点	\multicolumn{2}{l}{1. 天资聪颖，才华横溢。 2. 盲目跟风，心高气傲。 3. 不善用人，养虎为患。}	
作者所选择的事例	事件概括	重点描写的事件
	1. 他弃文从商，在天津卫开了一家宁波口味的饭店。 2. 店开了一段时间虽然生意不错，但冯五爷在他人的举报下发现了帮工的小伙计、厨子等人都在偷食材，最后关了门。	冯五爷特意在门口"抓"厨子时，竟然没有发现厨子带着东西回家，说明他的确不太会"识人"和经营饭店。

2. 读写任务二

○评价标准

能够根据板块内容梳理人物信息。	☆☆☆☆☆
能够运用简洁的语言概括人物特点和典型事例。	☆☆☆☆☆
书写较为美观、正确。	☆☆☆☆☆

○学习成果

人物信息卡			
人物名称：本名张明山，外号"泥人张"			题目：《泥人张》
职业	主要特点		典型事例
泥人艺术家	技术高超、机智		有一天，他在天庆馆中受到盐贩子海张五的侮辱。他没有直接反击，而是用泥巴捏了一个海张五的头像，并在第二天将其放在估衣街的杂货摊上出售，旁边还贴着"贱卖海张五"的纸条，来回击海张五。
人物分组			
人物分组	本领奇		刷子李、死鸟、张大力、小达子……
	性格奇		青云楼主、黑头、燕子李三……
	外貌奇		背头杨、洋相、黑头……
	规矩奇		苏七块、鼓一张、甄一口……

3. 读写任务三

○评价标准

正确梳理主要人物的信息。	☆☆☆☆☆
能够准确写出这些主要人物的异同之处。	☆☆☆☆☆
语言简洁、文从字顺。	☆☆☆☆☆
书写较为美观、正确。	☆☆☆☆☆

○学习成果

文章	主要人物	主要特点	典 型 事 件
小达子	小达子	善于偷盗，但是心地善良	有一次在公交上他巧妙地偷走了别人的金手表链后，下车发现这款金表链主人也下车了，并把金表链从小达子手里偷了回来。金表链主人嘲笑小达子这点本事还想干这行。
绝盗	老爷爷和儿子	损人利己、手段毒辣、胆大妄为	一对青年男女在结婚的第三天遭遇了一群盗贼的抢劫。这群盗贼闯入这对新婚夫妇的家中，将所有新婚用品洗劫一空，甚至连玻璃杯子都被砸碎，造成了极大的破坏。
燕子李三	李三	武功高强、劫富济贫	燕子李三每偷一物都会在附近处画一只小燕子做记号，官府的人却怎么都抓不到他。
钓鸡	偷鸡的人	耍小聪明	他用钓鱼的方式去钓鸡卖钱，被识破后再也不敢这么做了。

异同之处

行为一样：偷盗　　相同　　偷盗四人　　不同　　目的不同　方法不同　地点不同　结局不同

4. 读写任务四

○评价标准

能够准确描述身边人的主要特点。	☆☆☆☆☆
能够选取适当的事例进行介绍。	☆☆☆☆☆
能够运用基本的人物描写方法。	☆☆☆☆☆
书写认真、端正、整洁。	☆☆☆☆☆

○学习成果

我身边的"俗世奇人"		
人物基本信息	姓名：姚同学 与我的关系：同学	
人物之独特处	执拗、暴躁	
凸显特点的事例	事件概括	重点描写的事件
	理书包	因为老师将他的书包扔在外面，他就发了脾气，开始扔桌椅。最后被老师教育了。

5. 写作任务五

○评价标准

能够准确描写身边人的主要特点。	☆☆☆☆☆
能够选取适当的事例进行介绍。	☆☆☆☆☆
能够运用基本的人物描写方法。	☆☆☆☆☆
书写认真、端正、整洁。	☆☆☆☆☆

○学习成果

燥 轴 姚

燥轴姚是全年级小有名气的人。

燥轴姚人长得挺壮，由于他时常驼着背，挺着肚子，所以他更像一头黑棕熊了。他一走路，双臂就开始大幅度摆动，他的头也跟着夸张地扭着。他的眼睛总是眯成米粒大小，寒冷的目光斜斜地射出来，在你身上一寸寸地扫着，素未谋面的人被他这么一打量都要双腿发软、掉头就跑；要是不跑，他准得走上前去，用鼻孔向你"问好"。

燥轴姚背着一个蓝色框架书包，方方正正的一个，就那么嚣张地挡在教室的过道上，其他同学早已看这个书包不顺眼了，但又因为顾忌燥轴姚，所以只能在背地里狠狠踢那书包几脚。班主任陈老师也看不下去了，她三番五次地提醒、劝说燥轴姚，但每次燥轴姚只是歪着头，"噢"了几声，就立马把书包又放在了过道上。

一次，陈老师实在忍不住了，便把燥轴姚的书包扔到了外面。燥轴姚也不是好惹的。只见他低着头，把脸埋在阴影里；他的每根头发都好像充满了怒气，微微地颤动着；他的双臂意外地没有晃动，定在了半空中，末端的双拳紧紧攥住；他手上的每条筋骨、每根血管都暴突了出来。突然，他回过了身，本来就小的眼睛紧紧眯成了一条几乎看不见的缝，眼睛的周围也涨得通红，好像下一秒就要喷出烈焰。他紧闭着发紫的嘴唇，里面却发出了"咯吱咯吱"的磨牙声。他的呼吸时而急促，时而冗长，呼出的气从他的鼻孔里直喷到了旁边同学的脸上。

最终，愤怒这头怪兽从燥轴姚的身体里逃了出来。燥轴姚抓住桌子腿，像拎小鸡一样把课桌举到了头顶，随之桌肚里的东西像瀑布一样涌了出来；接着，燥轴姚把桌子往地上用力一砸——"砰"！那巨大的声波仿佛可以把天穹震塌，把大地震裂！大家纷纷紧紧捂上耳朵。纸包不住火，沈校长也闻讯赶来，燥轴姚便喜获去校长室接受"爱的教育"的资格。

第二天，燥轴姚依旧是那吊儿郎当的样子，他把书包往过道上一摆，又去玩了。

从此，燥轴姚的"暴躁"和"固执"人人皆知。

——黄章清

教师点评：

本篇习作凭借高度凝练又多彩的语言，将燥轴姚暴躁固执的性格特点呈现在读者面前。该同学善于抓出那些最能体现人物特点的神态及动作，诸如"寒冷的光斜斜地射出来""呼吸时而急促时而冗长"等表达，选材恰到好处。用"燥轴姚"与老师对抗的过程、对抗后的结果的描写充分彰显了人物性格，回扣文章标题。

（七）课时安排

《俗世奇人》整本书阅读的学习任务计划用五个课时，具体安排如下：

课时安排	课型	读写学习任务
第1课时	导读课	1. 复习《刷子李》的内容和学习方法。 2. 借助回目了解整本书的大致内容，并学习《冯五爷》，完成任务一，绘制"冯五爷"人物信息卡。
第2课时	推进课	1. 阅读整本书，了解书中大致讲了哪些人。 2. 借助"人物信息卡"了解人物的基本特点，然后对人物进行对比，将所有的人物进行分组，完成写作任务二。
第3课时	推进课	快速阅读《小达子》《绝盗》《燕子李三》《钓鸡》四篇小短文，说说主要人物是谁，有什么主要特点，从哪些事例和描写中可以看出，并完成写作任务三。
第4课时	推进课	1. 回顾所学，提炼阅读策略，并在真实任务驱动下，将阅读的策略化为写作策略。 2. 在师生互动中，明确写作提纲，完成并修改提纲。
第5课时	汇报课	1. 根据所写的提纲，完成习作练习。 2. 同伴之间交流作品，并对照标准进行相互评价，反思改进。

（八）总结与思考

1. 课内外向结合，学以致用。 阅读本书的缘起在于帮助学生高效习作。虽然该单元为习作单元，也介绍了很多描写人物的策略，然而，文章还是相对较少，对于部分学生而言，去有效地完成习作还是存在一定的困难。借助该书的长线阅读，学生能够清楚地了解自己该怎么去介绍一个人。

2. **用心观察生活，真实记录。**从作品中，每个同学都能够深刻感受到作者观察之细致入微。在不断交流与品读中，学生了解到要想把人物介绍好、介绍明白，最关键的一步是要学会观察人、观察生活。

◎对话与辨别　在思辨中读写
——以《西游记》为例

（一）文本解读

1. 书籍介绍

（1）作者简介

吴承恩，明代小说家，从小就极为聪慧，阅读广泛，尤其喜欢阅读神话故事。很早便在乡里出名了，然而却在科举中屡屡碰壁，中年以后才中举，任长兴县丞，后来辞官。晚年时，他专心致力于著书，《西游记》就是他的代表作。

（2）文体特点

鲁迅先生认为明代的小说有一种类型，多通过描写光怪离奇的神魔鬼怪之事来反映社会现实，这就是"神魔小说"。"虽述变幻恍惚之事，亦每杂解颐之言，使神魔皆有人情，精魅亦通世故，而玩世不恭之意寓焉。"《西游记》主要讲述了唐僧师徒四人历经九九八十一难最终取得真经的故事，邪不压正，结果圆满，是一部较为典型的神魔小说，而且是一部体现中华民族丰富想象力和创造力的神魔小说。

（3）作品价值

《西游记》是四大名著之一，是中国古代文学长廊中的一部鸿篇巨制，其故事情节奇幻而巧妙，艺术形象鲜明而生动，文化内涵深刻而丰富。

奇幻而巧妙的故事情节。《西游记》是一部典型的章回体小说，每几个章回便构成一个相对独立的小故事。这些故事富有想象力，且富有奇幻色彩。很多故事采用"三段式"结构，这种结构不仅让故事变得更加紧凑，也增强了故事本身的可读性。

鲜明而生动的艺术形象。作者运用了白描、夸张等手法，描绘了一个人、神、妖相互交织的神话世界。艺术形象种类丰富庞杂，各有特点，且特点随着故事的推进而不断变化，灵动而鲜活。该小说主要塑造了四位取经人，通过取经，四人都实现了自我的成长与完善。

深刻而丰富的文化内涵。《西游记》将佛教、道教和民间信仰融为一体，展现了宗教多样性及其和谐共存。《西游记》还蕴含了丰富、具有思辨色彩的哲学思想，无不彰显着儒家、道家和佛家的智慧。这些思想体现在跌宕起伏的故事情节中，也反映在一个个鲜活的人物形象之中。

2. 教材链接

部编版小学语文五年级下册第二单元为中国古典名著单元，教材中选编了四大名著，带领学生走近中国古典名著，初步学习阅读古典名著的方法，产生阅读古典名著的兴趣。本单元还安排了"快乐读书吧"，以"读古典名著，品百味人生"为主题，"这是'走近中国古典名著'单元的拓展与延伸，能使学生更全面了解、感受古典名著。"[1]对五年级的学生来说，阅读整本名著有一定的难度，因

---

[1] 人民教育出版社课程教材研究所，小学语文课程教材研究开发中心.义务教育教科书教师教学用书（语文五年级下册）[M].北京：人民教育出版社，2019：59.

此，本次的"快乐读书吧"将《西游记》作为重点的推荐书目，让学生去阅读。

（二）学情分析

大多数学生在学龄前就看过《西游记》相关的影视作品、绘本等，对故事情节较为熟悉，几乎人人都知道"唐僧师徒四人经历九九八十一难到西天取经"的故事情节。学生喜欢《西游记》中曲折的故事内容以及千奇百怪的妖怪形象，"三打白骨精""大闹天宫"等情节更是深入人心。学生甚至对于唐僧四人还有自己的见解和看法，例如猪八戒贪吃，孙悟空本领高强，沙和尚憨厚老实，唐僧心地善良等。同时也会发现，学生之间对于一些经典片段或者书中人物形象的认知是有差异的，甚至是相反的。

因此，教师将《西游记》整本书阅读的教学重点放在引导学生对书中的内容展开思辨性阅读，而不是仅仅停留在情节的梳理上。结合课标和教材要求，《西游记》整本书阅读以"读古典名著，品百味人生"为主题，通过完成"话说孙悟空之功与过"阅读手账制作任务，建构《西游记》整本书阅读之旅，引导学生在具体、真实的阅读实践中积累阅读经验，领略中国古典名著的风采和神韵，激发学生热爱中华优秀传统文化的情感。

（三）读写目标

语言与思维从来都是相辅相成的关系，二者相互融合，共同促进。触摸思维本质，提高学生的思辨能力是提升语文课程核心素养的重要途径。"思辨性阅读"是一种以培养科学思维为目的的阅读方式。[1]"思辨性阅读与表

---

[1] 杨风梅.猜测、对话、延伸：整本书阅读教学中思辨能力的培养路径[J].小学语文，2024（2）：85-88.

达"是《义务教育语文课程标准（2022版）》设置的发展型学习任务群之一，本任务群旨在引导学生在语文实践活动中，通过各种方式梳理自己的观点，厘清事实与材料及其关系，有态度与立场，能分清是非、善恶、美丑，表达时要有理有据有中心有条理，保持好奇心和求知欲，慢慢形成理性思维和理性精神。新课程标准"思辨性阅读与表达"学习任务群的教学提示还指出，"应根据学生思维发展的特点，在不同学段创设适宜的学习主题和学习情境"。

整本书阅读相比于单篇课文，文本长，更具系统性与思想性。然而，在以往的教学中更多教师将教学的重点聚焦于文本的理解。对于五年级的学生而言，除了学会基本的梳理，重点更应聚焦于"形成解释"的能力，尤其是思辨能力上。尤其对于《西游记》而言，学生对于故事的内容都是比较熟悉的，如何让学生在此基础上更进一步理解是教师更应关注的问题。教师需要从学生的兴趣出发，基于学生对于人物形象和故事内容认知理解的不统一，让学生尝试思辨性阅读，打开视野，使学生的思维与认知都再上一个台阶。基于此，形成了以下读写教学目标。

1. 熟悉阅读古典名著的基本方法，了解故事的大致内容。

2. 借助回目阅读对应章回，对书中部分情节有自己的观点，并能引用书中内容进行说明。

3. 在同伴辩论中，能尝试从不同的角度思考问题，初步形成辩证看待事物的眼光。

4. 在辩论、故事演绎中感受中国古典名著的魅力，产生阅读中国古典名著的兴趣。

（四）读写学习路径

```
                问题1 ── 故事的大致内容是什么？
                问题2 ── 孙悟空大闹天宫之功与过？
《西游记》学习路径  问题3 ── 孙悟空在其他事件上的功与过？
                问题4 ── 孙悟空之功与过？
                问题5 ── 孙悟空功与过对我有什么启发？
```

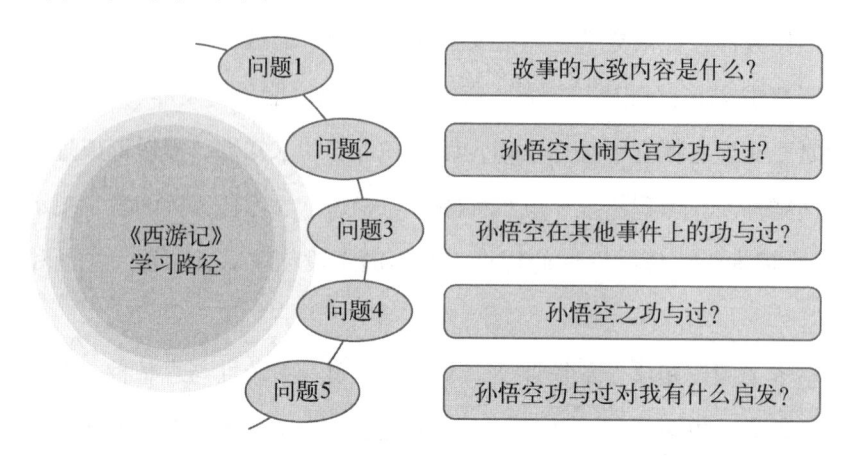

图4-16 《西游记》读写学习路径

（五）读写任务设计

基于以上问题链，设计了以下任务：

写 作 任 务	阅 读 任 务	问 题 链
核心任务： 做"孙悟空之功与过"阅读手账	核心任务： 通读全书，回忆过程讨论，形成自己的解释。	核心问题： 孙悟空之功与过对我有什么启发？
任务一： 绘制故事行动地图	任务一： 阅读目录，了解章回体，并借助章回体，了解故事的大致内容和故事发展阶段。	问题1： 故事的大致内容是什么？
任务二： 绘制"孙悟空大闹天宫之功过"导图	任务二： 阅读第4—7章，运用"提、引、联、结"策略读懂孙悟空大闹天宫的缘由。	问题2： 孙悟空大闹天宫之功与过？

续　表

写 作 任 务	阅 读 任 务	问 题 链
任务三： 绘制"孙悟空在其他事件上的功过"导图	任务三： 分小组围绕孙悟空在取经路上的表现，进行相应章节的阅读。	问题3： 孙悟空在其他事件上的功与过？
任务四： 围绕所选的故事情节编写课本剧	任务四： 围绕所选的故事情节，深入分析故事中人物的内心、行为以及对待孙悟空的态度。	问题4： 孙悟空之功与过？
任务五： 做"孙悟空之功与过"阅读手账	任务五： 通读全书，回忆过程讨论，形成自己的解释。	问题5： 孙悟空之功与过对我有什么启发？

任务一：绘制故事行动地图

1. 读写任务分析

阅读任务：反复阅读目录，了解中国古典章回体小说的特点，并根据章回体的特点来梳理该书的大致内容以及故事的发展阶段。

写作任务：绘制故事行动地图，梳理故事的大致内容。

2. 读写操作流程

看回目 → 了解章回体小说的特点 → 划分发展阶段 → 绘制故事行动地图

图4-17　任务一实施流程

根据教材对于阅读中国古典名著的相关策略要求，以任务驱动的形式，可以采用读写活动任务：

（1）阅读回目，梳理方法：阅读回目，结合课文所学，梳理阅读章回体小说的基本方法。

（2）**借用回目，绘制导图**：根据回目的内容，梳理出《西游记》整本书的大致内容，并完成"故事图"的绘制。

（3）**巧用回目，梳理阶段**：根据故事的大致内容，梳理出故事的大致发展阶段，并利用课下时间完成"孙悟空大闹天宫"第4—7章的阅读。

3.任务学习单

绘制者：	时间：
《西游记》故事行动地图	

任务二：绘制"孙悟空大闹天宫之功过"导图

1. 读写任务分析

阅读任务：快速阅读第4—7章，提出对于孙悟空大闹天宫的基本看法：是功大于过，还是功小于过，抑或功过相当。再次阅读书籍，运用"提、引、联、结"的阅读策略，说说对孙悟空大闹天宫的功过理解。

写作任务：绘制"孙悟空大闹天宫之功与过"的思维导图来展示自己的理解。

2. 读写操作流程

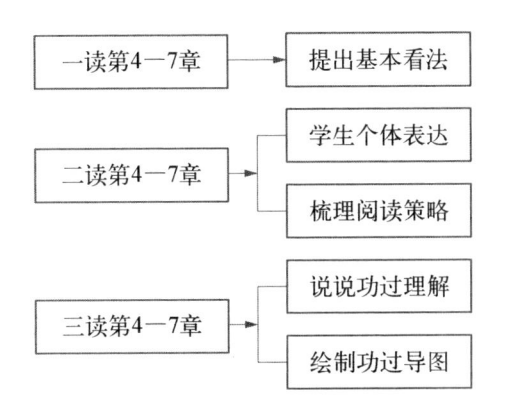

图4-18 任务二实施流程

（1）一读文本，提看法

快读阅读第4—7章，能够对孙悟空大闹天宫有一个基本的看法：是功过相当、功大于过，还是功小于过。教师根据学生的基本看法进行分组。

（2）二读文本，寻证据

再次阅读第4—7章，学生寻找支撑自己看法的证据。在同伴交流中，进一步梳理出"提、引、联、结"的基本阅读策略——提，就是提出观点；

第四章　鉴赏型读写教学：基于整本书文学情境的浸润式读写　　183

引就是引用书中的相关内容；联，就是联系自己的生活实际；结，写出自己的判断理由。

（3）三读文本，展理解

运用"提、引、联、结"的基本阅读策略，说说对孙悟空大闹天宫的看法及理由，并完成相应导图的绘制。

3. 读写任务学习单

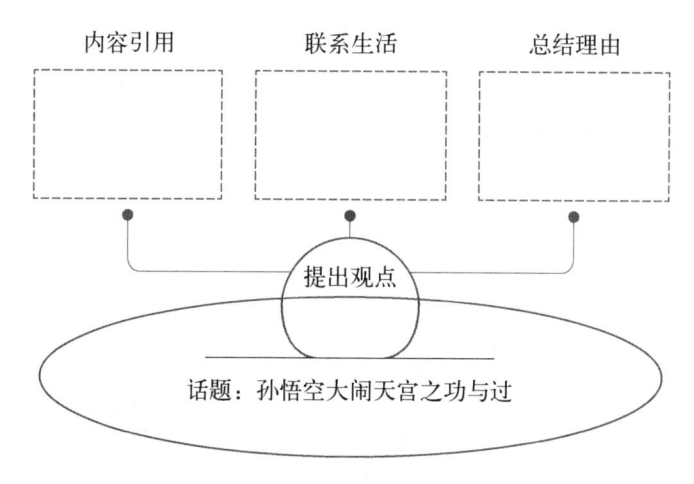

图4-19 任务二读写任务学习单

任务三：绘制"孙悟空在其他事件上的功过"导图

1. 读写任务分析

阅读任务：快读阅读回目，结合回目内容，以及以前对《西游记》的认知，小组合作选择感兴趣的事件，运用"提、引、联、结"的阅读策略，说说对孙悟空在其他事件上的功过理解，并完成"功过"思维导图的绘制。

写作任务：绘制"孙悟空在其他事件上的功过"思维导图。

2. 读写操作流程

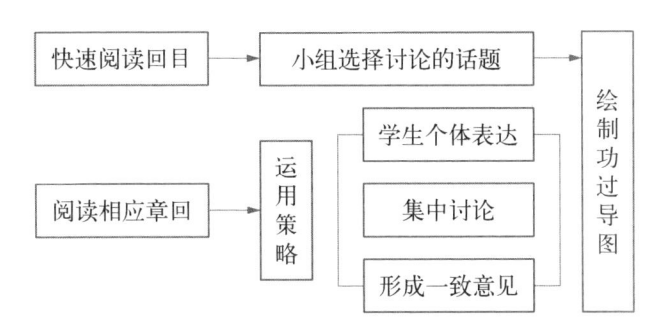

图 4-20　任务三实施流程

（1）再读回目，选取话题

阅读回目，小组合作，根据回目或者前期对整本书故事大致内容的梳理，讨论并确定自己喜欢的话题，如孙悟空三打白骨精、孙悟空大闹五庄观、孙悟空三舍三离等。

（2）运用策略，绘制导图

根据所选择的话题，围绕"孙悟空在相关事件或行为上的功与过"这一核心问题，运用"提、引、联、结"的基本阅读策略展开思考。在每个人都有一定思考的基础上，进行小组合作，初步就"功大于过""功小于过""功过相当"三种观点进行讨论、汇总、梳理，形成统一意见；并基于文本材料、现实生活，寻找支持观点的理由，然后进行整合与梳理，绘制思维导图，展示阅读与讨论的结果。

3. 读写任务学习单（见下页图 4-21）

任务四：编写课本剧

1. 读写任务分析

阅读任务：围绕所选的主题，学生以小组为单位运用"提、引、联、

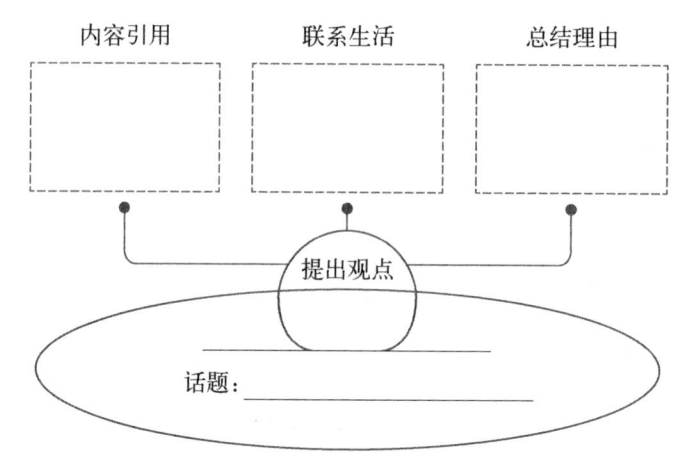

图 4-21　任务三读写学习任务单

结"的策略探讨孙悟空行为的功与过。为了让学生能够更好地走进文本，充分感受《西游记》的语言和孙悟空形象的独特魅力，在已有理解的基础上，针对所选的主题，进行剧本的创作。在文学创作与真实演绎中，引导学生进一步欣赏和评价语言文字作品，提高文学审美能力。

写作任务：编写课本剧，在创作过程中，不断增进对于书本以及人物形象的理解。

2. 读写操作流程

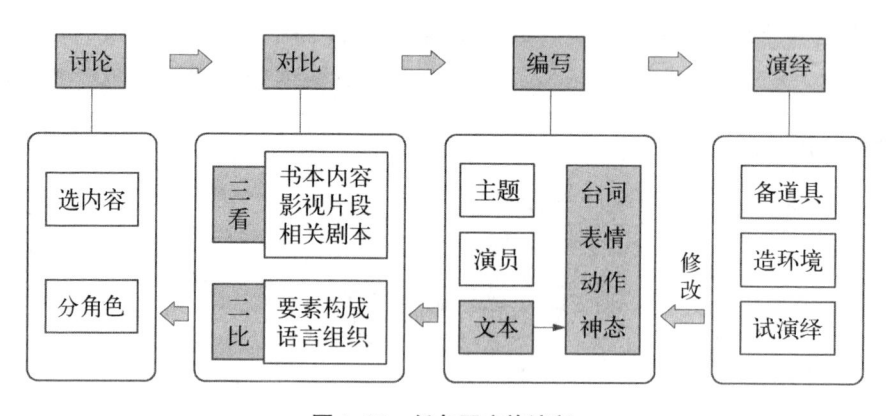

图 4-22　任务四实施流程

(1)抓住冲突，选内容：根据前期的文本理解，在小组讨论中选取具有冲突性的情节，并根据情节中的人物进行角色的划分，为后续10分钟的微型剧本创作做准备。

(2)多媒阅读，巧对比：教师以某个冲突性情节为例，让学生在充分阅读的基础上，将该文本与相关的剧本和影视片段进行对比，发现"文本""剧本""影视"之间的区别与联系，进而得出剧本创作与文本有着很大不同的结论。剧本以文本为基础，但是增加了演员安排、道具等介绍。另外，不同于文本，剧本的目的在于让演员通过演绎的方式向观众传递信息，因此剧本多以语言为主，并配以适当的人物表情、动作、神态的解说，以使演员更好地演绎。

(3)抓住核心，写剧本：根据以上对比与分析所得，学生通过小组讨论确定剧本的主题、人员分工，并从台词、表情、动作、神态等方面完善剧本。

(4)基于剧本，试演绎：为了让学生了解该组撰写的剧本是否站得住脚、是否有效反映了人物的形象，教师引导学生进行多样化的演绎尝试，以不断增进对文本和人物形象的理解，来完善剧本。

3. 读写任务学习单

阅读章回	
故事主题	
人员分工	
道具使用	
剧本	

任务五：做"孙悟空之功与过"阅读手账

1. 读写任务分析

阅读任务：经过前面多轮的阅读交流以及故事的演绎，学生们对于孙悟空的形象有了较为深入的认识，在此基础上，引导学生再次浏览整本书的目录，使学生基于整本书的阅读，打通事件之间的联系，形成对孙悟空形象更为深入、全面的认识。这既是对前面阅读策略的一次综合应用，也将前面点状的认识联结了起来。

写作任务：制作"孙悟空之功与过"阅读手账。

2. 读写操作流程

浏览回目 → 回顾见闻 → 提出观点 → 综合文本 → 说出理由 → 形成结论

图 4-23　任务五实施流程

（1）再次浏览回目，结合自己前面的相关见闻，提出对于"孙悟空功与过"的整体认识。

（2）综合《西游记》相关的文本，能够引用书中相关内容，写出自己判断的理由，形成自己独特的见解。

3. 读写任务学习单

孙悟空之功与过	观点

图 4-24　读写任务单

（六）成果示例与评价方案

1. 学习任务一

○ 评价标准

信息准确、全面而简洁。	☆☆☆☆☆
文字工整、排版有结构。	☆☆☆☆☆
图文结合，插图对应强。	☆☆☆☆☆

○ 学习成果

《西游记》故事行动地图

取经路线图 西游记

路线节点：
- 双叉岭 路遇老虎
- 五行山
- 鹰愁洞 小白龙
- 观音禅院 黑风洞
- 高老庄 计收猪八戒
- 浮屠山
- 流沙河 收悟净
- 衡阳峪 黑水河
- 乌鸡国 真假国王
- 白虎岭 白骨精
- 宝象国
- 枯松涧 火云洞红孩儿
- 平顶山 金角大王、银角大王
- 五庄观 人参果
- 车迟国 三清观
- 通天河
- 金兜山 金兜洞
- 西梁女儿国 解阳山落胎泉
- 毒敌山 琵琶洞
- 火焰山 铁扇公主
- 祭赛国金光寺 九头虫
- 荆棘岭 杏仙、凌空子、拂云叟
- 陷空山无底洞 地涌夫人
- 比丘国 梅花鹿精 狐狸精国王
- 盘丝洞 黄花观
- 朱紫国 麒麟山 金圣娘娘
- 七绝山 大蟒蛇
- 小西天 黄眉大王
- 凤仙郡 郡侯老爷
- 玉华州 竹节山九曲盘桓洞 九灵元圣
- 青龙山 犀牛精
- 天竺国 玉兔精
- 铜台府地灵县 寇员外
- 雷音寺
- 通天河

2. 学习任务二

○评价标准

能够明确提出看法。	☆☆☆☆☆
结合文本证明观点。	☆☆☆☆☆
能提出合适的理由。	☆☆☆☆☆

○学习成果

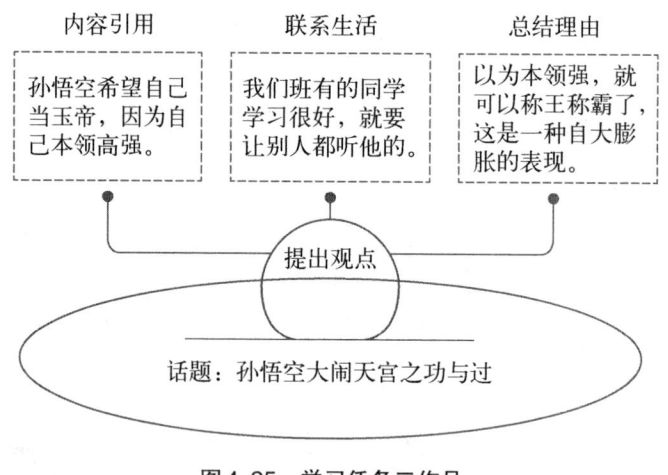

```
  内容引用           联系生活            总结理由
┌─────────┐      ┌─────────┐       ┌─────────────┐
│孙悟空希望自己│    │我们班有的同学│    │以为本领强，就│
│当玉帝，因为自│    │学习很好，就要│    │可以称王称霸了，│
│己本领高强。 │    │让别人都听他的。│   │这是一种自大膨│
│          │     │          │      │胀的表现。   │
└─────────┘      └─────────┘       └─────────────┘
```

（提出观点）

话题：孙悟空大闹天宫之功与过

图4-25 学习任务二作品

3. 学习任务三

○评价标准

能选定合适的主题。	☆☆☆☆☆
能够明确提出看法。	☆☆☆☆☆
结合文本证明观点。	☆☆☆☆☆
能提出合适的理由。	☆☆☆☆☆

○学习成果

一错再错的孙悟空

孙悟空大闹五庄观肯定是错误的。故事的主要内容是这样的：孙悟空偷吃人参果，因不满孙童的指责，一怒之下将人参果树推倒，后受到观世音菩萨的帮助，人参果树才得以复原。

孙悟空偷吃了人参果，这一点我认为是比较恶劣的。书中多次描写了人参果树，从这些描写中我们知道人参果树是非常珍贵的。记得有一段是描写沙僧的话，他这样说道："小弟虽不曾吃，但旧时做卷帘大将时，曾见海外诸仙将此果与玉皇大帝上寿。见便曾见，却未曾吃。哥哥，可与我些儿尝尝？"身为卷帘大将的沙僧，只是见过，却未曾吃过。就连执掌三界的玉皇大帝，却也只是在上寿时才能吃到一两个。显然，这人参果比王母娘娘的蟠桃宝贝的多了。

面对如此珍贵的人参果，孙悟空吃了好几个，虽然是偷吃的，但这已经是不错的"待遇"了！谁知，这"猴头"竟然不知道满足，在盛怒之下，推倒了人参果树，导致所有的人参果全部像雨水一般钻入土中不见了。此情此景，真是让人恨得牙痒痒。如果说在"大闹天宫"中的孙悟空，更多的是因为追求被尊重与理解才去反抗天庭、更多的是因为想要追求合理的规则而要去做"齐天大圣"，那么，此时此刻的孙悟空，就是一个顽劣十足的猴子。难怪唐僧总是喊他泼猴、猴头，他哪里有半分齐天大圣的威严！

在生活中，我们确实会有对一些新鲜事物好奇的时候，但是我们不能为了一己私欲就去将这些东西占为己有，更不能在别人三言两语的讥讽中，就把别人视为珍宝的东西尽数毁坏。这样的行为迟早会给自己、家人、社会带来麻烦的。就像孙悟空，他偷了果子，推倒了树，以为可以逍遥法外吗？最终不还是要面对观主的批评，甚至还要祈求菩萨帮忙把树"救活"。可是，世界上哪有那么多救苦救难的观世音菩萨？做错了事情，我们终究还是要自己面对的。

这样一错再错的孙悟空让我很是伤心。

——黄梓悦

教师点评：

本篇习作中心明确，采用提出观点—论证观点—总结观点的行文思路，结构完整，论证层次清晰。在论证过程中，该同学不仅通过分析人参果的珍贵程度侧面论证孙悟空的问题，还联系现实生活，运用打比方、作假设的方法进一步阐述了需要为自己的错误而负责的道理，饱含感情。

4. 学习任务四

〇评价标准

能选定合适的主题。	☆☆☆☆☆
能够明确角色分配。	☆☆☆☆☆
能够从台词、表情、动作、神态等方面编写课本剧。	☆☆☆☆☆
能写出必要的道具。	☆☆☆☆☆

〇学习成果

《三打白骨精》课本剧

一、人员分工及角色安排

孙悟空扮演者：孙泽远

猪八戒扮演者：肖邦

唐僧扮演者：徐锦城

沙和尚扮演者：金梓萱

白骨精（小女孩）扮演者：黄梓悦

白骨精（老婆婆）扮演者：王思夏

白骨精（老公公）扮演者：王诺一

旁白：轮流

二、表演准备

道具：篮子、假馒头（彩泥）、假虫子（彩泥）、白骨夫人纸条、服装、金箍棒、宣纸、毛笔

音乐：西游记主题曲

PPT：王诺一负责

序　幕

全员一起上台，轮流做自我介绍，报幕，报身份

例如：我是xxx，我扮演的角色是西游记中的xxx。

第一幕：离开村子继续西行

旁白（王思夏、王诺一、黄梓悦）：一日，正在取经路上。

（孙泽远、肖邦、金梓萱、徐锦城上场）（教室外上场）（到教室中间停）（稍慢）

肖邦：师父！师父！俺口干舌燥，又饥又渴，走不下去了！（急躁）（喘着粗气）（微微下蹲，手扶膝盖）

徐锦城：八戒莫慌！悟空，你去化些斋来！（平静）（指孙泽远）

孙泽远：师父，先不要乱动（用树棍画了一个圈）俺老孙去去就回！！（孙泽远下场）（跳）（去教室外面）

旁白（孙泽远、王思夏、王诺一）：这时，一个小姑娘提着篮子向师徒三人走来。

第二幕：孙悟空一打白骨精

（黄梓悦上场）（教室外面进）（蹦跳先跳过师徒四人，再回头）

黄梓悦：施主，我看你们一路走来辛苦了，我这里有些馒头，你们需要吗？（提装馒头的篮子，拿出一个馒头）（递给肖邦）

肖邦：（流口水）哈哈！我要，我早就饿坏了！！（说着要去拿）

金梓萱：（拍肖邦，拦住）师兄！

肖邦：（看向金梓萱一脸不满）

徐锦城：哎，八戒，我们出家人是不能拿平民百姓的食物的！

肖邦：可是俺老猪太饿了！（可怜）（看金梓萱）

（孙泽远从教室外出场）

孙泽远：八戒，不要吃那姑娘的食物，她是妖怪！

徐锦城：悟空，切不可胡说——（延长）（慢）

孙泽远：〔不由分说已挥起棒朝黄梓悦（假）打过去〕吃我老孙一棒！

黄梓悦：唉呦！

（把黄梓悦打倒）（倒向讲台，旁白换篮子）

徐锦城：悟空，你怎么乱伤百姓呢？（看孙泽远，先指黄梓悦，后指孙泽远）

孙泽远：师父！你看那篮子里是什么（将篮子提起将虫子倒出）

旁白（王思夏、王诺一）：原来那不是馒头，是虫子。

（黄梓悦下场）（到讲台蹲着）

肖邦：师父，你不要听大师兄的，他肯定是怕您发现念紧箍儿咒，才使了一个障眼法迷惑你的！（肖邦指孙泽远噘嘴）

旁白（王思夏、王诺一、黄梓悦）：唐僧听完十分生气。

徐锦城：好啊！我非得念咒不可！嘛呢嘛呢……（念紧箍咒）（念台词前先指孙泽远）（生气）

孙泽远：师父，疼疼疼！别念了（捂住头）（痛苦）（最好能打滚儿）

徐锦城：猴头！下次别干这种事了！（严厉）（快）

孙泽远：是！师父！（带些委屈，严肃，快速回答无缝衔接）

第三幕：孙悟空二打白骨精

旁白（王诺一、黄梓悦）：师徒四人走着走着，遇见了一个老婆婆。

（王思夏上场）（讲台上场）

王思夏：长老啊！请问你有看见一个小姑娘么？（指黄梓悦出场的地方，用手比划比划）

徐锦城：贫僧……（话还没说完）（延长）

孙泽远：妖怪看棒［朝王思夏（假）打去］

（王思夏倒在地上）

徐锦城：悟空！你怎么又乱伤人！（十分生气，急眼了）

孙泽远：师父！她真是妖怪啊！（急躁，着急，不被理解）

徐锦城：嘛呢嘛呢……（闭眼，努力压制怒火，做深呼吸动作）

孙泽远：噢好疼——（痛苦，打滚儿）

徐锦城：悟空，你走吧！（叹气）

孙泽远：师父，若没有个松箍咒，我就不回去！（理直气壮）（带些愤怒）

徐锦城：哎，那就再饶你一回！（叹气）（语气平和）

（王思夏从讲台下场）

第四幕：孙悟空三打白骨精

旁白（王思夏、黄梓悦）：师徒四人又向前走去，迎面遇上了白骨精变成的老爷爷。

（王诺一上场）

王诺一：（口中念经）长老，您可看见了我的妻子和女儿？她们今日下山

后一直不见回来。（急躁）

孙泽远：妖怪，你瞒得过他们，却瞒不过我，看棒！（王诺一倒，趴下，背上贴着"白骨夫人"字条）

徐锦城：悟空，你快回去吧，阿弥陀佛！（无奈，叹气）

孙泽远：师父，您看，那是白骨夫人呐！（焦急）

肖邦：师父，你别听猴头讲，他准是又使了障眼法。（看热闹不嫌事大）（指孙泽远）

徐锦城：悟空，事不过三，回去吧！回你的花果山去吧。（再次叹气）

孙泽远：师父，请受弟子一拜，您请保重！（双手合十鞠躬）

徐锦城：悟净，拿纸笔来！（金梓萱拿来宣纸和毛笔，唐僧假写：悟空，你走吧！）

孙泽远：师父、师弟，告辞了！（大声）

（孙泽远遗憾离场）

谢 幕

5~10秒后

全部演员上场谢幕

全体：欲知后事如何，请看《西游记》下回分解。

（鞠躬）谢谢大家！

教师点评：

本篇习作在剧本创作上主题鲜明，以三次打白骨精作为三幕内容，结构完整清晰。在内容上，台词贴切，同时注明了台词表达时应该具备的语音语调、情感与动作。最后还用上"欲知后事如何，请看《西游记》下回分解"的话语，形式活泼，具有较强的吸引力。

5.学习任务五

○评价标准

能够明确提出看法。	☆☆☆☆☆
结合文本证明观点。	☆☆☆☆☆
能提出合适的理由。	☆☆☆☆☆

○学习成果

孙悟空之功与过	孙悟空大闹天宫之功与过
	孙悟空三打白骨精之去与留
	孙悟空大闹五庄观之是与非
	……

（七）课时安排

《西游记》整本书阅读的学习任务计划用五个课时，具体安排如下：

课时安排	课型	读写学习任务
第1课时	导读课	1. 了解《西游记》整本书阅读的总任务。 2. 借助回目了解整本书的大致内容，并完成任务一，绘制整本书的"故事行动地图"。
第2课时	推进课	梳理第4—7章的故事大致内容，借助"提、引、联、结"的策略，说说对"孙悟空大闹天宫之功与过"的看法，完成任务二学习单。
第3课时	推进课	借助"提、引、联、结"的策略，选择值得讨论的话题，从"孙悟空之功与过"的角度谈谈对孙悟空某件事或某个行为上的认识，完成任务三学习单。

续　表

课时安排	课型	读写学习任务
第4课时	推进课	1. 教师出示孙悟空大闹天宫某个片段的文本、影视镜头以及相关的课本剧剧本，让学生了解课本剧的特点以及编写的要求。 2. 根据任务三所选择的故事或者行为，小组合作进行剧本编写，完成任务四，并现场展示与评改。
第5课时	汇报课	1. 演绎编写的剧本并说明编写的目的。 2. 根据以上所学，同学们继续运用"提、引、联、结"的策略，探讨对整本书中"孙悟空之功与过"的看法。

（八）总结与思考

新课标强调，义务教育课程培养的核心素养是学生在积极的语文实践活动中积累、建构并在真实的语言运用情境中表现出来的。在"教学建议"板块更是指出，要凸显语文学习的实践性，创设真实而富有意义的学习情境，运用学科实践的方式，唤醒个体独特的生活经验，形成个性化的语言经验建构。学科实践作为一种强调基于学科与实践、知与行的辩证关系的学习方式，希望唤醒学生"像学科专家一样"的思考与行动。这种学习方式是自主、合作、探究学习的迭代，更是知识本位的学习向素养本位学习的跨越。这种方式能够破解学生当前个体语言发展的困境，成为深化语文课程改革的主要抓手。在这样的背景下，我们尝试以项目化学习的方式，让学生在探究、对话交流中，增进对《西游记》整本书的理解。

1. 项目确定，在对话中走向问题解决

课上教师以"同学们看过《西游记》吗""请同学们对书中的孙悟空或者有关孙悟空的故事谈谈自己的看法"为话题，让学生自由发表看法。在学生的观点发表中，教师引导学生关注对同一人物或者事件的不同观点。在此基础上，教师引导学生围绕这一问题，确定本次整本书阅读的项目化学习目标。通过对话讨论，全班确定了"孙悟空之功与过"思辨性阅读任务，学生可以借助阅读思维导图小报、阅读札记等形式记录下自己观点，也可以以小组演绎的方式展示对故事的理解。

2. 导读先行，在示范中走向自主阅读

目标制定了，怎样才能让学生更好地完成这个项目呢？教师在导读课之后，执教了一堂《西游记》整本书阅读导读课。在该课中，教师借助回目，让学生了解整本书的大致内容，将该书分为三个部分，并请同学们自主阅读第4—7章，围绕"孙悟空大闹天宫之功与过"展开讨论。在讨论中，形成了"提、引、联、结"思辨性阅读的策略。即学生首先学生围绕这一话题，提出自己的观点，然后引用书中的相关内容并联系现实生活来阐明自己的观点，形成自己的理由。围绕该问题所做出的这些尝试，在很大程度上帮助学生理清了书中内容，在辨别是非、善恶、美丑的基础上，形成了明确的态度与立场，以及有中心、有条理、重证据的表达。这为后续的自主阅读提供了基础。

3. 合作演绎，在展演中走向深层呈现

经历了系列的辩论与讨论后，学生对书中的相关内容以及人物形象有了一定的了解。那么如何让学生理解自然而然地展现出来呢？本单元的口语交际以"怎么表演课本剧"为话题，涉及两个重点。首先，教师需要引导每个人围绕"选课文、分角色、怎么演"三个话题，主动、积极地参与讨论，发表自己的看法。其次，学生要在准确理解的基础上，能够围绕故事中的人物形象，对书中的内容进行适当的改编，让故事更有趣。因此，在学生自主阅读之后，教师将口语交际整合在任务之中。学生以小组为单位，以投票表决等方式选定自己要演绎的故事，在展演中综合演绎对故事的理解。

第五章　支持式读写：基于跨学科学习情境的浸润式读写教学

第一节 ‖ 实 施 缘 起

一、实践背景

（一）跨学科学习成为学生常态化学习的一种方式

随着科技的迅速发展，知识呈现出高度的整合性和跨领域交融的特性。吉本斯（2011）指出，知识生产模式正从"主要在一种学科、主要是在认知语境中进行"的传统模式向"在更广阔的、跨学科的社会情境和经济情境中被创造"的新模式转变。[1]这意味着，学科之间的衔接从原先的零星走向常态，知识的跨学科特点由之前的隐性状态逐步向显性状态过渡。[2]为了适应这一时代趋势，国家相继颁布了多项政策文件，强调跨学科学习的重要性，将其作为培养学生综合能力的关键途径之一。2022年4月，教育部颁布的《义务教育课程方案（2022年版）》（以下简称"新课标"）中，特别引入了跨学科主题学习的理念，设置了跨学科主题学习活动，旨在推动课程实施的综合性和实践性，展现了制度层面对跨学科学习的重视。

面对复杂多变的世界，单一的知识储备已难以满足社会对人才的需求。

---

[1] 吉本斯.知识生产的新模式：当代社会科学与研究的动力学［M］.陈洪捷，沈文钦，等译.北京：北京大学出版社，2011：3.
[2] 董艳，孙巍，徐唱.信息技术融合下的跨学科学习研究［J］.电化教育研究，2019，40（11）：70-77.

新课标强调学生应具备适应终身发展和社会发展所需的复合型能力，而跨学科学习正是实现这一目标的有效途径。新课程方案规定，不少于10%的教学时间应用于跨学科主题学习，这充分说明了跨学科学习在教育体系中的重要地位。跨学科主题学习通过关联现象主题与社会情境中的多元要素，促进知识间的深度融合、个人与他人的有效互动，反映真实世界的知识应用，增强学生的探究经验，深化问题解决策略，并激发原创思维。这一过程不仅满足了人才培养的需要，也体现了教育对学生未来发展的深远考量。[①]

因此，跨学科学习已不再是可有可无的"可选项"，而是教育变革中不可或缺的重要组成部分。个体生来就存在于一个个情境之中，真实世界要求学生在面对复杂问题时，能够灵活运用多学科知识，展现出更强的适应性和解决问题的能力。从课程设计、教学组织到评估方式，跨学科学习正在逐步渗透到学生日常学习的方方面面，成为学生常态化学习的新趋势。

（二）浸润学习成为推动跨学科学习的重要形式

跨学科学习的提出，其初衷远超过加强学生知识积累的范畴，其核心目标在于提升学生应对复杂多变的生活情境的综合能力。在此背景下，跨学科学习设计的首要原则被明确界定为在真实情境中实现沉浸式具身体验。正如梅洛-庞蒂所言："人总是通过我的身体来认识我的世界与建构我的世界。"[②] 这一理念意味着学习不应是脱离情境的抽象知识传授，而应是个体在具体环境中通过亲身体验获得深刻理解的过程。

浸润式学习作为推动跨学科学习的重要形式，其价值在于能够在问题驱

[①] 闫安，陈旭远，朱妍.跨学科学习的透视：驱动背景、内在逻辑与条件支持[J].教育学报，2023，19（06）：67-77.
[②] 普里莫兹克.梅洛-庞蒂[M].关群德，译.北京：中华书局，2014：107-108.

动的框架下，使学生深度沉浸于跨学科的知识探索中。这种学习方式突出知识的迁移过程、重视学习情境的塑造、关注学习者的投入状态。[1]在浸润式学习中，学生成为学习的主体，通过参与和沉浸体验，能显著提升学生学习的自主感、体验感与获得感。[2]更为重要的是，浸润式学习所倡导的真实情境中的深度学习，更符合人的内心本质和发展意义。[3]在这样的学习视野中，跨学科素养不是机械地堆砌各学科知识，而是在真实情境中通过学生的亲身体验和深度参与逐步建构起来的。

总之，浸润式学习以其独特的优势成为推动跨学科学习的重要形式。它通过在真实情境中实现沉浸式具身体验，不仅提升了学生的学习效果，而且促进了学生跨学科素养的全面发展。[4]

（三）读写实践成为推动跨学科学习的重要方式

在当今教育改革的浪潮中，读写能力的融合性日益凸显，指向了多学科的融合与开放。联合国教科文组织对读写（literacy）的定义，已从传统的阅读、写作技能扩展到"在日益数字化、文本介导、信息丰富和快速变化的世界中识别、理解、解释、创造和沟通的手段"[5]。也有研究者指出，读写也是一种素养，这一定义说明素养形成的情境性和持续性与读写活动具有深入的

---

[1] 陶佳，范晨昕.沉浸式学习理论视域下的游戏化课程目标设计：机理、框架与应用［J］.远程教育杂志，2021，39（05）：66-75.
[2] 蒋喜华，陈昌龙.道德与法治沉浸式教学的逻辑表达［J］.思想政治课教学，2024（09）：38-41.
[3] 夏雪梅.跨学科素养与儿童学习：真实情境中的建构［J］.上海教育科研，2017（01）：5-9+13.
[4] 万昆.跨学科学习何以发生？［J］.电化教育研究，2024，45（04）：74-80.
[5] UNESCO. What you need to know about literacy［EB/OL］.（2024-09-14）［2024-10-07］. https://www.unesco.org/en/literacy/need-know.

联系。[①]这种多元读写能力不能单凭一门学科来培养，因此读写实践与跨学科学习具有高度契合性，为跨学科学习提供了方式基础。

在这样的课程中，读写实践成为连接各学科知识、技能和方法的桥梁。刘华和沈滨在对比分析国内外语文跨学科教学现状的基础上，明确指出其他学科中的读写能力构成了语文跨学科学习的核心要点。他们认为，"语文性"的精髓蕴含于"读写"这一基本活动之中，强调通过跨学科的读写实践，学生可以掌握多学科的研究工具与学习方法。[②]在这一理念指导下，教师应积极引导学生阅读并撰写其他学科的相关文本，使这些文本成为学生掌握其他学科研究工具与学习方法的桥梁。通过这一方式，学生能够在完成探究型任务群的过程中，不仅深化对多学科知识的理解，并且能熟练掌握各科的研究方法，从而实现跨学科学习的真正价值。

二、问题突破

（一）跨学科中的读写缺失：目标与性质待明晰

在跨学科的教学实践中，读写活动常因过分强调学科间的融合，致使读写技能本身的培养目标变得模糊不清。正如卡明斯（Cummins）在冰山理论中所强调的，语言学习应与内容学习相结合，但前提是必须明确语言技能（包括读写）的具体发展目标。他指出，学生语言能力从"人际交流基本技能"向"认知/学术语言能力"发展的关键在于，教师要考虑任务对认知的

[①] 盛静.核心素养视野下多元读写促进价值认同的理论与实践[J].课程·教材·教法，2017，37（01）：28-33.
[②] 刘华，沈滨.语文跨学科学习"语文性"的多维探讨[J].语文建设，2022（19）：10-14.

挑战性，还要考虑任务如何嵌入到情境语境当中。[①]

然而在跨学科情境中，教师可能过于注重内容的趣味性或学科间的联系，而忽视了设定清晰、可衡量的读写目标，导致学生在学习过程中缺乏明确的方向感，难以有效提升读写技能。有研究者比较我国和芬兰多元读写能力培养的方式时发现，我国当前针对儿童读写能力连贯发展的系统方案，存在教师、家长关注单一阅读和书写技能的问题，较少考虑跨学科的目标设置。[②]然而，在跨学科情境下，这些差异往往被忽视，读写活动被设计成一种"万能模式"，试图满足不同学科的需求，结果却适得其反，学生难以适应不同情境下的读写要求，影响了其读写能力的精准发展。

（二）跨学科中的读写破碎：进程与序列待明晰

当今社会，科技革命和产业变革深刻改变了人类的思维方式、学习方式和发展方式，赋予阅读和写作新的历史使命。然而，小学读写教育尚未完全适应时代的变迁和技术革新，存在读写内容与策略失衡以及跨学科读写浅表化的问题。正如北京教育科学院特级教师李卫东所说："在新时代教育改革背景下，我们要突破单一学科的边界，基于课程协同视角，探索读写教育的新思路、新工具，构建适用于各学科学习和跨学科实践活动的读写框架、模型、标准体系，促进学生科学与人文素养的协调发展，落实立德树人根本任务。"

然而，在跨学科教学的实践中，读写教育的实施却往往显得力不从

[①] Peng Q. Cummins's Views of Language Competence and Their Implications for the Level Description of Pragmatic Competence [J]. 2019.亦见苏德，张莞.卡明斯双语教育理论解析及其在中国语境中的再审视 [J].民族教育研究，2020，31（04）：70-75。
[②] 叶惠玲，郑福明.幼小衔接阶段芬兰儿童多元读写能力培养研究 [J].上海教育科研，2024（01）：42-47.

心，其进程与序列的模糊性尤为突出。主要表现在：首先，读写活动与学科内容的脱节，导致学生难以通过跨学科的读写实践真正达到知识融合与迁移的目标。其次，许多教师可能缺乏整合多学科内容的经验和技能，导致在跨学科教学中设计的读写任务往往流于浅层，未能结合学科本身的核心知识与技能。学生在完成这些任务时，只是机械地进行阅读和写作，缺乏对问题的深入探究和批判性思考，无法真正实现知识的跨学科应用。更为关键的是，跨学科课程目标的模糊性导致了读写任务设计的无序性。读写任务往往被孤立于学科知识结构之外，未能形成清晰、连贯的进程和序列。学生在学习过程中难以建立起不同学科之间的内在联系，无法形成系统的知识结构和思维框架。这种进程与序列的缺失，不仅影响了学生的学习效果，还制约了跨学科读写教育的深入发展。因此，明确跨学科读写活动的进程与序列，成为提升教育质量、促进学生全面发展的重要任务。

（三）跨学科中的读写浅表：指导与评价待跟进

在跨学科教学的广阔舞台上，读写活动的实施却常常陷入"浅表化"的困境，其核心问题可归结为以下几点：第一，学生的阅读与写作未能深入到学科核心内容与方法论的层面，教师在教学中忽视语文作为语言学习的工具性意义。在教学中过度偏向文学作品，忽视了实用性文本的重要性，导致实用性读写能力被边缘化，限制了语文教育在跨学科中的作用；科学教学则侧重于知识与原理的记忆，忽视了科学精神和人文因素的培养，以及科学读写能力的提升。第二，指导策略较为单一，缺乏对学生个性化学习需求的回应。多元读写教学要求教师充分利用多模态资源，如图像、声音、姿势语等来让学生得到明确指导，从而发展学生自身已有的资源和知识，理解语言交际中的规律,充分明确学习过程中的重点知识和难点知识。[①]但在实践中,部分教师未能通过适当的提问、讨论与批判性阅读方法,促使学生在读写活动中进行深入思考与探究,导致阅读和写作活动常常流于形式,未能充分发挥其认知加工功能。最后,评价机制的缺失进一步导致了读写实践的浅表化。当前,许多学校的评价体系仍以单一学科的知识掌握为主要标准,未能对跨学科读写活动进行全面的评价。这种评价体系难以全面反映学生在跨学科读写实践中的综合能力发展。具体而言,现行评价机制常常侧重于学生的最终写作成果,而忽视了过程性评价与多元化的阅读理解维度。这种评价方式不仅无法充分激励学生在读写活动中进行创新性思考,也难以促进他们对学科知识的深度整合与应用。

第二节 ‖ 实 施 策 略

在跨学科教育的广阔舞台上,浸润式读写教学模式以其独特的设计理念和实践路径脱颖而出。它深深植根于一系列核心教学原则之中:坚守学科立场、确保读写活动紧密贴合各学科精髓;坚定策略支持,通过多样化的读写策略构建起知识与技能间的桥梁;坚持过程性评价,让学生在持续的反馈与调整中不断成长。在具体实施上,该模式巧妙地从学生的真实生活与兴趣出发,精选读写主题,使之既富有吸引力又充满挑战性。随后,它依据不同学科的特点与要求,精心设定读写目标,确保学生在提升语言文字运用能力的同时,也能深化对学科知识的理

---

① 邱晴.多元读写与国际化人才培养模式的构建[J].江西社会科学,2020,40(06):247-253.

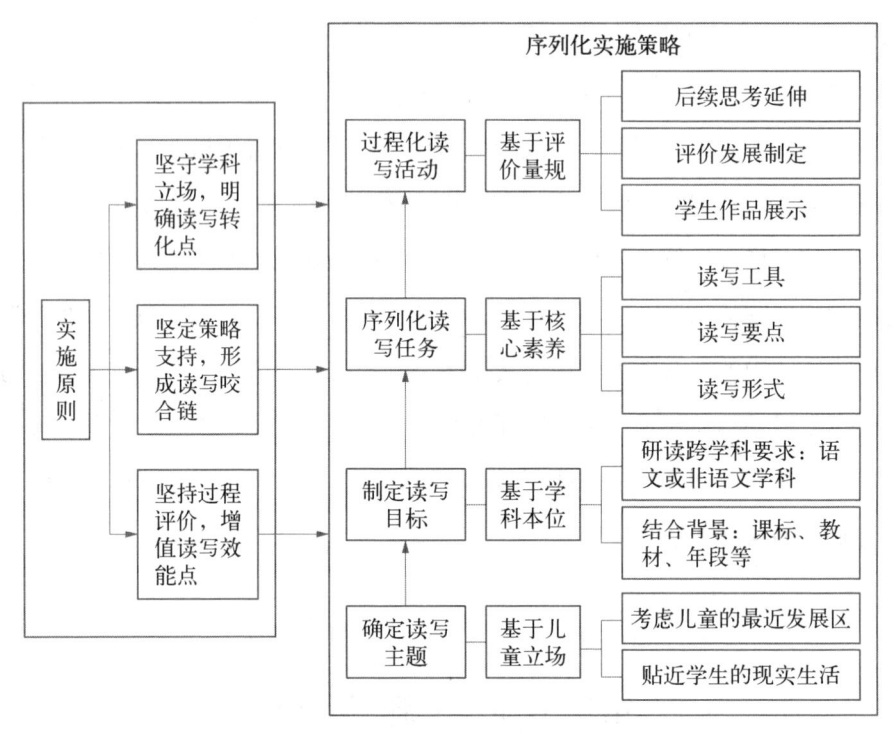

图5-1　基于跨学科情境的浸润式读写整体实施路径

解。更进一步，它围绕学生核心素养的培育，设计了一系列序列化、层次分明的读写任务，引导学生在实践中探索、在探索中创新。而贯穿这一过程的，是细致入微的评价量规，它不仅关注学生的学习成果，更重视其学习过程中的表现与进步，从而形成一个既注重结果又关注过程的全面评价体系。正是这些原则与策略的有机融合，使得浸润式读写教学模式在跨学科教学中展现出强大的生命力，不仅有效提升了学生的读写技能，更促进了他们跨学科素养的全面发展。

一、基于儿童立场确定读写主题

在基于跨学科学习情境的浸润式读写教学中，确定读写主题是至关重要的一步。为确保主题的有效性和吸引力，必须牢牢基于儿童的立场来选定。

首先，主题的选择应深入考虑儿童的最近发展区，确保内容既具有一定的挑战性，又不至于过于艰涩，使儿童能够在已有知识的基础上实现新的认知跳跃。这要求教师在确定主题前，充分调研儿童的兴趣焦点、生活环境以及他们已有的视觉经验和学习方式。通过问卷调查、访谈或观察等手段，收集儿童对于不同话题的兴趣程度和认知基础，为后续的主题设计提供坚实的数据支撑。

其次，主题的选择应贴近学生的现实生活，反映他们的真实需求和兴趣。只有当主题与儿童的生活紧密相连时，才能激发他们内在的学习动机，使读写活动变得更加有意义和有趣。教师可以关注社会热点、节日庆典或儿童日常生活中的小事，将这些元素融入读写主题中，让儿童在阅读和写作中感受生活的美好，提升综合素养和实践能力。

二、基于学科本位制定读写目标

在跨学科学习情境的浸润式读写教学中，制定读写目标时需牢牢把握语文课程的本质，确保实践活动"为语文"服务。以"开展校园调查，学习设计问卷、访谈、统计、分析，撰写并发布调查报告"这一活动为例，其读写目标的设定不仅着眼于调查报告的最终完成，更重视在活动过程中对学生语言文字运用能力的培养和语文素养的提升。

具体而言，教师应首先深入理解任务群的内涵，并仔细研读新课标对跨学科学习的相关要求。在此基础上，结合语文学科的核心素养，如语言建构与运用、思维发展与提升等，制定适宜的读写目标。这些目标应明确指向学生在调查活动中如何运用语文知识和技能进行信息的收集、整理和分析，以及如何用准确、流畅的语言完成相应的成果。

通过这样的目标设定，不仅能确保跨学科学习活动的语文属性，还能使学生在实践中不断锻炼和提升读写能力，真正实现语文素养的全面提升。同时，这也为跨学科浸润式读写教学的有效实施提供了坚实的保障。

三、基于核心素养序列化读写任务

在构建跨学科浸润式教学的读写任务时，应注重任务的序列化与整体性，以确保学习活动既连贯又高效。这要求教师在设计真实情境大任务时，必须精心规划子任务之间的关系，使它们环环相扣、彼此促进，从而有效避免学习的碎片化。

首先，教师应构建一条高度关联的活动链。这条活动链应能整体推进跨学科活动的进程，确保每个子任务都是整体活动中不可或缺的一部分，共同推动活动的精彩与高效开展。通过这样的设计，学生可以在连贯的学习体验中逐步深化对知识的理解和应用，实现知识的融会贯通。

其次，为了将总目标具体化为可操作的学习任务，教师需要向下分解总目标。整体目标通常具有高阶性和抽象性，直接应用于教学可能难以把握，因此，教师应将整体目标细化为一系列子目标，并据此设计具有逻辑层次的子任务。这些子任务应围绕核心任务展开，形成清晰的线索，引导学生逐步深入探究。

在分解整体目标的过程中，教师需特别注意以下几点：一是确保子目标与整体目标之间的逻辑对应周延性，即子目标应能全面反映整体目标的核心要义；二是考虑学习结果的可实现性，即设计的任务应符合学生的实际能力和学习需求；三是关注学生的可接受性，确保任务难度适中，能够激发学生的学习兴趣和积极性；四是体现语文跨学科学习的综合性，将语文知识与技能融入跨学科任务中，促进学生综合素养的提升。

通过这样的设计，基于核心素养的序列化读写任务将更有效地促进学生的全面发展，实现跨学科学习的深度与广度并重。

四、基于评价量规过程化读写活动

评价是教学活动中重要的一环。跨学科语文学习呈现周期性特征，需同时留意过程与成效，并兼顾学习态度与学习策略，此外，还应适时给予激励与指导。为了实现这一目标，教师应基于评价量规来设计过程化的读写活动。评价量规作为一种具体的、可操作的评价工具，能够明确界定不同学习阶段的表现标准，为学生的学习提供清晰的导向。

在评价方式上，教师应摒弃传统测验的单一模式，采用多元化的评价手段。如读写手册、资料袋、阅读计划、阅读记录表、写作计划、写作修改记录、交流记录表和自我评价表等工具，都可作为表现性评价的有效方式。黄玲妹提出的多种评价方式，如个人自评、小组互评、学科教师评价、指导老师评价等，[1]也应被纳入评价体系中。多元化的评价方式不仅能够促进学生的自我反思与监控，还能增强学生的团队协作能力和批判性思维。通过不同评价主体的反馈，学生可以更加全面地了解自己的优势和不足，从而有针对性地改进学习方法和策略。

总之，基于评价量规的过程化读写活动设计，能够确保跨学科浸润式读写的评价既全面又有效。通过多元化的评价方式，教师可以更好地了解学生

---

[1] 黄玲妹.初中语文跨学科学习的困境与解决路径——以身边的文化遗产为例[J].福建教育学院学报，2023，24（09）：33-36.

的学习状况，为学生提供个性化的指导和支持；学生也能在评价过程中不断提升自我认知，实现核心素养的全面发展。

第三节 ‖ 实 践 案 例

◎技术与文学碰撞　思维穿行云端
——以制作电子纪念册为例

（一）基于儿童立场确定主题

1.教材分析

五四学制的部编版小学语文五年级下册第八单元的主题是"综合性学习：难忘小学生活"，这是安排在小学阶段的最后一次综合实践活动。围绕这一主题，教材安排了"回忆往事"和"依依惜别"两大板块。其中"回忆往事"这一板块中的第一阶段为：了解活动建议，通过写作的方式记录难忘的小学生活，制作成长纪念册；第二阶段为：阅读《老师领进门》《作文上的红双圈》《如何制作成长纪念册》3篇材料，感受小学生活的美好，激发对老师的感恩之情。"依依惜别"板块的内容为：在毕业之前，通过举办毕业联欢会、写信、写毕业赠言等方式，为自己的小学生活画上一个圆满的句号。

鉴于当今社会信息化的快速发展，AI技术、大数据、融媒体等已经深入每个人的生活，对学生的信息技术素养要求也相应提高。因此，我们将教材中制作成长纪念册的活动升级为制作电子毕业纪念册。

2.课标分析

从2022版课标对跨学科学习的内涵定位来看，跨学科学习的本质在于，语文实践活动要以读写活动为载体，强化多领域、多学科在知识和方法上的高度融合，借以解决情境或者生活中的真实问题。因此，教师要努力在跨学科的综合性学习过程中，借助其他学科的资源，开展相应的语文实践活动，助力学生语文关键能力和核心素养的发展。《义务教育语文课程标准（2022年版）》提出，第三学段的学生能围绕学习活动搜集材料，从多方面获取活动各阶段的材料，能用多媒体方式表达交流。同时要求学生要积极参加跨学科学习活动，能利用多种信息渠道获取资料。

另外，《义务教育道德与法治课程标准（2022年版）》第三学段对于学生道德修养的培养目标是"孝敬父母，尊重师长，懂得感恩，养成孝敬父母、尊敬师长的良好品质"。《义务教育艺术课程标准（2022版）》第三学段的学习任务5提出学生"能针对不同问题，用美术与其他学科相结合的方式提出解决问题的思路和方案，设计与制作不同形式的作品。"因此在进行本活动中游览线路图设计的环节时就要求学生具备一定的跨学科能力，使用美术学科中相应的学科技能来帮助完成语文学科知识能力的达成。

（二）学情分析

通过五年级第一学期第四、五、八单元的学习，学生初步掌握了"结合资料，体会课文表达的思想感情""搜集资料，用恰当的说明方法，把一件事物介绍清楚"以及"按照要求梳理信息，把握内容要点"的方法；通过五年级第二学期第六单元的学习，学生初步掌握了"搜集资料，介绍一个地方"的方法。多数学生能够在教师的引导下，运用一种或多种方法搜集资料，并将资料运用在自己的习作中。部分学生能借助表格来梳理书籍或影视作品的故事情节或人物形象。但是很多学生在进行资料搜集、整理时，习惯运用网络输入关键词进行搜索，搜索出来的内容往往直接呈现，没有加以思考、筛选。

（三）目标制定

依据上述分析，本活动教学目标设计如下：

学科		具 体 目 标
语文		1. 回顾个人和集体的成长经历，懂得成长既需要自己的努力，也离不开父母的陪伴、学校的关怀、老师的教导和同学的帮助。 2. 借助时间轴回忆五年的小学生活，搜集相关的照片、习作等，记录值得回味的生活点滴；选取时间轴上有代表性的内容与同学分享。 3. 学习撰写电子纪念册脚本，用多种形式表达对老师、同学及母校依依不舍的感情，并立下高远的志向。 4. 小组合作，根据脚本拍摄视频，制作电子毕业纪念册。
跨学科	道德与法治	在回顾成长经历中反思自己的生活，养成孝敬父母、尊敬师长的良好品质。
	信息科技	使用信息科技工具来搜索、整理和分析相关信息和数据，形成信息意识，提高数字化合作与探究能力。
	美术	运用纸质或电子的绘画、插图等方式，美化自己的电子成长纪念册，使之具有动态美与独创性。

（四）读写学习路径

核心问题设计为：如何制作电子毕业纪念册？

为了解决这个核心问题，设计问题链如下：

1. 梳理电子毕业纪念册的基本组成元素。

2. 筛选材料，确定编入电子毕业纪念册中的主要内容。

3. 梳理搜集的材料，按编年体、栏目式等进行分类。

4. 书写心情感言。

5. 制作电子毕业纪念册。

问题1	・看看电子毕业纪念册样例，你发现纪念册由哪些元素组成？
问题2	・课前搜集了哪些材料？如何对这些材料进行筛选？
问题3	・对筛选好的材料，我们可以如何进行分类呢？
问题4	・你如何看待自己小学五年的生活？请你写一份心情感言。
问题5	・如何制作电子毕业纪念册？

图5-2 读写学习路径

（五）读写任务设计

基于问题链，设计任务如下：

问 题 链	学习与读写任务
核心问题： 如何制作电子毕业纪念册？	核心任务： 完成电子毕业纪念册。
问题1： 看看电子毕业纪念册样例，你发现纪念册由哪些元素组成？	任务一： 填写电子毕业纪念册的基本组成板块梳理表。
问题2： 课前搜集了哪些材料？如何对这些材料进行筛选？	任务二： 完善"我的成长足迹"资料包。
问题3： 对筛选好的材料，我们可以如何进行分类呢？	任务三： 编制"电子毕业纪念册设计"规划设计稿。
问题4： 你如何看待自己小学五年的生活？请你写一份心情感言。	任务四： 回顾小学五年的生活，感恩父母、师长、同伴在过程中的陪伴与付出，写一篇"心情感言"。

续 表

问 题 链	学习与读写任务
问题5： 如何制作电子毕业纪念册？	任务五： 撰写"电子毕业纪念册"的脚本，选择合适的制作软件或APP制作电子毕业纪念册。

任务一：填写电子毕业纪念册的基本组成板块梳理表

1. 读写任务要点

阅读任务：观看老师提供的电子毕业纪念册样例，梳理电子毕业纪念册由哪些板块组成。

习作任务：填写板块梳理表，确定自己的电子毕业纪念册包含的板块。

2. 读写操作流程

欣赏作品	欣赏并初步认识电子毕业纪念册
梳理板块	记录电子毕业纪念册的板块
制定板块	填写"电子毕业纪念册板块梳理表"

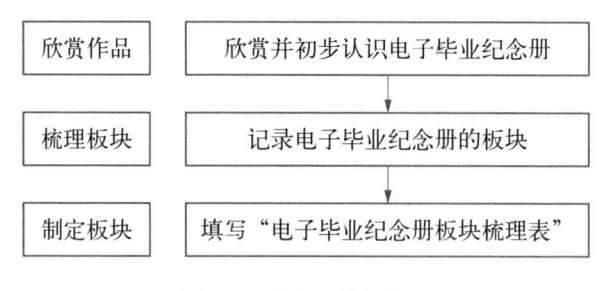

图5-3 任务一流程简图

（1）欣赏作品

欣赏电子毕业纪念册样例，初步了解电子毕业纪念册的基本形式和内容组成。

（2）梳理板块

在欣赏的过程中，通过笔记的方式记录下样例中的板块，并在小组讨论和全班交流中明确板块分割。

(3)制定板块

根据已明确的样例中的板块，结合自己的需求进行调整，填写"电子毕业纪念册板块梳理表"，确定自己的纪念册的板块安排。

3. 读写任务学习单

电子毕业纪念册板块梳理表

主题：	
板块一	
板块二	
板块三	
板块四	

注：该表旨在记录学生初步确定的电子纪念册主题以及各板块安排，板块四后面如还有其他板块可自行添加。

任务二：完善"我的成长足迹"资料包

1. 读写任务要点

阅读任务

搜集资料是制作纪念册的第一步。学生需要从多个角度、多个渠道去搜集与自己在学校的生活、学习相关的各种资料。这些资料可以包括：个人照片、学习成果、活动记录、老师与同学的寄语等。

习作任务

将搜集到的资料进行筛选，留下质量高、有代表性的资料。将筛选后的资料以数字化的形式进行保存，放入"我的成长足迹"资料包，梳理出一张资料清单。

2. 读写操作流程

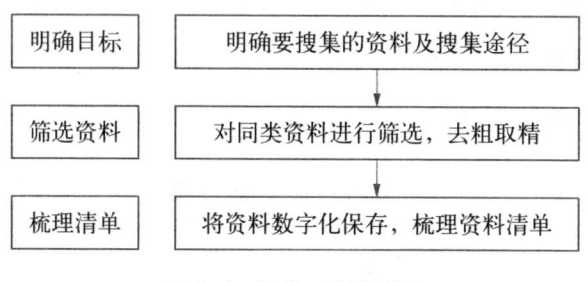

明确目标	明确要搜集的资料及搜集途径
筛选资料	对同类资料进行筛选，去粗取精
梳理清单	将资料数字化保存，梳理资料清单

图5-4 任务二流程简图

（1）明确目标

在制作个人毕业纪念册之前，我们首先要明确目标：这本纪念册要记录什么？是展示自己在学校的学习成果，还是回忆与同学们的欢乐时光？或者两者兼有？明确目标后，我们就可以有针对性地开始搜集资料了。

（2）筛选资料

有些资料可能重复或者质量不高，这时就需要对同类资料进行筛选，去粗取精。筛选的原则可以是：

选择质量高的资料：比如，照片要选择清晰度高、构图美观的；学习成果要选择具有代表性的、能体现自己学习进步的作品。

选择有代表性的资料：每个分类下可能有很多相似的资料，我们要选择那些最能代表这一分类的、最有意义的资料。

控制数量：纪念册的篇幅有限，我们要在保证质量的前提下，控制每个分类下的资料数量，使纪念册既全面又精简。

（3）梳理清单

将搜集并筛选后的资料进行数字化，创建文件夹用于保存资料。用思维导图梳理资料清单，便于后续制作电子纪念册时选取。

3. 读写任务学习单

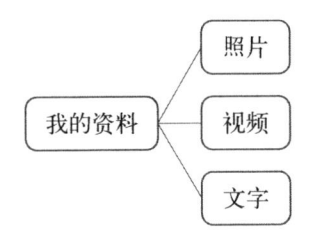

图 5-5　资料清单思维导图

注：该图为学生提供的是一个可供参考的思维导图样式，每一类后面都需要进一步梳理。学生也可以用自己喜欢的方式进行梳理。

任务三：编制"电子毕业纪念册设计"规划设计稿

1. 读写任务要点

阅读任务：为了更好地组织和呈现资料，让纪念册更加有条理且易于阅读，学生可以根据资料的性质和时间顺序进行分类，分类的方式包括编年体、主题式、栏目式等。

习作任务：资料分类并完成规划设计稿。

2. 读写操作流程

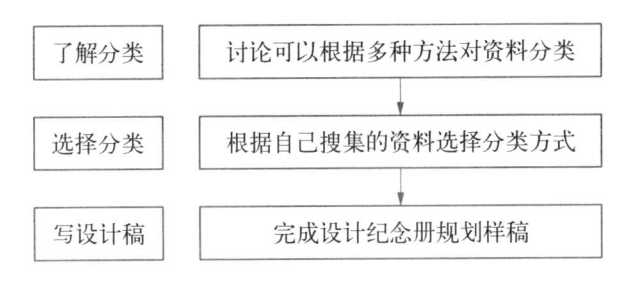

图 5-6　任务三流程简图

（1）了解分类

小组讨论，明确资料分类的多种方法，包括编年体、主题式、栏目式。

（2）选择分类

根据自己搜集的资料类型以及自己心仪的方式，选择一种分类。

（3）写设计稿

用鱼骨图或树状图完成自己的电子毕业纪念册规划样稿。

3. 读写任务学习单

电子毕业纪念册规划样稿

我选择的分类方式：编年体□　　主题式□　　栏目式□ 我的设计稿：

任务四：写一篇"心情感言"，感恩父母、师长、同伴

1. 读写任务要点

阅读分析：在制作电子毕业纪念册的过程中，学生有机会回顾整个小学

阶段的生活，这激发了他们内心的表达欲望和丰富的情感。

习作分析：教师鼓励学生将自己内心的想法记录下来，不仅能够提高他们的写作技能，也促使他们反思自己的学习历程，总结经验与教训，并表达对家人、老师和同伴的感激之情。

2.读写操作流程

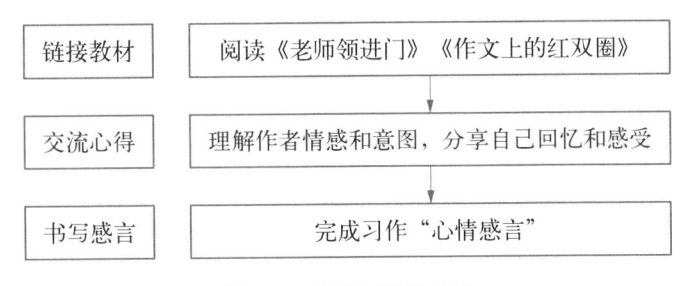

链接教材	阅读《老师领进门》《作文上的红双圈》
交流心得	理解作者情感和意图，分享自己回忆和感受
书写感言	完成习作"心情感言"

图5-7　任务四流程简图

（1）链接教材

自主阅读教材中的两篇精选阅读材料《老师领进门》和《作文上的红双圈》。两篇文章分别由著名作家刘绍棠和黄蓓佳撰写，它们以独特的视角和深刻的情感，为学生打开了一扇回忆的窗户。

（2）交流心得

引导学生关注文本中的细节和情感表达，让他们理解作者的情感和意图。同时，鼓励学生分享自己的回忆和感受，让他们在交流中产生共鸣和感悟。

（3）书写感言

借助这两个文本的情感和主题，激发学生对文学的兴趣和热爱，结合本单元的主题"难忘小学生活"，以及前期回顾小学生活的经历，引导学生进行写作练习。例如，可以让他们写一篇关于自己小学生活中最难忘的一件事的文章，或者写一篇感谢老师、感恩父母的文章，等等。

3. 读写任务学习单

"心情感言"习作稿

心情感言

"制作电子毕业纪念册"的课程已经接近尾声,这几周,我们收集了种种资料,在这个过程中,我们回顾了小学五年生活的点点滴滴。相信你一定有许多的感触,不论是对母校、对师长、对同伴,还是对自己。请你体会当下的心情,并提笔记录下来。这份感言也可以作为纪念册的一部分,放进纪念册中永久保留。

任务五：撰写"电子毕业纪念册"的脚本，完成制作

1. 读写任务要点

阅读分析：学生用收集到的资料来撰写视频脚本。通过阅读了解视频脚本的基本构成要素。

习作分析：学生尝试自己编写具有感染力的叙述线和场景描述。脚本撰写不仅要求逻辑清晰，还需要具备一定的创意，使视频内容更加生动有趣。教师为学生提供脚本创作表格，并给出范例，降低创作难度。

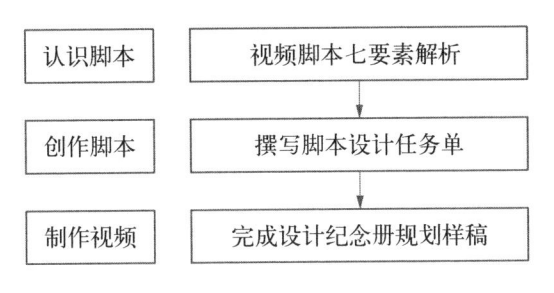

```
认识脚本  →  视频脚本七要素解析
                    ↓
创作脚本  →  撰写脚本设计任务单
                    ↓
制作视频  →  完成设计纪念册规划样稿
```

图5-8　任务五流程简图

2. 读写操作流程

（1）认识脚本

教师出示视频脚本样例，帮助学生了解视频脚本由哪些要素组成，一般包括七要素。

（2）创作脚本

通过阅读了解视频脚本的基本构成要素后，学生尝试自己编写具有感染力的叙述线和场景描述。脚本撰写不仅要求逻辑清晰，还需要具备一定的创意，使视频内容更加生动有趣。

（3）制作视频

学习简单的视频制作软件，如PPT视频录制、剪映等，制作属于自己的

电子毕业纪念册。

3. 读写任务学习单

脚本设计任务单

在收集了足够的资料后，我们要开始撰写脚本了。课上我们已经了解了脚本撰写的七要素，课后请同学们以小组或个人为单位，写一写电子纪念册的视频脚本。

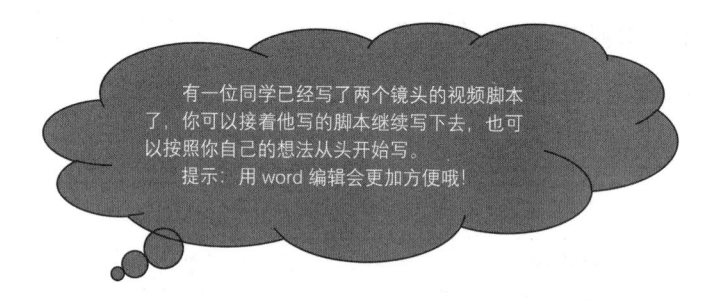

> 有一位同学已经写了两个镜头的视频脚本了，你可以接着他写的脚本继续写下去，也可以按照你自己的想法从头开始写。
> 提示：用 word 编辑会更加方便哦！

镜号	拍摄场景	画面内容	景别	台词	时长	音乐/音效
1	桌面	一本相册缓缓打开	近景	无	5s	轻音乐
2	校门口	入校第一天的照片从模糊到逐渐清晰，定格在自己稚嫩的脸上	中景	2019年9月1日，我成为了华东师范大学附属紫竹小学的一名小学生。爸爸帮我在校门口拍下了这张照片。一晃眼五年就快过去了。如今，我即将小学毕业，五年的小学生活历历在目……	15s	轻音乐

注：该表格只是作为参考，学生可以根据自己的实际情况进行个性化的调整。

（六）成果示例与评价方案

1. 学习任务一

○评价标准

能为自己的纪念册起一个有新意的主题名称。	☆☆☆☆☆
能清晰地梳理出纪念册的板块。	☆☆☆☆☆
板块安排合理。	☆☆☆☆☆

○学习成果

学生作品

电子毕业纪念册板块梳理表

主题：五年时光，感恩有你	
板块一	美好回忆
板块二	成长足迹
板块三	感恩之心
板块四	师生寄语
板块五	未来展望

2. 学习任务二

○评价标准

从多个角度、多个渠道去搜集资料。	☆☆☆☆☆
能将搜集到的资料进行筛选。	☆☆☆☆☆
能梳理出一张清晰的资料清单。	☆☆☆☆☆

○学习成果

学生作品

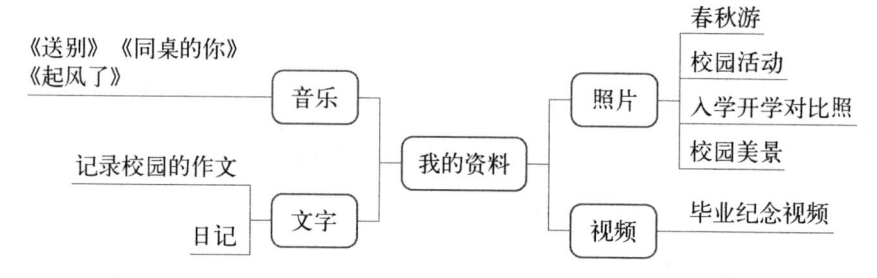

```
《送别》《同桌的你》
《起风了》──────音乐┐
                    ├──我的资料──┬──照片──┬──春秋游
记录校园的作文──┐      │            │        ├──校园活动
                ├──文字┘            │        ├──入学开学对比照
日记────────────┘                   │        └──校园美景
                                     └──视频──毕业纪念视频
```

图 5-9　资料清单思维导图

3. 学习任务三

○评价标准

能根据资料的性质和时间顺序，用编年体、主题式或栏目式进行分类。	☆☆☆☆☆
能完成规划设计稿。	☆☆☆☆☆

○学习成果

学生作品

电子毕业纪念册规划样稿

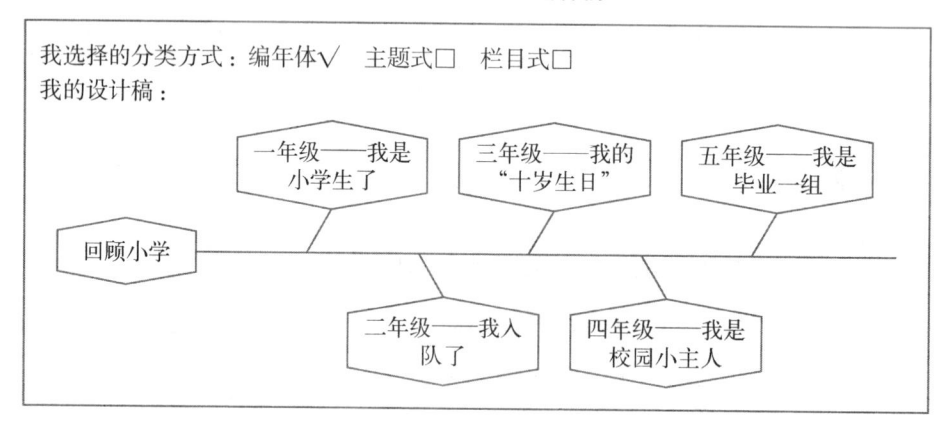

我选择的分类方式：编年体√　主题式☐　栏目式☐
我的设计稿：

```
              一年级——我是    三年级——我的    五年级——我是
              小学生了         "十岁生日"       毕业一组
                 \                |                /
回顾小学 ─────────┼────────────────┼───────────────┤
                 /                                  \
              二年级——我入                     四年级——我是
              队了                              校园小主人
```

226　　浸润式读写的理论与实践

4. 学习任务四
○评价标准

能够举出多个具体的例子，展示自己的成长和变化。	☆☆☆☆☆
文章结构严谨，条理清晰，层次分明，段落之间的过渡自然流畅。	☆☆☆☆☆
字数不少于500字。	☆☆☆☆☆

○学习成果

学生作品

未完的纪念册，永恒的记忆

今天，"制作电子成长纪念册"课程已经接近尾声了，虽然纪念册还没有完全做好，但我的心里早已涌动着许多想说的话。这段时间，从寻找照片、视频，到编写文字脚本，每一个步骤都凝聚了大家的心血，也让我深深感受到小学五年生活的珍贵。

在整理资料的过程中，有一件事让我印象尤为深刻。那是三年级的一次运动会，我报名参加了长跑比赛。比赛当天，天气异常炎热，跑到一半时，我感到体力不支，想要放弃。就在这时，同学们的加油声给了我无穷的力量，让我鼓足勇气冲向终点。虽然最后只得了第三名，但那份坚持到底的精神，却成为了我人生中一笔宝贵的财富。

通过这次制作纪念册的经历，我不仅重温了过去的美好时光，更重要的是学会了感恩。感谢老师们一直以来的关怀与指导，感谢同学们之间的互助与支持。无论将来走到哪里，这本纪念册都将是我心中最柔软的部分，提醒着我曾经拥有过怎样一段纯真美好的时光。

5. 学习任务五
○评价标准

脚本创意独特，语言优美，情感丰富。	☆☆☆☆☆
引入多媒体元素，内容丰富多样。	☆☆☆☆☆
情感丰富，引发强烈共鸣。	☆☆☆☆☆

○学习成果

学生作品

镜号	画面内容	台　　词	时长	音乐/音效
1	一本相册缓慢打开	无	5 s	《Let it go》
2	入学第一天的照片从模糊到逐渐清晰	2019年9月1日，我成为了华东师范大学附属紫竹小学的一名小学生，爸爸帮我在校门口拍下了这张照片。一晃眼，五年就快过去了。如今，我即将小学毕业，五年的小学生活历历在目。	10 s	
3	第一次参加运动会的照片	那一天阳光明媚，操场上人山人海，大家都在为自己喜欢的队伍加油助威。我虽然没有取得很好的成绩，但是感受到了团结的力量。	30 s	《Happy》
4	和朋友们在一起的合照	小学的生活总是充满了欢笑和泪水，但更多的是和朋友们一起度过的美好时光。无论是上课讨论题目，还是课余时间的游戏，都有你们的身影。	30 s	
5	教室里的集体合影	在这里，我要特别感谢我的老师们，他们的教诲让我受益匪浅。谢谢你们无私的奉献和辛勤的工作。	30 s	《同桌的你》
6	家庭聚会的照片	每逢节假日，全家人聚在一起吃饭聊天，是最幸福的事情。爸爸妈妈总是给我最大的支持和鼓励。	30 s	轻音乐1
7	旅行中的照片	寒暑假的时候，我们会去不同的地方旅游，见识各种各样的风土人情。这些经历开阔了我的视野，也丰富了我的生活。	30 s	
8	生活中的点滴	除了学习之外，我还喜欢画画、弹吉他等等。这些都是我生活中不可或缺的部分。	30 s	

续　表

镜号	画面内容	台　　词	时长	音乐/音效
9	展望未来	即将离开小学，进入初中阶段，内心既激动又紧张。不过我已经准备好迎接新的挑战了！	15 s	轻音乐2

（七）思考延伸

1. 制作完电子毕业纪念册后，请任选角度和传统的纪念册进行比较，说说你的发现。

2. 你想把你制作的电子毕业纪念册在哪个平台上展示呢？请你选择一个平台（微信朋友圈、班级圈、抖音、小红书、微博等），写一段介绍文案进行发表吧。

◎图绘美景之旅　笔墨书写情怀
——以习作"游_____"为例

（一）基于儿童立场确定主题

1. 教材分析

部编版小学语文四年级下册第五单元是习作单元，本单元的人文主题是："妙笔写美景，巧手著奇观"，语文要素为：了解课文按一定顺序写景物的方法；学习按游览的顺序写景物。围绕人文主题和语文要素，本单元共编排了两篇精读课文和两篇习作例文：《海上日出》是依照早晨太阳变化来写，《记金华的双龙洞》《颐和园》《七月的天山》则是按照游览顺序来写。此外，"交流平台"提示：写游览过的一个地方，可以按游览的顺序来写；可以把特别吸引你的景物作为重点来写；如果景物发生了变化，可以按照变化的顺序来写。"初试身手"安排了两项内容：一是根据示意图，画出参观路线，介绍植物园；二是介绍附近的一处景物，再试着按一定的顺序写下来。

习作要求是按照游览顺序写一个地方，把游览过程写清楚，写出景物的特点。教材编排科学合理，在精读课文中学习方法，在习作例文中继续体会写法，通过交流平台梳理总结，再通过初试身手进行迁移运用。到了习作阶段，则是对整个单元学习的综合运用。各项内容之间环环相扣，体现出整体性和综合性。

2.课标分析

《义务教育语文课程标准（2022版）》第二学段要求学生"观察周围世界，能不拘形式地写下自己的见闻、感受和想象""注意把自己觉得新奇有趣或印象最深、最受感动的内容写清楚"。本次习作安排就体现了新课标的精神。

《义务教育艺术课程标准（2022版）》第三学段的学习任务5提出学生"能针对不同问题，用美术与其他学科相结合的方式提出解决问题的思路和方案，设计与制作不同形式的作品"。因此在解决本活动游览线路图设计的任务时就要求学生具备一定的跨学科能力，使用美术学科中相应的学科技能来帮助完成语文学科知识能力的达成。

（二）学情分析

本单元属于写景能力训练板块，在之前的教材中，学生已经接触过写景类的习作。其中三年级上册第六单元以"这儿真美"为习作话题，引导学生"围绕一个意思写"，要求学生尝试运用阅读时的积累，紧扣"美"这一关键字描写景物。四年级上册第一单元以"推荐一个好地方"为习作话题，要求学生"写最独特的地方",从不同方面写清楚推荐理由,调动多种感官想象画面,通过文字进行表达。本单元是第三个写景习作单元,有了前两次的写作经历,学生初步掌握了通过观察描写一处景物、介绍一个景点的方法,但"按顺序写景"还是第一次接触。教师要引导学生有顺序地写多处景物,学习按一定顺序写景物的方法。

对本学段的学生来说,"按照游览的顺序写"不是难点,困难的是要"突出重点景物,并写出景物的特点"。学生还不能很好地做到详略得当,容易抓不住写作重点,抑或是所有景物面面俱到,没有特别突出的内容。

(三)目标制定

依据上述分析,本活动教学目标设计如下:

学科		具 体 目 标
语文		1. 能厘清几篇课文中作者的游览顺序,画出游览路线图,明白写自己游览过的一个地方时要按游览的顺序写;还可以用上过渡句,使景物的转换更自然。 2. 能抓住课文的重点段,学习作者通过细致的观察和细腻的表达,把景物的奇特之处和自己的独特感受写清楚的技能。 3. 结合生活实际,运用学过的方法,写一写自己游览过的印象最深的一个地方。 4. 完成习作,积极主动地与同学互相欣赏,看看浏览顺序、景物特点是否写清楚了,并提出修改意见。 5. 将习作改成解说词,讲解景点。
跨学科	道德与法治	通过了解和宣传家乡或学校的美景,培养学生热爱家乡、保护环境的社会责任感。
	美术	1. 通过实地考察和描绘美景,增强学生的观察能力,帮助他们更细致地描写景物,为写作提供丰富的素材。 2. 通过绘制路线图和景点插图,帮助学生更好地组织文章结构,使讲解词更加条理清晰。

（四）读写学习路径

核心问题设计为：如何写好游览经历，做美景代言人？

为了解决这个核心问题，设计问题链如下：

问题1	回忆你参观过的校内外美景，有哪些让你印象深刻的景物？
问题2	如何有序介绍旅游路线？
问题3	在介绍不同景点时如何自然过渡？
问题4	如何将美景的特点写清楚？
问题5	如果让你做一回小导游，你会怎么介绍这一处美景？

图5-10　读写学习路径

1. 参观校内外美景，绘制路线图，记录印象深刻的景物，积累习作素材。
2. 阅读名家游记，填写路线图，学习有序介绍旅游路线以及自然过渡。
3. 精读课文，学习作者抓住特点描写景物，尝试按游览顺序介绍校园一景。
4. 链接前置性学习经验，观察一处美景，写下自己的一次游览经历。
5. 做一回美景代言人，选择一处景观进行讲解。

（五）读写任务设计

基于问题链，设计任务如下：

问　题　链	学习与读写任务
核心问题： 如何写好游览经历，做美景代言人？	核心任务： 完成习作"游_____"

续　表

问　题　链	学习与读写任务
问题1： 回忆你参观过的校内外美景，有哪些印象深刻的景物？	任务一： 1. 参观校内外美景，绘制路线图。 2. 预写一篇习作。
问题2： 如何有序介绍旅游路线？	任务二： 绘制《记金华双龙洞》《颐和园》《七月的天山》的游览路线图。
问题3： 在介绍不同景点时如何做到自然过渡？	任务三： 学写"过渡句"。
问题4： 如何将美景的特点写清楚？	任务四： 1. 填写《记金华的双龙洞》具体细节表。 2. 根据评价标准进行修改。
问题5： 如果让你做一回小导游，你会怎么介绍这一处美景？	任务五： 设计"美景讲解员"讲解词。

任务一：参观校内外美景，绘制路线图，积累习作素材

1. 读写任务要点

阅读分析：写作单元伊始，创设"做美景代言人"学习情境。学生选择校内外的美丽景色进行游览，阅读游览中发现的导览图、景物介绍等，发现身边的自然之美，激发欣赏美景的兴趣。

习作分析：对游览的景点绘制游览路线图，并记录下印象深刻的景物，完成习作素材积累单。根据游览路线图预写一篇习作。

2. 读写操作流

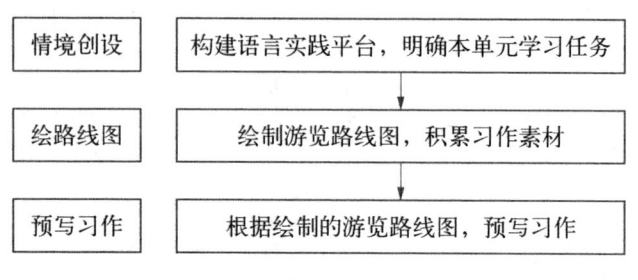

```
情境创设  →  构建语言实践平台，明确本单元学习任务
               ↓
绘路线图  →  绘制游览路线图，积累习作素材
               ↓
预写习作  →  根据绘制的游览路线图，预写习作
```

图5-11　任务一流程简图

（1）情境创设

根据单元主题"我手写我心，彩笔绘生活"，设计具体的情境"做美景代言人，做一回小小讲解员，在校园电视台将游览过的美景介绍给大家"。

（2）明确要求

通过情境任务的引导，学生自主学习习作要求，明确本单元的学习任务。

（2）预写习作

选择一处游览景点，根据绘制的游览路线图，预写一篇习作。

3. 读写任务学习单

"美景代言人"习作素材单

"美景代言人"素材单		
代言人：	代言地：	游览日：
游览路线图：		

注：该素材单用于记录学生游览的景点名称和游览路线图，可多份合成素材集。

任务二：绘制《记金华双龙洞》《颐和园》《七月的天山》的游览路线图

1. 读写任务要点

阅读分析：将单元第一课时调整为《记金华的双龙洞》一课。精读课文，通过圈画地点，填写路线图，厘清游览顺序。

习作分析：学习《颐和园》《七月的天山》，尝试自己画出游览路线图，梳理作者的游览踪迹，了解作者如何有序介绍游览路线。

2. 读写操作流程

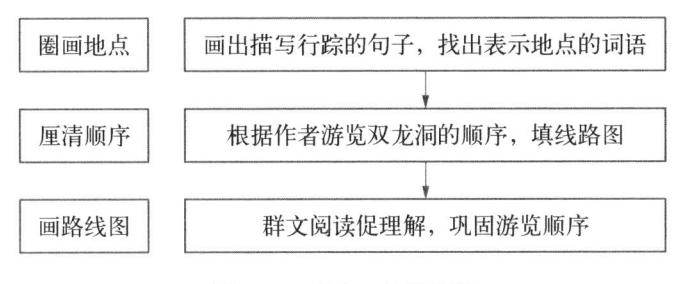

圈画地点	画出描写行踪的句子，找出表示地点的词语
厘清顺序	根据作者游览双龙洞的顺序，填线路图
画路线图	群文阅读促理解，巩固游览顺序

图5-12　任务二流程简图

（1）圈画地点

默读课文，思考作者是按什么顺序游览双龙洞的，画出相关的句子，并在句子中圈出表示地点的词。

（2）厘清顺序

根据圈画的表示地点的词，厘清作者游览双龙洞的顺序，将游览路线图补充完整。

（3）画线路图

链接两篇习作例文《颐和园》《七月的天山》，运用学习《记金华的双龙洞》时画游览路线图的方法，厘清作者的游览顺序，了解移步换景的写作方法。

3.读写任务学习单

《记金华双龙洞》《颐和园》《七月的天山》的游览路线图

《记金华的双龙洞》	作者按照什么顺序游览双龙洞的？找出相关句子，圈出表示地点的词语	1.出金华城大约五公里到罗店，过了罗店就渐渐入山。 2._____ 3.泉水靠着洞口的方向往外流，这是外洞。 4._____ 5._____ 6._____
	补充游览线路图	路上→（ ）→（ ）→（ ）→（ ）→出洞

任务三：学写过渡句

1.读写任务要点

阅读分析：对于过渡句的写法，两篇例文给出了十分清楚的范例，通过阅读找到过渡句难度不大。

习作分析：在对例文《颐和园》的过渡句进行梳理时，提炼出写例文的方法，将其迁移运用到自己的习作上。通过生生互评的方式对习作中过渡句的使用进行评价。

2.读写操作流程

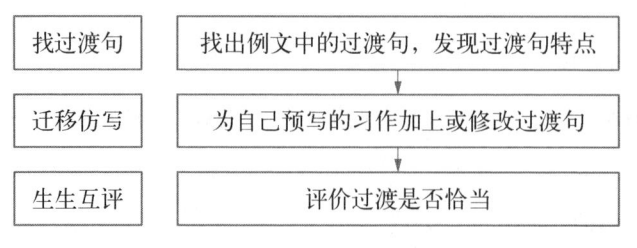

```
找过渡句  →  找出例文中的过渡句，发现过渡句特点
              ↓
迁移仿写  →  为自己预写的习作加上或修改过渡句
              ↓
生生互评  →  评价过渡是否恰当
```

图 5-13 任务三流程简图

（1）找过渡句

通过例文，发现要写清楚游览过程，需要用上"过渡句"来实现自然转换。

根据例文，提炼出写过渡句简洁易学的方法：动词加地点，方位词来辅助。

（2）迁移仿写

用上学到的方法，在自己预写的习作上找到加过渡句的位置，加上过渡句或修改已有的过渡句。

（3）生生互评

根据评价标准，评价习作中的过渡句使用是否恰当。

3.读写任务学习单

（1）探究过渡句的写法，启发思考

在这两篇文章中，作者访问了哪些地方？请仔细阅读文章，找到描述游览地点的过渡句，梳理出完整的游览线路。

作者是如何清晰地表达游览顺序的？通过研读三篇游记中的过渡句，我们可以了解到，在地点转换时，有多种方法写过渡句：可以直接提及新的游览地点，明确起点和终点；可以使用方位词来清晰地表示地点的变化；还可以根据不同的景点，利用动词短语如"穿过""登上""沿着""坐在"等来详细说明位置的变动。

（2）迁移过渡句的使用方法，并互评

运用学到的方法，选择合适的过渡句来介绍自己的游览路线。

在小组内介绍自己的游览路线，互相评价、修改。

任务四：学习课文的表达，抓特点描写景物

1.读写任务要点

阅读分析：现阶段学生习作中存在的最大的问题在于无法将景物的特点写清楚，抓不住特点或一笔带过。针对这个问题，首先通过比较阅读，梳理内容，学习作家是如何来写的。

习作分析：利用自己绘制的线路图中的重要信息来启发自己将特点写

清楚。

2.读写操作流程

比较阅读 → 梳理表格,学习作者是如何把景色特点写清楚的

修改习作 → 结合自己绘制的路线图,回顾景点细节修改习作

评价习作 → 借助完整评价表评价

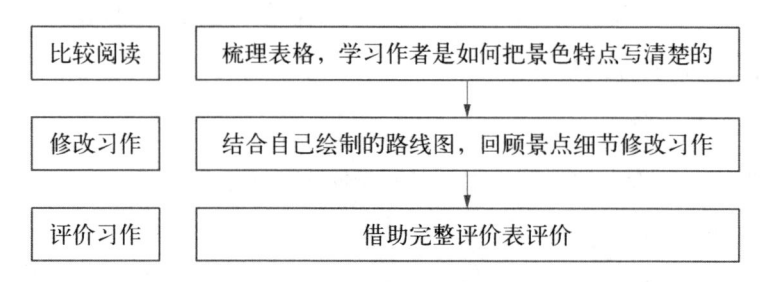

图5-14 任务四流程简图

（1）比较阅读

把《海上日出》和《记金华的双龙洞》进行比较阅读,探讨巴金和叶圣陶是如何把景物的特点写得让人仿佛身临其境的。可以借助表格进行梳理。

（2）修改习作

借助评价标准,从文章的选材、结构、表达三个方面进行自评自改。

（3）评价习作

借助评价标准,进行互评互改,进一步完善习作。

3.读写任务学习单

《记金华的双龙洞》细节描写梳理表

地点	特点	具 体 细 节
洞口		像桥洞似的
	大	
		只能容得下一只限定两人并排仰卧的小船进出
内洞		工人提着汽油灯,也只能照见小小的一块地方,余外全是昏暗,不知道有多么宽广

续 表

地点	特点	具 体 细 节
内洞	奇	
		大概有十来进房子那么大

任务五：做美景代言人

1. 读写任务要点

阅读分析：练习讲解，做班级优秀讲解员，参加校级"美景代言人"活动。

习作分析：任务五是本单元的最后一个环节，旨在呼应开头的任务情境。学生需要将自己撰写的文章转换成适合实际交际需求的讲解词。通过这一过程，学生不仅能够提升语言转换和表达能力，还能更好地适应不同的应用场景。我们将评选出最佳讲解员，并邀请其在校园电视台进行展示，表彰他们的优秀表现和传播成果。

2. 读写操作流程

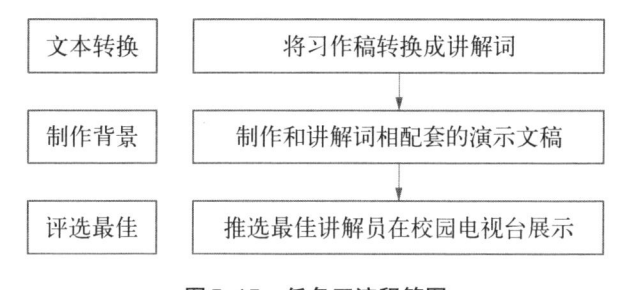

文本转换 → 将习作稿转换成讲解词

制作背景 → 制作和讲解词相配套的演示文稿

评选最佳 → 推选最佳讲解员在校园电视台展示

图 5-15　任务五流程简图

（1）文本转换

习作的文本表述不适合直接用来作为美景讲解词，需要学生根据实际交际需求进行转换。

（2）制作背景

学生通过绘画或者制作PPT展示美景，配上讲解词，达到最好的讲解效果。

（3）评选最佳

根据评价标准推选出班级优秀讲解员，参加校级"美景代言人"活动。

（六）成果示例与评价方案

1. 学习任务一

○评价标准

能按一定的游览路线参观，并在习作素材单上清晰地记录好游览地信息。	☆☆☆☆☆
能根据游览路线绘制路线图。	☆☆☆☆☆
图示清晰美观。	☆☆☆☆☆

○学习成果

学生作品

"美景代言人"习作素材单

"美景代言人"素材单		
代言人：李祺玥	代言地：重庆	游览日：10月5日
游览路线图：		

续 表

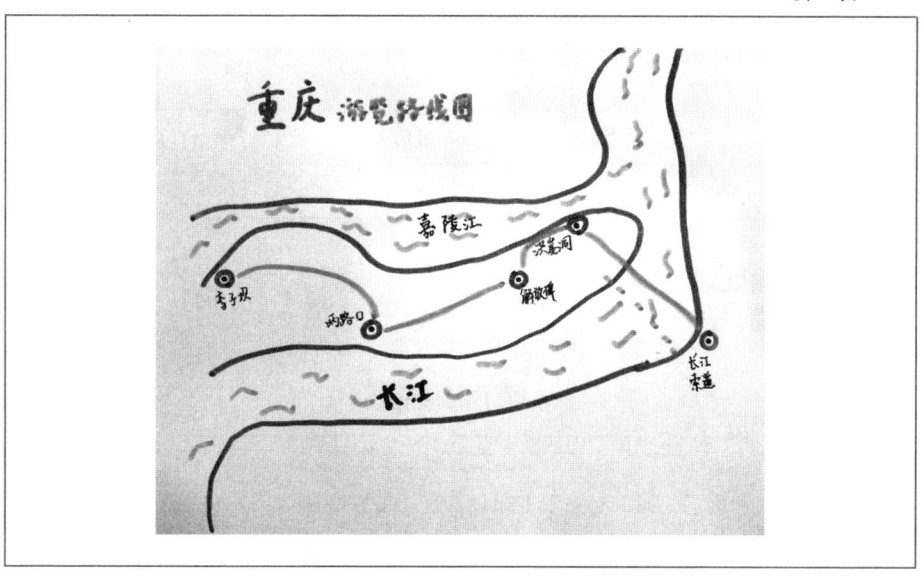

2. 学习任务二

○评价标准

能在文中找出表示游览顺序的相关句子，并圈出句子中表示地点的词语。	☆☆☆☆☆
能根据梳理出来的游览顺序绘制路线图。	☆☆☆☆☆

○学习成果

学生作品

《记华的双龙洞》	作者按照什么顺序游览双龙洞的，找出相关句子，圈出表示地点的词语	1. 出金华城大约五公里到罗店，过了罗店就渐渐入山。 2. 入山大约五公里就来到了双龙洞。 3. 泉水靠着洞口的右边往外流，这是外洞。 4. 在外洞找泉水的来路，原来从靠左边的石壁下方的孔隙流出。 5. 大约行了二三丈的水程吧，就登陆了。这就到了内洞。 6. 我排队等候，又仰卧在小船里，出了洞。
	补充游览线路图	路上→（洞口）→（外洞）→（孔隙）→（内洞）→出洞

3. 学习任务三

○评价标准

能在景点转换的位置加入过渡句。	☆☆☆☆☆
过渡自然，能做到承上启下。	☆☆☆☆☆

○学习成果

学生作品

学生习作例文修改

游东方绿舟

今天，我和爸爸妈妈一起去东方绿舟游玩。东方绿舟是一个很大的公园，里面有很多好玩的地方。我们首先来到了军事体验区。这里有好多坦克和大炮，还有一些模拟战斗的游戏。我穿上了迷彩服，体验了一把当兵的感觉。爸爸还教我怎么站军姿，我觉得自己好像真的成了一个小军人。

【参观完军事体验区后，我们沿着湖边的小路走到了水上运动中心。】

~~然后，我们去了水上运动中心。~~ 这里有划船和皮划艇等项目。我第一次坐上皮划艇，心里有点害怕，但爸爸鼓励我不要怕。我们在湖面上划了很久，感觉非常刺激。湖面很平静，阳光照在水面上，波光粼粼，美极了。

【从水上运动中心出来，我们穿过一片绿树成荫的小道，来到了科技馆。】

~~接下来，我们去了科技馆。~~ 科技馆里有很多有趣的展览，比如机器人、虚拟现实游戏等。我最喜欢的是一台可以体验地震的机器，我坐在上面，感觉就像真的地震了一样，既紧张又兴奋。

【最后，我们沿着公园的小路，来到了儿童乐园。】

~~最后，我们去了儿童乐园。~~ 这里有旋转木马、摩天轮和碰碰车等游乐设施。我最喜欢的是摩天轮，坐在上面可以俯瞰整个东方绿舟，景色非常壮观。我还和几个小朋友一起玩了碰碰车，撞来撞去，笑声不断。

今天真是快乐的一天，我下次还要来东方绿舟！

4. 学习任务四

○评价标准

能选择一处景物，按照游览顺序，写清楚游览的过程。	☆☆☆☆☆
把印象深刻的景物作为重点，并写出特点。	☆☆☆☆☆
运用过渡句，使景物之间转换自然。	☆☆☆☆☆
能规范地修改符号、修改习作。	☆☆☆☆☆

○学习成果

学生作品

《记金华的双龙洞》细节描写梳理表

地点	特点	具 体 细 节
洞口	宽	像桥洞似的。
外洞	大	仿佛一个大会堂，在那里聚集一千或是八百人开个会，一定不觉得拥挤。
孔隙	窄	只能容得下一只限定两人并排仰卧的小船进出
内洞	黑	工人提着汽油灯，也只能照见小小的一块地方，余外全是昏暗，不知道有多么宽广
	奇	洞顶有"双龙"，石钟乳和石笋形状变化多端，颜色各异。
	大	大概有十来进房子那么大

5. 学习任务五

○评价标准

能按照游览路线来介绍景点。	☆☆☆☆☆
讲解的语言生动有趣，能够吸引听众的注意力。	☆☆☆☆☆
配上与讲解内容紧密相关、有助于理解与使用的图片或视频。	☆☆☆☆☆

○学习成果

学生作品

大家好！今天我带大家一起来看看北京的几个超级好玩的地方。准备好了吗？我们出发吧！

首先，我们来到了天安门。哇，好大呀！天安门就像一个巨大的城堡，上面挂着毛主席的画像，两边还有大大的红字。你们看，广场上好多人啊，大家都在拍照留念。每年国庆节，这里还会举行盛大的阅兵仪式，解放军叔叔们整齐地走过广场，可威风了！

参观完天安门，我们坐车前往下一个目的地——长城。长城好长好长，像一条巨龙一样盘旋在山间。我们沿着台阶一步步往上爬，虽然有点累，但是一路的风景可美了！站在长城上，可以看到远处的山峦和绿树，感觉自己好像变成了一个小勇士。长城可是古代人民智慧的结晶，真的好厉害！

从长城下来，我们来到了第三个景点——颐和园。颐和园是个大花园，里面有个大大的昆明湖，湖上有一座长长的十七孔桥，桥上还有好多可爱的小石狮子呢！我们还走进了长廊，长廊的墙上画了好多漂亮的画，每幅画都有一个故事。

续 表

> 参观完美丽的颐和园,我们前往下一个地方——前门。前门是老城区,有很多好吃的小吃。我们尝了北京烤鸭,皮脆肉嫩,味道真好!还有甜甜的糖葫芦和特别的豆汁儿。走在前门的大街上,我看到了好多古老的房子和热闹的商店,感觉像是回到了过去,好有趣!
> 　　最后,我们来到了最后一个景点——军事博物馆。这里陈列着很多古代和现代的武器,比如弓箭、刀剑、坦克和飞机。博物馆里还有很多可以动手玩的东西,比如模拟驾驶飞机和坦克,真的好酷!我还看到了一些解放军叔叔的照片,他们为了保护国家付出了很多,真让人敬佩!今天的旅程就到这里啦!希望大家玩得开心。
> 　　北京是个美丽的地方,希望大家以后来玩!谢谢大家!

(七) 思考延伸

有兴趣的同学可以读一读《马可·波罗游记》或《徐霞客游记》。在读的时候,你也试着做做两位作者的游览路线图吧。

第六章 基于生活情境的浸润式读写教学

基于本书第二章关于"情境"与"生活情境"的相关论述，本章对"生活情境"进行全面完整的概念阐述。著名教育家陶行知先生认为：语文的外延即生活。因此，生活情境即指人们在日常生活的具体场景、活动和经历中所面临的实际状况，它涵盖了人们在家庭、学校、职场、社会交往等各个生活领域中遇到的真实环境、人物关系以及情感态度等综合状况。从广义概念来看，"生活情境"涵盖了前几章的"单元情境""文学情境"以及"跨学科情境"，但本章研究讨论的"生活情境"只是狭义概念，即指学生在学校学习、生活以外所经历的实际状况，尤其是在家庭、社区、社会场景中经历的真实情况。在此基础上，基于生活情境的浸润式读写是指学生在真实生活情境中，根据实际的驱动性交际任务进行的读写融合式语言实践活动。

第一节 ‖ 实 施 缘 起

一、实践背景

（一）与时代发展中人才培养观的转变紧密相关

随着社会的快速发展和科技的日新月异，教育领域正面临着前所未有的变革。新时代的人才培养观跳出知识的传授和应试能力的培养模式，更加注重学生的全面发展、创新能力和实践能力的培养，体现在从应试教育到素质教育的转变，从知识传授到能力培养的转变，从单一学科到跨学科融合的转变。伴随着教育改革的不断深化，人们越来越认识到传统教学方法的局限性，尤其是填鸭式教学已无法满足现代教育的需求。在信息爆炸的时代，学生需要具备更强的信息筛选、整合和应用能力。因此，基于生活情境的浸润式读写教学应运而生。作为一种新型的教学方法，其核心理念与新时代的人才培养观高度契合。具体来说，浸润式读写教学强调以下几个方面：它强调将学习内容与学生的生活实际相结合，通过真实情境的体验和实践，提高学生的读写能力和实际语用能力。这种教学方法符合时代发展的趋势，有助于培养学生的综合素质和创新能力。

（二）与新课改背景下学习方式的改变紧密相关

新课程改革是推动教育领域发展的重要动力。随着教育理念的不断更新和教学方法的不断创新，课程改革也在不断深入。课程改革强调以学生为中心，注重学生的个体差异和个性化发展。浸润式读写教学正是基于这种理念，通过提供丰富多样的阅读材料和写作任务，满足不同学生的学习需求，促进学生的个性化发展。新课程改革也注重学习方式的改变。新课标中强调"在真实的语言运用情境中，通过积极的语言实践，积累语言经验，体会语言文字的特点和运用规律，培养语言文字运用能力"。这要求语文教学必须注重情境的设置和语言的实际应用。基于生活情境的浸润式读写教学正是对这一要求的积极响应，通过创设与学生生活经验紧密相连的学习情境，引导学生在真实的语境中进行读写实践，从而提高学生的语言运用能力和文化素养。此外，新课标还倡导"自主、合作、探究"的学习方式，基于生活情境的浸润式读写教学也鼓励学生进行自主学习、合作交流和探究发现，有助于培养学生的独立思考和解决问题的能力。

（三）与小学中高年段学生的认知发展和情感需求紧密相关

小学中高年段学生正处于身心发展的关键时期，他们的思维方式逐渐由具体形象思维向抽象逻辑思维过渡，对知识的渴望和求知欲都很强烈。同时，他们的自我意识和社会认知能力也在快速发展，开始注重学习成果和自我评价。基于生活情境的浸润式读写教学符合小学中高年段学生的心理特点。一方面，它通过设置真实的生活情境，激发学生的学习兴趣和好奇心，使他们能够积极主动地参与到读写活动中来。另一方面，它强调学生的主体性和自主性，鼓励学生进行自主学习和探究发现，有助于培养学生的独立思考和解决问题的能力。此外，基于生活情境的浸润式读写教学还注重学生的社会互动和合作交流，有助于培养学生的社交技能和团队协作精神。

这些背景因素共同构成了基于生活情境的浸润式读写教学的实践基础，为其在教学实践中的广泛应用提供了有力的支持。

二、问题透视

（一）读写实践情境的不平衡问题

在真实学情中，学生在四种不同情境下的读写融合实践展现出显著的差异与不均衡状态。具体而言，"生活情境"中的读写融合实践相较于"单元情境""文学情境"及"跨学科情境"而言，其表现最为不尽如人意。原因在于，前三者主要发生在"学校场域"内，依托教师指导、教材内容或教学任务驱动，属于较为正式的语言实践活动；而"生活情境"则更多源于学生的个人兴趣或真实生活需求，是一种自发且自然的习得性语言实践。

理论上，"生活情境"是读写融合最为自然、丰富的源泉，也是与学生实际联系最为紧密的语言实践活动。日常生活中，学生置身于家庭、社区、社交等多种场景，但这些情境中的语言实践长期以来并未得到充分重视。例如，在参与博物馆研学活动时，鲜有家长或教师指导学生进行前期准备、现场记录及后期总结，尽管此类生活情境俯拾即是，且蕴含着丰富的读写融合机会，遗憾的是，这些机会往往被忽视，导致学生缺乏基于真实语用体验的训练，难以培养出敏锐的生活感知力，即所谓"缺乏发现生活之美的眼睛"。此状况不仅限制了学生在"生活情境"下的读写能力发展，还间接影响了他们在其他三种情境中的表现。最直观的问题是，学生在语言材料的捕捉与感受上显得迟钝，其作品因此显得空洞、虚假、模式化。

由此可见，学生在不同情境下的读写融合实践存在失衡和差异，其中对"生活情境"的利用尤为不足，亟需改进与加强。

（二）"生活情境"中读与写的不平衡

就小学阶段而言，学生在"生活情境"的读写实践活动中呈现出显著差异。具体而言，当情境发生的时候，直接指向体验后的写作更多。例如，寒暑假外出游玩时，可能是出于老师的作业任务，也有可能是家人的引导和鼓励，学生会被动或是自发地完成一篇"游记"类型的写作类语言实践活动。但在生活情境中，直接指向体验后的阅读以及进一步的拓展阅读较少。比如：针对端午节包粽子的传统习俗，大部分学生都知道是为了纪念屈原，但为什么是包粽子来纪念屈原呢？如果只是针对不知道原因的这部分学生来说，他们也许会从同伴、老师或者家人的告知中得到答案，但很少有人会自发地去检索相关资料，通过阅读的方式去了解。这就是生活情境中的读写差异。

此外，另一种读写的不平衡表现在：学生在阅读方面所投入的精力和时间，以及所表现出的兴趣与情感，普遍远超于写作，但在读写互动上，阅读过程中可能会激发写作的灵感，而写作时则鲜少会直接驱动阅读。同时，"生活情境"中，学生的意识、能力、观念及习惯也是造成读写差异的重要因素。

首先，从语言习得的一般规律来看，输入往往先于输出，这是造成生活情境中读写不平衡的内在原因。阅读作为一种信息输入的过程，学生在被动接受信息的同时，享受阅读带来的感官与心理满足。与之相反，写作作为一种信息输出的过程，要求学生主动运用语言表达思想感受，这对于小学生而言是一大挑战。由于他们往往缺乏将阅读信息内化为语言知识的意识和能力，更难以将内化后的语言能力转化为书面表达，因此出现了学生更愿意阅读而不愿写作的现象。

其次，狭隘的阅读观念也是造成读写差异的重要原因。多数学生在阅读时，容易被精彩的故事情节或新奇的知识所吸引，却鲜少有人愿意停下来圈画、批注、摘抄，更别提深入思考和品味语言的魅力了。这种浅尝辄止的阅读方式，使得阅读量虽然大，但质量不高，难以有效转化为写作能力，从而加剧了读多于写、读大于写的现状。即便教师有意识地利用"生活情境"进行读写教学，也存在情境设置上的偏颇。部分教师可能更倾向于构建与写作相关的情境，却忽略了与阅读紧密相连的情境设置，这虽可以激发学生的写作兴趣，但因缺乏足够的语言输入，使得他们的表达难以做到精准到位。

小学阶段的儿童在"生活情境"下的读写实践活动中存在显著差异，这既源于语言习得过程中输入与输出的不平衡性，也受到学生意识、能力、观念及习惯的影响。因此，教育者应重视这一问题，通过合理的引导和训练，帮助学生平衡阅读与写作的关系，提升他们的语言综合运用能力。

第二节 ‖ 实 施 策 略

借鉴美国自然科学5个E的著名方法,结合基于真实生活情境的浸润式读写教学实践,我们逐步建构了"5E学习圈",见图6-1。

参与(Engage):进入体验阶段,泛读激趣。设计体验主题,创设体验情境,唤醒学生的已有经验,激起学生参与的兴趣。

探索(Explore):沉浸体验阶段,厚读增识。推进体验情境,定格体验镜头,从多维度进行体验,引导学生积累体悟。

解释(Explain):丰富体验阶段,细读转智。交流体验感悟,鼓励体验发现,变证实为解释,在彼此体验的分享中丰富体验。

表达(Express):输出体验阶段,悟读助写。记录体验经历,通过问题设计,引导学生将心理体验或者口头表达转换成自然的书面表达。

评价(Evaluate):跳出体验阶段,赏读促改。螺旋评价习作,主动检验表达是否流畅,优化自然表达。

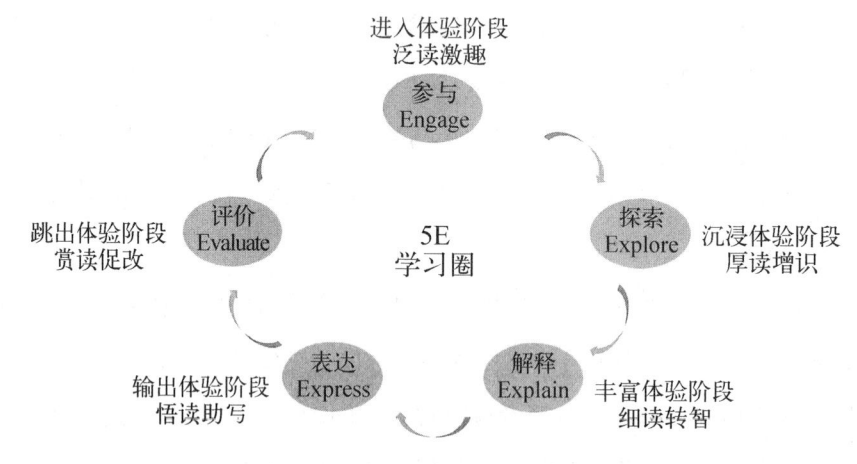

图6-1 基于真实生活情境的浸润式读写教学"5E学习圈"

从中我们可以看到，基于真实生活情境的浸润式读写教学更重视读和写之间的有机融合，互为促进。通过读的贯穿，将原始的简单的认知转为成熟的丰富的表达的过程，将学生作为教学的起点和终点。[①]

"5E学习圈"体现了在生活情境中的体验是具有成长性的，也意在建构一种浸润式读写教学的课堂新流程。基于真实生活情境的浸润式读写教学将课堂体验作为重要环节，将阅读作为串联整个过程的重要因素，通过准备阶段的以读激趣、探索阶段的以读增识、体验阶段的以读转智、输出阶段的以读助写、跳出阶段的以读促改达成学生习作能力的综合提升，实现真情实感的自然流露和准确表达。

基于真实生活情境的浸润式读写教学，用解释来呈现学生的思维世界，并把体验世界和语言世界串联起来，实现从体验世界—思维世界—语言世界的三级转换。这样的学习圈，在日常读写教学中循环使用，能使学生逐步实现读写策略内化，并运用于新的写作。正如叶圣陶先生所说："生活就如泉源，文章犹如溪水，泉源丰盈而不枯竭，溪水自然活活泼泼地流个不停。"

在小学高年段开展的基于生活情境的浸润式读写，对真实的情境创设、读写过程的相互浸润、体验作文的课堂流程等进行了扎扎实实的研究和探索，积累了一些案例资料，在实践中初步提炼出一些有效的做法。

一、参与（Engage）：创设情境，泛读激趣

培根说过，只有顺从自然，才能驾驭自然。所以，我们的习作教学首先要安放在天地自然的"生活情境"中，让孩子们走进自然四季，走进生活天

[①] 朱治国."体验作文"的课堂逻辑［J］.语文建设，2013（07）：24-26.

地，在探索中提升观察能力，捕捉到生活中的点点滴滴并记录下来。我们更需要拥有鲜明的学生立场，更好地理解尊重学生的身心发展，对学生的思维方式和价值观念进行研究，融入到他们的生活中去，关注他们正在经历的生活，创设丰富多样的情境。

（一）应"时"而读，引入节气情境

二十四节气能反映季节的变化，指导农事活动，影响千家万户的衣食住行。在四季分明的上海，学生们能够感受到不同节气的气温变化，观察到自然事物的节律变化。不同的节气，也保留着具有鲜明特色的习俗活动。因此，在不同的节气里，引导学生仔细观察和体验自然生活，跟着节气去写作，能够激发学生的写作兴趣，也能使其积累丰富的写作素材，使学生有表达的欲望。

广泛阅读，调研节气：首先，创设节气写作的大情境驱动学生进行前期的广泛阅读。学生通过自主查找资料、阅读书本等方式初步了解二十四节气，完成阅读调研单：

二十四节气阅读调研单	
任务一： 你知道有哪二十四节气吗？用思维导图呈现出来。	
任务二： 选出你最想探究的两个节气，说说理由。	想要探究的节气1： 理由： 想要探究的节气2： 理由：

互读补充，投选节气：课上，同学们互读调研单，从不同视角进一步了解节气。最终投选出8个比较感兴趣的节气，结合自然天气、习俗活动、动

物植物等，在不同年级展开不同的应"时"读写教学。具体见表6-1。

表6-1："节气里的作文"习作内容框架

年级	立春	谷雨	立夏	小暑大暑	霜降	小寒大寒
三年级	东风解冻百花开	谷雨赏花	立夏挂蛋	西瓜熟	收作物	腊八节
习作视角	观察并记录节气里的花	观察并描写花朵	竹编立夏蛋套，记写过程	尝试挑选好吃的西瓜并记录过程	和爸爸妈妈一起去果园或菜地做一次采摘	做腊八粥或腊八蒜
四年级	蛰虫始振万物醒	谷雨品茗	作物出苗	蟋蟀会唱歌	一场霜降	扫房，买年货/小雪
习作视角	观察立春节气里的动物，选择一种记录变化	分享品茶的乐趣	观察玉米、豆子、棉花等作物的苗，进行记录	捉一只蟋蟀观察；听一听并描写蟋蟀的叫声	观察操场上的霜，展开游戏	迎接新年的活动/雪地游戏
五年级	家家户户新年乐	谷雨漫步	采桑养蚕	凤仙花开	竹匾晒秋	冬季运动
习作视角	选择一个新年习俗	记录走谷雨	养蚕日记	用凤仙花染手指甲，记录过程	选择秋天的果实进行晒秋，表达美好心愿	进行一次冬泳

（二）应"事"而读，延展鲜活场景

表达真情实感是小学生习作的重要目标之一，教师在日常的教学过程中，要做有心人，时刻保持敏锐的观察力，善于捕捉学生生活中偶发的、有趣的事情，并且有意识地推动事情的发展，使它变得更加有意思。同时，教师要善于观察学生的内在情感和审美取向，通过读来延展生活情境，使他们有表达的欲望，这样的应"事"而读，会更有针对性，增强读的实效。

由事而发：有一天，团子同学下课时又冲上来，我捉住了他的手逗他玩，忽上忽下，他怎么都挣脱不了。后来围上来不少同学，他突然叫道："你就像风筝，我用我的手放风筝。"然后一整天，他一下课就跑来抓住我的手，然后叫嚷着："你是我的风筝！"也有同学学着喊其他的话。

读事物本身：为了让孩子们能够把这个生活中的情境转化为鲜活的文字，我首先想到是搜集和风筝有关的文学作品让同学们阅读，有鲁迅的《风筝》，梁秋实的《放风筝》，梁晓声的《一只风筝的一生》，等等。

读表达相关：当时有个孩子在读散文的过程中提到的可不可以写儿童诗的问题，启发了我，孩子们可以用各种不同文体来写风筝。于是我和孩子们一起去图书馆，在书架上、电脑里找到了更多与风筝有关的材料：有小品文《爱旅行的风筝》《风筝的起源及其文化传承》等；有古诗类的《村居》《风鸢图诗》等。还有和风筝本身并不相关，但是有助于激发学生想象，丰富表达方式的《孩子们的诗》《孩子与诗》等儿童诗集。

二、探索（Explore）：体验情境，厚读增识

叶圣陶先生指出："作文的自然顺序是自我认识事物。心中有感，感情的波澜冲击着我，我有说话的欲望，便想倾吐，于是文章便诞生了。"心理学认为，学生在兴趣盎然的状态下学习，观察力敏锐，记忆力增强，想象力丰富。因此，激发学生写作的兴趣，是写作指导课的关键。我们聚焦调查中发现的学生因为缺乏写作素材而丧失写作兴趣的现状，从创设个案

的习作情境入手，引导学生观察、体验、感悟，在不经意中感受到习作的快乐。

（一）实物写生类，有疑而读

以观察为重点，以"写生"为手段，内容涉及人、事、景、物。在有目的、有顺序、有重点，细致、全面的观察中产生疑问，通过阅读来增长知识，解决疑问。

类　型	内　　容
制作类	《第一个兔子灯》《美丽的小书签》……
用具类	《有趣的笔筒》《小袖套》……
动物类	《可爱的小仓鼠》《有趣的蚕宝宝》……
植物类	《菊花》《（　　）的多肉植物》……

体验密码：多感官有序体验：通过望、闻、听、摸、尝等方式有目的、有顺序地进行全面观察，针对自己不清楚的部分查找阅读资料；多维度动态体验：通过增加观察时间点和改变观察的位置实现多维度的二次观察，在辨析中产生疑问，增加阅读材料。

（二）实践生活类，聚焦而读

设计实践生活类的体验习作，能引导学生动手体验乐趣，在动手操作过程中，又能无形中把过程厘清。但是每个学生的生活经历不同，他们需要阅读的内容也不同，可以根据自己感兴趣的内容进行阅读，促使自己从中获得更多的习作灵感和素材，能够说明白，写清楚。

资源类型	具体内容（可根据校情、班情自主设计）
点心制作	包馄饨、做元宵、卷寿司、烘蛋糕……
采摘活动	采草莓、挖红薯、种菜……
交通出行	骑自行车、乘坐地铁/公交……
家务劳动	整理书桌、餐桌，拖地……

体验密码：沉浸式体验：学生投入到体验活动中，在自然产生的各种变量影响下，经历个性化的情境。写实性记录：在动手实践操作的过程中，记录真实的、完整的步骤或事情发展过程。聚焦式阅读：根据主题，聚焦自己感触最深的步骤或过程，补充阅读。

（三）游戏活动类，因趣而读

游戏活动体验是符合小学生的认知规律和心理特点的，在玩之前阅读相关游戏规则和过程说明，在体验游戏的过程中强化过程，写起来就不难了，学生惧怕作文的心理也就抛到了九霄云外。

资源类型	具体内容（可根据校情、班情自主设计）
弄堂游戏	跳房子、滚铁环、打弹珠……
居家游戏	亲子游戏、单人游戏……
校园游戏	贴大饼等集体游戏、跳竹格等体育游戏、棋类游戏……

体验密码：游戏活动作文采用线性体验方式，阅读规则—互动游戏（活动）—即时观察—记录过程。在游戏的过程中，虽然整个活动过程是一致的，但是每个孩子对游戏规则和过程的理解是不同的，作为观察者、参与者、描

述者，他们的感受是不尽相同的。

（四）研学参观类，因研而读

设计研学参观类的体验习作，能带领学生走出校园，拓宽视野，在参观探索的过程中，深入了解不同的文化、历史、科技等知识，同时丰富写作素材。每个研学地点都有其独特之处，学生可以依据自身兴趣点深入探究，在探索中产生疑问并通过阅读相关资料加深理解，进而提高写作能力。

资源类型	具体内容（可根据校情、班情自主设计）
历史古迹	参观博物馆、古城、名人故居……
科技馆所	科技馆、天文馆、海洋馆……
企业工厂	食品加工厂、汽车制造间、手工艺作坊……

体验密码：根据研学参观的主题和学生在过程中产生的疑问，引导学生有针对性地阅读相关书籍、文章、资料等，进一步拓展知识面，加深对参观内容的认识，使学生在写作时有更深入的见解和更丰富的内容可写。

三、解释（Explain）：交流发现，细读转智

（一）交流感悟：分享体验，启迪思考

通过分享个人的体验、发现和感悟，学生不仅能够丰富自己的知识库，还能激发新的思考，拓宽视野。交流感悟的过程，实质上是一个相互启发、共同进步的过程。在交流中，每个人都可以从他人的经验中汲取灵感，发现自己的不足，进而产生新的想法和见解。

（二）细读拓展：深入挖掘，深化理解

学生的体验过程使猜想得到了证实，如何将体验感悟变成自己的观点，还需要仔细阅读相关的文本、数据或研究成果。通过深入分析、对比和综合，挖掘出隐藏在表面之下的深层含义和内在联系。通过这一过程，学习者可以将所获取的信息转化为个人的智慧与经验，形成独特的见解和解决方案。

（三）从证实到解释：转变思维，激发创新

在解释的过程中，学习者需要不断提出假设，进行验证、修正和完善，最终得出科学合理的结论。通过从证实到解释的转变，学习者可以更加深入地理解知识的本质和内在联系，为未来的学习和工作奠定坚实的基础。

例如当谷雨节气来临时，教师组织五年级学生体验"走谷雨"的传统习俗。学生在丝丝春雨中赏雨观景、沐雨漫步。之后再引导他们分享个人体验，交流感悟心得。在交流的过程中教师再相机为学生提供诸如农业谚语、古诗文、经典文学作品或片段等相关阅读材料，鼓励学生在阅读中进一步了解谷雨节气或者与文本中的内容产生共鸣。基于这样的切身体验和分享阅读，学生会潜移默化地形成或丰富个体的认知和经验，进而生成对于谷雨节气的个性化解释。

四、表达（Express）：个性表达，悟读助写

体验性习作需要学生以叙事表达。教师在此过程中帮助学生拍摄资料。学生的表达往往是流水账式的，所以要在其表达时为他们提供电影式的镜头作为写作支架，进而启发学生清楚生动地表达。

（一）改变习作教学思维，放大微镜头，倡导先写后导

传统的习作教学通常采用的指导方式是解题后梳理内容以及阅读例文、模仿写作。这样的习作指导往往将习作教学指导当作一种技能技巧训练，将写作简单地看作是语言的应用和掌握，只注重学生写作技能的配合和探索，忽视了学习主体的真实经历、情感价值的建构和培养。

教师首先要做一个会观察的人，在和孩子每天的相处中，敏锐地捕捉到生活中的一些"微小镜头"，并进行放大、定格，激发学生去想象、思考，把自己的感悟先写下来。朱世卿的"自然"之义，是指一种不加一毫勉强作为的成分而任其自由伸展的状态，也就是一种"自然而然"的状态。习作教学自然不能不作为，但是可以去繁留简、避轻就重，提升学生"自然而然"的表达能力。要想学生的思维和语言不被禁锢住，变传统的"先导后写"的习作指导路径为"先写后导"就变得重要。

（二）拓展习作教学时空，定格特写镜头，鼓励自由表达

《义务教育语文课程标准（2022年版）》提出要引导学生"养成留心观察周围事物的习惯，有意识地丰富自己的见闻，正视个人的独特感受，积累写作素材"。"亲近自然"的体验作文，旨在引导学生立足当下，记录和描摹身边的故事，逐渐学会写作。我们经常说要让学生写真事，抒发真感情，要让学生走进生活，但是走进生活不等于会有所发现，很多孩子往往会忽视发生在身边的镜头。作为老师时刻要保持敏感，指导学生学会观察，从而调动自己所有的感官，去听、去看、去触摸，去闻、去想、去感受、去体验，同时把这些特写镜头定格下来，让学生在体验过程中获得更多情感上的冲击、心灵上的震撼，并连环定格他们的特写镜头，促使学生在真实体验的过程中积

聚起复杂的情感，产生磅礴的表达欲望。

有一天吃过午饭，我在教室啃苹果，飞快啃皮的方法引起了个别孩子注意，他们就会说A同学啃苹果皮是怎么啃的，B同学的门牙大，一定能啃得更快。听到这，我突然灵光一闪，人人都有苹果啊，何不让大家一起来吃苹果，啃苹果皮，互相观察彼此是怎么吃的。在这个过程中，我有心拍摄一些孩子啃苹果的特写镜头，因为孩子们在体验的过程中过于兴奋，会忽视其他人的举动。啃完一轮，他们不过瘾，于是我就顺势而导，用剩下的苹果，又举办了一次啃苹果皮大赛。结果有个孩子啃掉了一颗正晃动的牙。一个中午可欢乐了。当我把比赛过程中的特写镜头呈现出来的时候，孩子们笑得东倒西歪，只用课前的半个小时，他们就把习作写出来了，每个孩子的关注点不同，写出来的内容也就不太一样。

"吃苹果大赛"开始了，我把目光首先转向了我的朋友杜金华。只见他张大嘴，像个削笔刀似的，风驰电掣般地啃红红的苹果，一圈又一圈，苹果像个车轮飞快转动。杜同学看上去志在必得，得意洋洋地展示"车轮式"啃苹果皮法。

再看看田岂若，她像个松鼠似的，东一口，西一口，左一口，右一口，缓慢而无序地啃着，这样的"乱啃法"看来夺冠无望了。

我又把我的视线转向了陈哲旭。他也是"乱啃一族"，简直是一只老鼠！只见他东啃一口，西啃一口，而且还把嘴张得大大的，仿佛要吞下去。那被啃过的苹果，真是惨不忍睹！

——赵元泰

咱们还是把目光投向田岂若吧，哇！田岂若好慢呀！原来，她从

> 后往前推着啃，样子就像一辆慢慢吞吞的小型推土机。我看她自己也觉得老推不动。忽然，她换了种啃法，将苹果飞速地往后转动，样子就像好几个齿轮在转动。她一下子就从慢慢吞吞变成了又快又好，不一会儿就赶上了陈哲旭。
>
> ——丁靖

当然，现在学生的学习压力比较大，更多的时候都在学习中度过，很多时候会缺少习作的素材。所以我们要拓展习作课堂的时空，不是仅在课堂里让学生去体验，生活的时时处处都可以是习作课堂，都可以引导学生亲近自然，有所发现，从而热爱生活。

比如，一天早上，我从食堂走向教学楼，路过操场，操场变得白茫茫的，覆盖着一层霜。想起孩子们学过不少带霜的诗句，我突然想，他们知道什么是霜吗？到教室一问，他们能背古诗，甚至有人知道霜打过的青菜会更甜，但是没有人知道霜是怎么形成的，也没有人摸过霜，说不清楚霜是什么样的。于是，我告诉他们，操场上有霜，今天的早自习我们就去玩霜，看谁能利用霜的特点玩得有趣。话音刚落，他们像出了笼的小鸟一样飞奔向操场，有人躺着打滚，有人尝霜，有人在霜上写字，还有个孩子躺在霜上用手脚画出了一个笑脸。这个过程中我随意地和他们交谈，引导他们发现霜的不同特点，丰富他们的体验，或者是兴奋地请他们来围观有创意的同学。

等到上课的时候，我进去问他们："今天我上什么呢？"他们异口同声说："写作文。""你们想写啊，我不想批！"看着他们期待的眼神，我说道："那就写吧，30分钟，随便写，不用面面俱到，只要围绕一个方面来写就行。"于是，30分钟后，80%的孩子都完成了习作，字数都远超过要求，也几乎没有相同的文章。有一个孩子在文章的结尾这样写道：

> 霜，你真像洁白的精灵，在紫竹小学的足球场上尽情地嬉戏玩耍，在草地上睡觉，在枝头上唱着属于自己的歌！
>
> ——薛同意

图6-2 学生玩霜即景

窦桂梅老师也说过："作文中情动自发，不讲技巧。技巧重要，但不是习作的法宝，要善于捕捉生活。"要想把学生从无话可说，无事可写，无情可抒，无感可发的困境中解脱出来，实现由"要我写"向"我要写"的观念转变，我想首先要从思想意识上"淡化"作文概念，拓宽习作教学的时空能一定程度上减轻"作文"的负累,减轻学生心理负担。这与新课标中"尽量减少表达形式对学生的束缚""鼓励自由表达和有创意的表达"的要求相符。

(三)重组习作教学情境,拉长空白镜头,走向情理交融

基于生活情境的读写教学,倡导学生自由表达,但自由的表达不等同于天马行空,同样需要引导他们在写作的过程中学会理性反思,自主判断,逐步形成正确的人生观和价值观。所以,自由的表达最终走向的应该是情理交融。

情境的体验只是习作表达的一个点,这个点也有可能是片面的,那如何由点及面,使单一的事件扩展、升华,并通过由表及里的剖析,让学生体悟到内在的正确思想或意义表达呢?这时候,我们需要在体验的过程中留一些空白镜头,并通过阅读的拓展顺势"导演"新的情境,引导学生展开由此及彼的联想,并联系真实生活,由陈及新地点化学生的体悟。

比如我们年级组在写"寻宝"这篇习作的时候,创设了到操场上藏宝、寻宝的游戏。孩子们在游戏后很快写出了一篇篇活泼可爱的习作,然而,我在看到小川的誊写本时,却大吃一惊:

"小川,你的草稿本和誊写本上的这一节内容怎么会不一样?"

小川低下头,扭扭捏捏地回答:"我妈妈让我改掉的。"我奇怪极了:"你原先不是写得好好的吗?为什么要改掉这个情节?"在一连串追问下,小川更紧张了,声音低得仿佛蚊子叫:"妈妈说,我写了捡到一个硬币后,想到可以用它去买自己喜欢的东西,这是错误的,不能写在作文里。所以她让我改掉。"(见图6-3)

其实,发生在小川习作中的这件事,同样也可能会在其他孩子的习作中出现。在很多家长的眼中,孩子要在习作中努力塑造出一个"真善美"的完

图6-3 小川的第一稿草稿本《寻宝》习作片段

图6-4 小川经妈妈修改后的誊写本《寻宝》习作片段

美形象，贴上"道德化"的标签，然而这是违背孩子的成长天性和规律的。我们大人总是从文章的立意、孩子的价值观等角度去思考问题，简单粗暴地要求孩子按照大人的逻辑去表达，但孩子写出的却并不是他们内心真实的想法，而是大人雕琢的所谓正确的观点。就如图6-4中，小川的妈妈要求小川把1元钱交给老师，小川有点不情愿，因为老师说过找到的宝贝可以属于他们。

于是我准备补上这个空白的镜头，先是找到一些相关的阅读作品，引导学生树立正确的价值观，当小川犹犹豫豫把那一枚硬币交给老师的时候，老师告诉他那不是老师藏的宝，赞扬了他的拾金不昧并奖励给他一份小礼物。小川很高兴，他说："寻宝的经历真是一波三折啊，我还要补上这一段！"最终小川擦掉了誊写本上那些不是自己的话，恢复了内心原本的真情实感，并且故事也有了个真实而美好的结局。

雕塑家罗丹曾说过："世界上并不缺少美，而是缺少发现美的眼睛。"孩子们正处在人格形成期，受各种因素影响，在语言表达上出现某些问题，都是可以理解的。孩子正在成长，无论是作为家长，还是老师，都得用发展的眼光去看待他们，允许他们说自己"真心"的话，哪怕有时候习作中的形象不那么完美！当然，我们更要相信阅读的力量，孩子在阅读的过程中，也会对冲突的事物产生思考。适当的时候我们还要学会顺势做导演，在空白镜头里补上一些剧情，帮助孩子自然而然实现语言上的成长。

五、评价（Evaluate）：螺旋评价，赏读促改

（一）设计量规表，渐进式评价

1. 审题梳理量规，形成思维路径

以《我的自述》为例，这篇习作的目标非常清晰，即"自己介绍自己的语气"和用拟人的方式写一个具体的事例，因此写作量表的制定也相对简单，评价点就定为这两点加上对习作目的的评价，同时将"使事物具有人的语言、动作和性格，有真情地去写作"作为分层要求。教材上的标准是针对大部分同学而言的，因此在评价中增加了低一级和高一级的评价标准，形成三级量规表，并用童趣的手势来表示，在课堂中简便可操作。见表6-2。

表6-2：《我的自述》习作评价量规表

习作要点	等第标准		
	✋	✌️	👍
介绍自己的语气	能努力使用第一人称	能始终使用第一人称	能合理使用第一人称
写一个具体事例	有语言、行动描写，把事情写清楚	有几处语言、行动描写，把事情写具体	有多处语言、行动描写，写出性格，写得有趣

2. 量规"四导"之用,提升构思能力

在实施的过程中,我们发现量规表不仅可以用于导写,而且可以在导学、导评、导改等各个环节使用,一以贯之的要求能激励学生挑战更高的难度,在每一次的习作中实现能力和素养的螺旋提升。见图6-5。

审题 ➡ 选材 ➡ 提纲 ➡ 一次习作 ➡ 评讲示范 ➡ 二次习作 ➡ 总评

量规导学　　量规导写　　量规导评　　量规导改　　量规导评

图6-5　量规在体验作文习作教学过程中的作用

导学:在审题的过程中逐步梳理出评价量规表,引导整堂课的学习。

导写导评:在指导选材和列写提纲之后,引导学生根据评价量规进行写作。

导评导改:在学生完成习作以后的第二课时,依然使用该评价量规来导评导改,通过基于量规的二次写作,提升作品质量。

(二)挖掘评价源,多维度评价

对于高年级学生来说,表现性评价并非独立于作文教学的"专项评价",而是作文教学的有机组成部分,是渗透于各个阶段的"发展性评价";也并非针对学生书面习作的"描述性单一评价",而是贯穿在作文教学的整个过程中的"多维度评价"。在表现性评价的引领下,师生更容易明确习作目标,确定表达方法,了解能力差距,教师的教学更有的放矢,学生的表达、修改更有章可循。

1. 制定适切的评价目标

• 实施"多维度评价",从多方面观察学生在观察、理解、表达、赏析等方面的能力，对学生习作能力的发展状况进行更客观、全面的综合性评价。

• 倡导"激励性评价"，不以书面表达为唯一、终极评价，从而减轻学生对习作的畏惧感，激发他们参与写作的热情，激发他们的写作愿望。

• 实现"发展性评价"，通过表现性评价指标的细化，观察学生在习作能力上的发展轨迹，发现弱项并及时提高，促进学生习作能力的逐步形成与发展。

2. 确定多元的评价内容

评价内容的制定需要结合课标的要求和学生的实际表现。所选定的内容要既能发现学生的所长、反映学生的成长，也能表现出他们的弱点，更有利于促进学生写作能力的提高。评价内容包括搜集材料的能力、课堂交流的参与程度、独立完成习作的情况、赏析评改他人习作和修改自己习作的能力等。我们根据学生的表现，逐步形成了"高年级习作能力表现性评价基本框架"，框架中包括四项评价内容，其中"课堂交流"包括内容、表达和书面三个维度，"情境体验""习作呈现""赏析评改"则包括态度、内容、表达和书面四个维度。基本框架见图6-6。

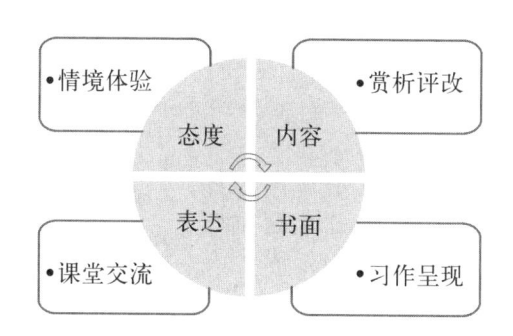

图6-6 高年级"亲近自然"体验作文表现性评价框架

3. 个性化的表现性任务和细化的评分规则

有了任务，就必须有细化、具体的评分标准。表6-3是高年级"亲近自然"体验习作能力表现性评价评分标准，它是针对这个学期的习作，确定了评价内容之后制定的评分规则。针对每一项评价内容，从三到四个维度进行评价，每个维度都有四项具体详细的指标描述，会获得相应的分值。评价的对象和主体都是不尽相同的。

表6-3 高年级"亲近自然"体验习作能力表现性评价评分标准

评价维度	评分标准	评 价 内 容			
^	^	体验参与	课堂交流	习作呈现	赏析评改
态度	A	能主动地参与情境创设。	能积极主动地交流。	有积极的书面表达愿望，文章表达完整。	喜欢赏析、评改同伴和自己的习作。
^	B	能认真参与情境体验。	能在同伴带动下表达自己观点。	基本愿意进行书面表达，文章有一定的篇幅。	愿意赏析、评改同伴和自己的习作。
^	C	能参与情境体验。	能在同伴带动下发表部分观点。	能进行书面表达，写出自己的部分想法。	初步赏析、评改同伴和自己的习作。
^	D	参与情境体验不太认真。	不乐意、不能表达自己的观点。	不乐意进行书面表达。	不愿赏析、评改同伴和自己的习作。
内容	A	在情境中，根据写作主题和目的，自主搜集多元有效的写作素材。	紧紧围绕写作主题和目的发表自己的观点。	写作对象明确，能根据写作目的和对象选择恰当的写作内容。视角独特；情感具体真实；发散合理，生动运用联想和想象。	能欣赏并根据习作目的对同伴提出有效修改意见；悦纳同伴意见，合理修改自己的习作。

续 表

评价维度	评分标准	评价内容			
^	^	体验参与	课堂交流	习作呈现	赏析评改
内容	B	在情境中，根据要求搜集与写作主题和目的相关的写作素材。	能够发表与写作主题和目的相关的观点。	写作对象明显，能根据写作目的和对象选择写作内容。能够选择合适的切入点进行表达；情感真实；能运用联想和想象。	能聆听并根据习作目的提出修改意见；结合同伴意见对自己的习作进行修改。
内容	C	在情境体验中能搜集部分写作素材。	能交流自己的观点，与写作主题和目的关联度弱。	写作对象不明显，能根据写作目的选择写作内容；有选择切入点的意识；情感真实；联想发散有限。	聆听同伴意见时不够仔细，修改意见不太合理；自主修改目标不明确。
内容	D	在情境体验中，不能搜集写作素材。	发表的观点与习作主题和目的无关或者没有发表观点。	选择写作内容时没有考虑不同的目的和对象。没有选择切入点的意识；情感不够真实；写作内容没有发散性。	不能欣赏同伴习作并提出意见；对修改自己的习作无从下手。
表达	A	能独立整理提炼搜集的材料。	分清主次，详略得当，条理清楚地表达自己的意思；选择恰当的表达方式，运用个性化的语言表情达意；词汇丰富、有表现力。	^	能用生动恰当的语言赏析和评改习作。
表达	B	能按要求整理搜集的材料。	合理安排内容，较清楚地表达自己的意思；选择较恰当的表达方式，语言准确、流畅；词汇比较丰富，能够选择表达准确的词语。	^	能用正确的语言赏析和评改习作。

第六章 基于生活情境的浸润式读写教学

续 表

评价维度	评分标准	评价内容			
		体验参与	课堂交流	习作呈现	赏析评改
表达	C	对搜集到的资料没有进行整理。	能显出叙事的先后和详略，完整表达自己的意思；能根据表达对象和中心选择表达方式，语言通顺；词汇不够丰富，用词准确。		能用比较规范的语言赏析和评改习作。
表达	D	没有搜集资料。	写作顺序不合理、详略不得当，表达不清楚；不能根据表达对象和中心选择表达方式，语言不通顺；词汇贫乏，词不达意。		不能正确地赏析和评改习作。
书面	A	无		簿面整洁，书写漂亮；格式正确，分段符合语境；正确使用常用的标点符号，借助标点增强语言的表现力。	无
书面	B	无		簿面整洁，汉字书写规范；格式比较规范，能够准确分段；正确使用常用的标点符号。	无
书面	C	无		簿面不够整洁，汉字书写正确；格式基本正确，段落划分不准确；能够有意识地使用常用的标点符号。	无
书面	D	无		簿面凌乱，汉字书写有错误；格式不正确，没有分段；标点符号的使用不正确。	无

第三节 ‖ 实 践 案 例

◎填补经验　丰实内容
——以"话说谷雨活动"为例

（一）情景解读

1. 主题介绍

本次活动围绕谷雨节气展开。谷雨是二十四节气中春季的最后一个节气，此时降水量明显增加，田中的秧苗初插、作物新种，最需要雨水的滋润。而在长江三角洲地区，鲜嫩质柔的茶树嫩叶邂逅春雨，"谷雨茶"这一节气习俗蕴含着丰富的文化内涵和自然韵味。通过让学生深入探究谷雨节气的特点、谷雨茶的相关知识以及参与品茶等实践活动，引导学生感受自然与传统文化，提升读写能力。

2. 教材链接

在语文教材中，与节气相关的内容往往涉及传统文化的传承、自然现象的描写以及对生活的感悟等方面。例如，在一些描写自然景色、传统习俗的课文中，学生可以学习到如何观察自然、理解文化内涵以及用文字表达自己的感受。本次"话说谷雨"活动与教材内容相呼应，是对教材中传统文化和自然主题的拓展与延伸，能够帮助学生更好地将课堂知识与生活实际相结合，提高对语文知识的综合运用能力。

3. 学情分析

小学中高年段的学生对自然现象和传统文化有一定的好奇心和求知欲。他们的思维逐渐从具体形象向抽象逻辑过渡，能够通过观察、实践等活动获取知识并进行思考。在之前的学习中，学生对部分节气可能有了初步了解，但对于谷雨节气及其独特习俗的认识较为有限。此次活动，能够激发学生的学习兴趣，满足他们对新知识的渴望，同时锻炼他们的观察能力、实践能力和读写表达能力。在阅读方面，学生具备一定的自主阅读能力，但对于专业性较强的节气资料，可能需要引导他们筛选和理解关键信息。在写作方面，学生能够进行简单的记叙文写作，但在表达的生动性、准确性以及对文化内涵的挖掘上还有提升空间。本次活动提供了丰富的实践素材，有助于学生克服写作中的困难，提高写作水平。

（二）读写教学目标

1. 能够通过多种渠道搜集和阅读与谷雨节气、谷雨茶相关的资料，了解谷雨的由来、时间、气候特点、农事活动意义以及谷雨茶的特点、采摘要求、制作工艺和文化含义，积累相关知识。

2. 在品茶等实践活动中，能够细致观察、亲身体验，记录下活动过程中的所见、所闻、所感，包括茶叶状态变化、茶汤特点、自身感受等，培养观察能力和实践能力。

3. 能够将阅读积累的知识和实践活动中的体验转化为文字，撰写关于谷雨茶的文章，要求内容具体、生动，能体现对谷雨节气和谷雨茶文化内涵的理解，提高写作能力，实现读写融合。

4. 通过分享与交流活动，培养口语表达能力和团队合作精神，同时增强对传统文化的认同感和自豪感，激发对自然和传统文化的热爱之情。

（三）读写路径

1. 阅读积累知识：学生自主查阅书籍、浏览互联网，广泛搜集谷雨节气及谷雨茶的资料，教师引导学生筛选和整理关键信息，形成对谷雨的初步认识。

阅读积累　　实践获取　　写作表达　　交流分享
知识　　　　体验　　　　感悟　　　　提升

学生自主查阅资料　实践中获得个体　基于阅读与感知　交流评价修改习作
教师引导筛选　　　经验与认知　　　书写成文　　　　提升认知与能力

图6-7　"话说谷雨"读写路径

2.实践获取体验：参与品茶活动，经历准备、感知、品尝和意识阶段，在实践中直观感受谷雨茶的魅力，深入理解谷雨节气的意义，为写作积累丰富素材。

3.写作表达感悟：基于阅读和实践，学生将自己对谷雨茶的知识、体验、感受和思考整理成文章，教师在写作过程中进行指导，帮助学生提高写作水平。

4.交流分享提升：学生在小组或班级内分享自己的作品。在互相交流评价后进一步修改习作，进而深化对谷雨节气和谷雨茶的理解，同时提高口语表达和团队合作能力。

（四）读写任务设计

阅读任务	写作任务	问题链
广泛搜集和阅读与谷雨节气以及谷雨茶相关的资料，包括查阅书籍、浏览互联网等，了解谷雨节气的由来、时间、气候特点、农事活动意义以及谷雨茶的	完成一幅谷雨节气思维导图，涵盖谷雨的主要方面，分支清晰，内容准确，图案与文字搭配合理，展示对谷雨节气知识的归纳整理。	谷雨节气的由来是什么？它在每年的什么时候？气候有什么特点？谷雨茶有什么特点？为什么要在谷雨当天上午采摘？

第六章　基于生活情境的浸润式读写教学

续表

阅 读 任 务	写 作 任 务	问 题 链
特点、采摘要求、制作工艺和文化含义。	根据品茶活动,记录下活动过程中的所见、所闻、所感,包括茶叶状态变化、茶汤特点、自身感受和思考,整理成文章与他人分享。	品尝谷雨茶时,你能观察到茶叶在水中有哪些状态变化?茶汤的色泽、香气、味道如何? 谷雨茶所蕴含的文化含义是什么?它体现了古人怎样的智慧和对自然的态度?
阅读教师推荐的相关资料,为写作积累素材,加深对谷雨节气和谷雨茶的理解。	撰写关于谷雨茶的文章,如《我的谷雨茶之旅》《品味谷雨茶,感悟自然情》等,要求内容具体、生动,能体现对谷雨节气和谷雨茶文化内涵的理解,字数不少于500字,且在作文中至少运用三种修辞手法,注意结构清晰、语言通顺。根据同学和教师的评价意见,对自己的作文进行多次修改和完善,形成最终的优秀作品,存入个人作品集。	如何将自己在阅读中积累的知识和实践中的体验在写作中生动地表达? 你的作文在内容、语言、结构、情感表达等方面有哪些优点和不足?如何改进?

任务一:绘激趣

1. 读写任务解读

此任务旨在通过让学生绘制与谷雨节气相关的思维导图,激发学生对谷雨节气的兴趣,引导学生主动搜集和整理关于谷雨的知识,为后续的学习和实践活动奠定基础。同时,在绘制过程中,培养学生的归纳总结能力和创新思维,提高学生的自主学习能力。

2.读写操作路径

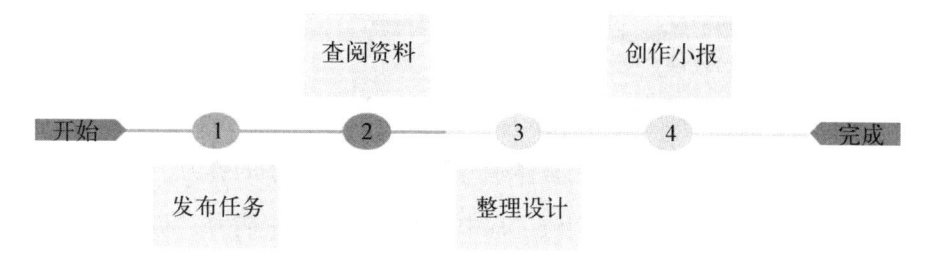

```
开始 —— 1 —— 2 —— 3 —— 4 —— 完成
        发布任务  查阅资料  整理设计  创作小报
```

图6-8　读写路径图

（1）教师引导学生回顾已有的关于节气的知识，然后提出绘制谷雨节气小报的任务，激发学生的好奇心和探索欲。

（2）学生自主查阅资料，包括课本、课外书籍、互联网等，搜集谷雨节气的相关信息，如由来、时间、气候特点、农事活动、习俗等。

（3）学生根据搜集到的信息，对内容进行分类整理，确定思维导图的分支结构，如"谷雨的基本信息""谷雨与农事""谷雨习俗""谷雨与自然"等。

（4）学生用图文并茂的方式绘制思维导图，用简洁的文字概括每个分支的要点，并绘制相关的图案或图标，增强思维导图的趣味性和吸引力。

3.读写任务清单

"话说谷雨"任务单	
阅读关于谷雨的相关作品，梳理重要素材	
根据素材绘制小报	
交流分享，记录新收获	

任务二：乐参与

1. 读写任务解读

该任务以品茶实践活动为核心，让学生亲身参与到谷雨茶的准备、冲泡、品尝等过程中，通过多感官体验，深入感受谷雨茶的魅力，增强对谷雨节气习俗的理解。同时，在实践过程中培养学生的观察能力、动手能力和团队协作精神，为写作积累丰富的素材。

2. 读写操作路径

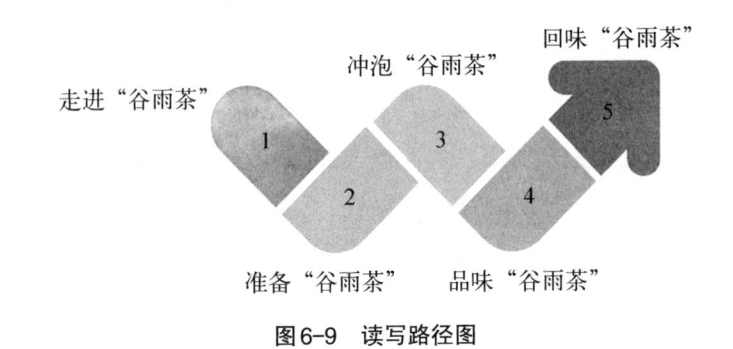

图6-9　读写路径图

（1）结合学校毕业课程和导师活动，教师介绍"谷雨茶"习俗特点，讲解品茶活动的流程和注意事项，包括茶叶的选择、茶具的使用、泡茶的步骤等。

（2）学生分组进行活动准备，包括准备茶叶（确保符合谷雨茶要求）、茶具、热水壶等物品，布置品茶环境。

（3）在感知阶段，学生亲自参与泡茶，仔细观察茶叶在水中的变化，如形态、颜色的改变，感受茶叶的舒展过程，同时与小组成员交流自己的初步观察和感受。

（4）品尝阶段，学生品味谷雨茶的滋味，观察茶汤的色泽、清澈度，交流品茶的口感体验，如是否感受到细嫩清香、清火功效等，深入感受谷雨茶的独特之处。

（5）在意识阶段，学生静下心来，思考谷雨茶所代表的自然馈赠的意义，感受人与自然的关系，将内心的感受和思考与小组成员分享，共同沉淀身心。

3.读写任务清单

"体验'谷雨茶'"任务单	
冲泡——看茶卷叶舒	认真观察并记录茶叶在冲泡过程中的状态变化，至少记录三点 1. 2. 3.
品味——赏茶颜悦色	详细描述茶汤的色泽、香气、味道，运用形象的语言记录
回味——论茶道余味	小组讨论谷雨茶所蕴含的自然与文化意义，形成小组讨论报告，每个小组推选一名代表在班级内进行汇报交流

任务三：善思考

1.读写任务解读

本任务着重引导学生在实践体验的基础上进行深入思考，将个人的体验与谷雨节气的文化内涵相联系，培养学生的批判性思维和文化感悟能力。通过思考，学生能够更好地理解谷雨节气所承载的传统价值，为写作提供深度和内涵。

2. 读写操作路径

图 6-10　读写路径图

（1）在品茶活动结束后，教师提出一系列引导性问题，如"谷雨茶为什么要在谷雨当天上午采摘？这体现了古人怎样的智慧？""谷雨节气对农事活动的重要性与我们现代生活有什么关联？""品尝谷雨茶的过程中，你对人与自然的关系有了哪些新的认识？"等，激发学生思考。

（2）学生根据自己在活动中的体验和教师的问题，独立思考并整理自己的观点，形成初步的思考成果。

（3）组织小组讨论，学生在小组内分享自己的思考，倾听他人的见解，相互启发，进一步拓展和深化思考内容。

（4）每个小组推选一名代表进行全班分享，其他同学进行提问和评价，教师进行总结和引导，帮助学生形成更全面、深刻的理解。

3. 读写任务清单

"何为'谷雨茶'"任务单	
茶思	1. 谷雨茶为什么要在谷雨当天上午采摘？这体现了古人怎样的智慧？ 2. 谷雨节气对农事活动的重要性与我们现代生活有什么关联？ 3. 品尝谷雨茶的过程中，你对人与自然的关系有了哪些新的认识？

续 表

	"何为'谷雨茶'"任务单
茶悟	小组讨论,记录对于问题的思考和启发
茶谈	各组分享交流、记录,其他小组分享成果

任务四:巧表达

1. 读写任务解读

此任务聚焦于学生将阅读积累、实践体验和思考感悟转化为书面文字,提高学生的写作能力。通过明确写作要求和提供写作支架,帮助学生有条理地组织文章内容,生动形象地表达自己的感受,实现读写的有机融合,培养学生的文学表达能力。

2. 读写操作路径

回顾整合
梳理思路

完成习作
相机指导

作前指导
形成提纲

自我修改
同伴评改

图6-11 读写路径图

（1）教师引导学生回顾整个活动过程，包括阅读资料、品茶实践、思考讨论等环节，帮助学生梳理写作思路，确定文章结构。

（2）提供写作支架，如开头可以描写谷雨时节的自然景象引入主题；中间部分详细叙述品茶过程中的所见、所闻、所感，包括茶叶的变化、茶汤的特点、内心的感受以及对谷雨文化内涵的思考；结尾部分总结自己对谷雨节气和谷雨茶的整体认识和感受，升华主题。

（3）学生根据写作思路和支架进行写作，教师在学生写作过程中相机指导，及时帮助学生解决遇到的问题，如语言表达不清晰、内容不具体等。

（4）学生完成初稿后，进行自我修改，重点检查内容是否完整、语言是否通顺、表达是否生动，然后进行同桌互评，互相提出修改建议，最后根据修改建议进行二次修改，完成终稿。

3.读写任务清单

"谷雨茶"习作任务单
提纲：
习作：

任务五：享交流

1.读写任务解读

该任务旨在为学生提供一个交流分享的平台，让学生在展示自己作品的同时，学会欣赏他人的作品，提高口语表达能力和评价能力。通过交流分享，学生能够从不同角度加深对谷雨节气的理解，拓宽视野，同时培养自信心和团队合作精神。

2. 读写操作路径

组内分享交流，互评互改　　班级分享交流，再次修改　　教师总结评价，汇编优秀作品

图6-12　读写路径图

（1）组织小组内分享交流活动，学生轮流朗读自己的作文，小组成员认真倾听，从内容、语言、结构、情感表达等方面进行评价，提出优点和建议，作者记录小组成员的评价意见。

（2）每个小组推选一篇优秀作文参加班级分享会，推选的学生在会上进行朗读展示，其他同学在倾听过程中认真思考，记录自己的感受和问题。展示结束后，其他同学进行提问和评价，评价要具体、客观，先肯定优点，再提出改进建议，作者进行回应和解答。

（3）教师在整个交流分享过程中进行引导和总结，对学生的表现进行评价，强调优点，指出不足之处，鼓励学生继续努力，同时对学生在交流过程中提出的共性问题进行集中解答和指导。

3. 读写任务清单

习作交流评改任务单
1. 组内积极参与作文分享和评价，朗读自己的作文时声音洪亮、清晰，认真倾听他人习作，修改个人习作。
2. 班级分享，认真倾听其他同学的朗读，再次修改个人习作。
3. 教师评价总结，评选习作汇编优秀作品集。

（五）评价标准和成果展示

1. 评价标准

知识理解	准确阐述谷雨节气的由来、时间、气候特点及在农事活动中的意义。	★★★
	详细说明谷雨茶的特点、采摘要求、制作工艺和文化含义。	★★★
实践体验	详细记录品茶过程中茶叶的状态变化，茶汤的色泽、香气、味道。	★★★
	深刻表达在品茶过程中的感受和思考，体现对自然馈赠的理解和感恩。	★★★
写作表达	内容充实，围绕谷雨茶展开，能体现阅读积累和实践体验。	★★★
	语言生动、准确，运用多种修辞手法描写茶叶、茶汤和自身感受。	★★★
	结构清晰，逻辑连贯，能合理组织文章层次。	★★★
交流分享	积极参与小组和班级分享，表达流畅，声音洪亮。	★★★
	认真倾听他人发言，能提出有价值的问题和建议。	★★★

2. 成果展示

作品1

飘香谷雨茶

今天是谷雨，一个充满活力的节气，也是春天最后一个节气，代表夏天即将到来。今天，我们一起喝了谷雨茶。谷雨茶，顾名思义，就是在谷雨这天喝的茶。

泡茶需要一些茶叶和一个玻璃烧水壶。首先，往壶里加一些水，等水在壶里咕嘟咕嘟翻滚的时候，水就烧开了。然后在开水里放一点点儿茶叶，干瘪的茶叶就会舒展开，就像树上的第一片舒展、嫩绿的

> 新叶。
>
> 　　终于可以喝茶了。茶水的颜色微微发红，颜色很浅，是一种说不清楚的颜色。闻一闻，茶有一股清香，虽然不浓，但是隔得老远也能闻到。茶很烫，所以只能小心地抿一口，初尝是又涩又苦的味道，慢慢回味可以尝出一丝清甜。
>
> 　　据说谷雨这个节气源自仓颉。我想，谷雨茶里，蕴含的也是人们对生命新生的歌颂吧！
>
> 　　　　　　　　　　　　　　　　　　　　——李灵犀

教师点评：

你把茶叶在茶水中舒展的样子写得特别生动，把茶水的颜色、气味、味道也写得特别清楚。你很会观察和记录，你的文字像是跳跃的精灵。

作品2

> ### 饮　茶
>
> 　　听闻谷雨节气，古人有"走谷雨饮茶"的习俗。
>
> 　　只见李老师拿出了一壶刚刚泡好的红茶和一壶冷的乌龙茶，并告诉我们可以选一杯尝尝看。我赶紧跑过去，生怕别人把茶都拿完了。终于轮到我了！我毫不犹豫地选择了红茶。
>
> 　　刚拿到茶，一股浓郁的香味迎面而来。慢慢品了几口，一阵淡淡的清甜和一点苦涩的味道在我嘴里蔓延开。再加上李老师准备的小甜点，那苦涩的味道变成了香味，淡淡的清苦加上浅浅的香味，那滋味

更特别了。

春天里的谷雨茶，味道真是让人难忘！

——杨宏磊

教师点评：

原来谷雨茶的味道可以这样细腻。一杯热红茶，让你品出了丰富的滋味，对味道的描写让大家都知道了谷雨茶的多重口感。

（六）课时安排

第一课时 情境导入与阅读分享	第二课时 品茶实践活动	第三、四课时 写作与修改	第五课时 交流分享与成果展示
• 通过播放谷雨节气相关的视频或图片，引出活动主题，激发学生兴趣。 • 组织学生进行阅读分享，交流阅读心得，教师进行总结和补充，加深学生对谷雨节气和谷雨茶的认识。	• 详细讲解品茶活动的流程和注意事项，分组进行品茶实践，学生在活动中观察、体验、交流。 • 引导学生在活动中记录关键信息和感受，为写作做准备。	• 学生根据实践活动和阅读积累进行写作，教师进行巡视指导，帮助学生解决写作过程中遇到的问题。 • 组织学生进行小组内互评互改，教师选取部分作品进行全班点评，引导学生进一步完善作品。	• 小组代表在班级内分享作品，其他同学提问和评价，教师总结评价。 • 展示优秀作品，布置成果展示任务，如制作电子文集等。

（七）读写思考

1. 交流与思维碰撞

分享交流环节为学生提供了展示自己作品和倾听他人见解的机会。在小组内和班级中，学生们相互评价、提问和讨论，从不同角度加深了对谷雨节气的认识。这种思维碰撞激发了学生的创新思维，培养了他们的口语表达能力和团队合作精神，使他们能够更加自信地表达自己的观点。

2. 文化传承与热爱

整个读写活动围绕谷雨节气展开，让学生深入了解了传统文化的魅力。通过感受谷雨节气的独特习俗和文化内涵，学生增强了对传统文化的认同感和自豪感，激发了对自然和传统文化的热爱之情。这种文化传承的意识将对学生的成长产生深远的影响。

◎唤醒经验　丰盈情感
——以"与霜的约会"为例

（一）情景解读

1. 主题介绍

本次活动以"一场与霜的约会"为主题，围绕霜降节气展开。霜降作为秋季到冬季的过渡节气，在24节气中排在第十八位，反映着自然界的气温变化和水汽凝结——此时天气渐寒，霜开始出现。通过让学生了解霜的知识，亲身感受霜并参与玩霜活动，引导他们将经历记录下来，并且分享给云南的小伙伴。活动的设计旨在引导学生感受自然之美，增进对传统文化的理解，同时提升读与写的能力。

2. 教材链接

语文教材中不乏与自然现象描写和传统文化相关的内容。如描写秋天景色的课文，能让学生更好地感受霜降时节的氛围；一些涉及传统习俗的文章，也能帮助学生理解节气与生活的紧密联系。本次活动是对教材相关内容的拓展与延伸，有助于学生将课堂知识与实际生活相结合，提高语文综合运用能力。

3. 学情分析

小学中高年段的学生对自然现象充满好奇心，且具备一定的自主阅读和写作能力。然而，他们对霜的知识了解相对有限。此次活动，能够激发学生的学习兴趣，满足他们的求知欲，进一步锻炼他们的观察能力、实践能力和读写表达能力。

（二）读写教学目标

1. 能够通过多种渠道搜集和阅读与霜相关的资料，了解霜的形成原理、出现条件、在自然界中的作用等知识。

2. 培养细致观察的能力，使其能够在玩霜实践活动中准确记录霜的特点和变化。

3. 能将玩霜的过程和感受用生动的文字记录下来，体现对霜降节气的理解，提高写作能力。

4. 通过分享交流，培养口语表达能力和团队合作精神，增强对自然和传统文化的热爱。

（三）读写路径

1. 阅读积累知识：学生通过查阅书籍等方式，广泛搜集与霜有关的资料，了解霜的形成原理、出现条件及在自然界中的作用等，教师引导学生筛选整理关键信息，形成对霜的初步认识。

2. 实践获取体验：在霜降的清晨，学生到学校观察霜，用手指触碰感受其质感，还可躺下来感受，尝试收集霜并观察其在温暖环境中的融化过程，在实践中直观感受霜的特点和变化，为写作积累素材。

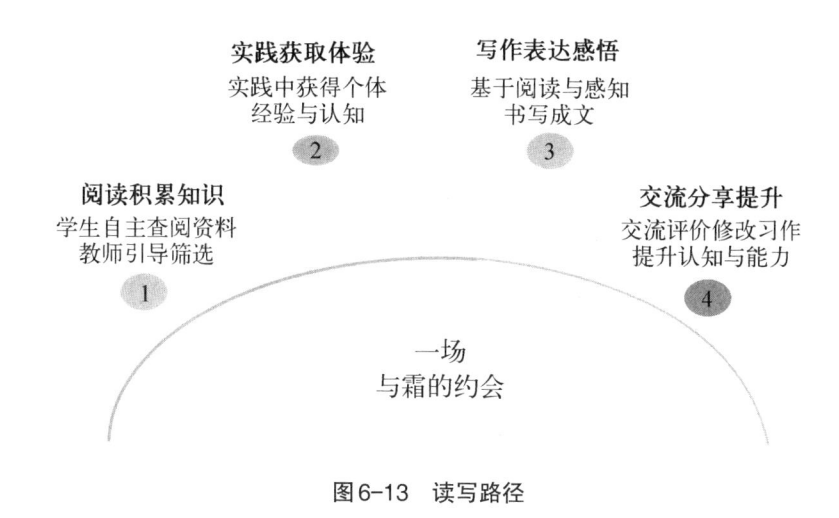

实践获取体验
实践中获得个体
经验与认知
②

写作表达感悟
基于阅读与感知
书写成文
③

阅读积累知识
学生自主查阅资料
教师引导筛选
①

交流分享提升
交流评价修改习作
提升认知与能力
④

一场
与霜的约会

图 6-13　读写路径

3. 写作表达感悟：学生基于阅读和实践，将自己对霜的观察、感受和体验写成文章，教师在写作过程中进行指导，帮助学生提高写作水平，实现读写融合。

4. 交流分享提升：学生相互交流、修改习作，并分享给云南的小伙伴，在交流中互相学习，进一步加深对霜降节气的理解，同时提高口语表达和分享交流能力。

（四）读写任务设计

阅读任务	写作任务	问 题 链
广泛搜集和阅读与霜有关的资料，了解霜的形成原理、出现条件及在自然界中的作用等。	写一篇关于玩霜的文章，如《与霜的亲密接触》《霜的奇妙之旅》等，要求内容具体、生动，能体现对霜的特点和变化的观察。	霜是如何形成的？ 它一般在什么条件下出现？ 霜在自然界中有什么作用？ 玩霜过程中，你观察到霜有哪些特点？ 你是如何与霜互动的？有什么独特的感受？

第六章　基于生活情境的浸润式读写教学

续 表

阅读任务	写作任务	问 题 链
阅读教师推荐的相关资料，为写作积累素材。	根据同学和教师的评价意见，对自己的作文进行修改完善，形成最终作品，存入个人作品集。	如何在写作中更好地运用所积累的知识和素材？ 你的作文在内容、语言、结构等方面有哪些优点和不足？如何改进？

任务一：探霜

1. 读写任务解读

搜集阅读资料，让学生了解霜的相关知识，激发学生对霜降节气的兴趣，培养学生的自主学习能力和信息筛选能力。

2. 读写操作路径

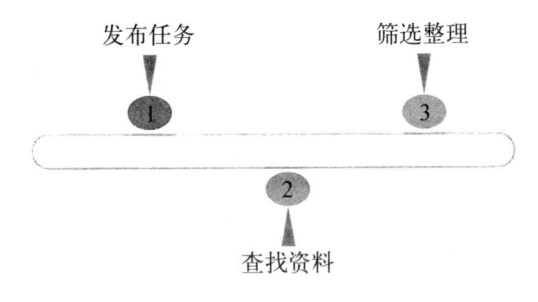

图6-14 读写路径

（1）教师引导学生回顾已有的关于节气的知识，提出搜集与霜有关的资料的任务。

（2）学生自主查阅课本、课外书籍、互联网等，搜集霜的形成原理、出现条件、在自然界中的作用以及霜降节气的特点和习俗等资料。

（3）学生对搜集到的资料进行整理和分析，筛选出关键信息。

3.读写任务清单

"探霜"任务单	
我读的关于霜降节气和霜的文章、古诗词等资料	
霜的成因和出现条件是什么？	
霜降的气温特点和传统习俗有哪些？	
根据知识卡片，小组合作绘制小报	

（1）阅读至少两篇关于霜的文章，例如科普小品文、古诗词等，了解霜的成因、出现条件等。

（2）搜集关于霜降节气的资料，包括霜降的气温特点和传统习俗。

（3）根据知识卡片，小组合作绘制小报。

任务二：玩霜

1.读写任务解读

该任务以玩霜实践活动为核心，让学生亲身感受霜的魅力，在玩耍、观察、交流过程中增强对霜降节气的感性认识，为接下来的活动积累丰富的体验和素材。

2. 读写操作路径

```
开始 ──●────────●────────●────────●──▶ 完成
       户外看霜   深入观霜   开怀玩霜   用心记霜
```

图6-15　读写路径

（1）教师选择一个有霜的清晨，带领学生来到户外观察霜景。在观察前，教师提醒学生注意安全，不要破坏自然环境。

（2）学生自由观察霜的形态、颜色、分布等特点，用眼睛看、用手触摸，感受霜的质感。教师引导学生可以从不同角度观察，如霜在不同物体上的表现、霜与周围环境的对比等。

（3）学生分组进行玩霜活动，尝试用各种方式与霜互动，如在霜上画画、写字、做霜雕等。教师鼓励学生发挥想象力和创造力，同时提醒学生注意保护自己，避免滑倒或受伤。

（4）在玩霜过程中，教师引导学生仔细观察霜的变化，如霜在阳光下的融化过程、霜的形状因外力作用而改变等，并及时记录自己的观察和感受。

3. 读写任务清单

	"玩霜"任务单
观霜	至少记录三点不同的观察结果，如霜的颜色、形状、厚度、分布位置等 1. 2. 3.

续　表

"玩霜"任务单	
玩霜——尝试至少三种不同的玩霜方式	
记味	记录在观霜、玩霜过程中的体会和感受

任务三：悟霜

1. 读写任务解读

引导学生在实践体验的基础上进行深入思考，将个人的体验与霜降节气的文化内涵相联系，培养学生的批判性思维和文化感悟能力。

2. 读写操作路径

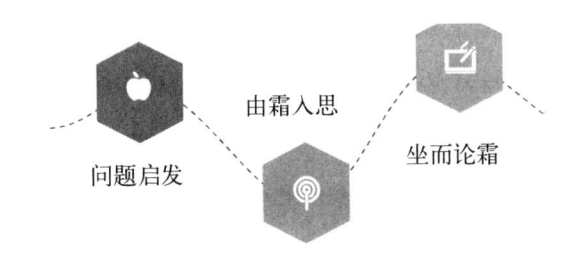

图 6-16　读写路径

（1）教师提出一系列引导性问题，如"霜的出现对自然界和人类生活有什么影响？""霜降节气与农业生产有什么关系？"等。

（2）学生根据自己在玩霜过程中的体验和教师的问题，独立思考并整理自己的观点。

（3）学生在小组内分享自己的思考，倾听他人的见解，相互启发，进一步拓展和深化思考内容。

3. 读写任务清单

"悟霜"任务单	
霜思	1. 霜的出现对自然界和人类生活有什么影响？ 2. 霜降节气与农业生产有什么关系？
霜悟	小组讨论，记录对于问题的思考和启发
霜谈	各组分享交流，记录其他小组分享成果

任务四：绘霜

1. 读写任务解读

帮助学生将阅读积累、实践体验和思考感悟转化为书面文字，提高学生的写作能力，实现读写融合。

2. 读写操作路径

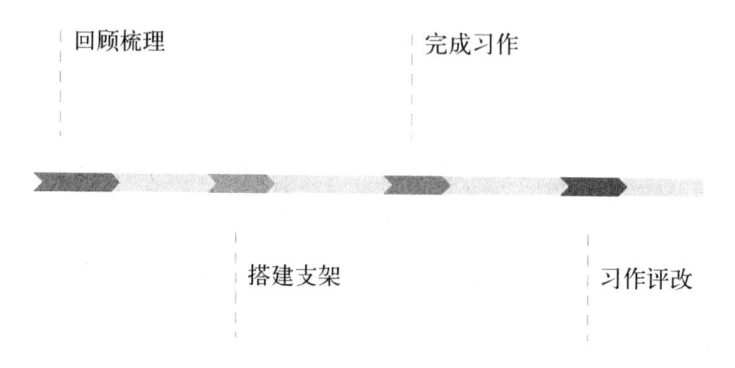

回顾梳理　　　　完成习作

搭建支架　　　　习作评改

图6-17　读写路径

（1）教师引导学生回顾整个活动过程，包括阅读资料、玩霜实践、思考讨论等环节，帮助学生梳理写作思路。

（2）教师提供写作支架，如开头可以描写霜降时节的自然景象引入主题；中间部分详细叙述玩霜过程中的所见、所闻、所感；结尾部分总结自己对霜降节气的认识和感受，升华主题。

（3）学生根据写作思路和支架进行写作，教师在学生写作过程中进行巡视指导，及时帮助学生解决遇到的问题。

（4）学生完成初稿后，进行自我修改，重点检查内容是否完整、语言是否通顺、表达是否生动。然后进行同桌互评，互相提出修改建议，最后根据修改建议进行二次修改，完成终稿。

3. 读写任务清单

"绘霜"习作任务单
提纲：
习作：

任务五：享霜

1. 读写任务解读

为学生提供一个交流分享的平台，让学生在展示自己作品的同时，学会欣赏他人的作品，提高口语表达能力和评价能力。

2.读写操作路径

组内分享　　　　班级分享　　　　评改交流　　　　教师总结

图6-18　读写路径

（1）组织小组内分享交流活动，学生轮流朗读自己的作文，小组成员认真倾听，从内容、语言、结构、情感表达等方面进行评价，提出优点和建议。

（2）每个小组推选一篇优秀作文参加班级分享会，推选的学生在会上进行朗读展示，其他同学在倾听过程中认真思考，记录自己的感受和问题。

（3）展示结束后，其他同学进行提问和评价，评价要具体、客观，先肯定优点，再提出改进建议。作者进行回应和解答。

（4）教师在整个交流分享过程中进行引导和总结，对学生的表现进行评价，强调优点，指出不足之处，鼓励学生继续努力。

3.读写任务清单

习作交流评改任务单
1.积极参与作文分享和评价，朗读自己的作文声音洪亮、清晰，认真倾听他人习作，修改个人习作。
2.班级分享，认真倾听其他同学的朗读，再次修改个人习作。
3.教师评价总结，评选习作汇编优秀作品集。

（五）评价标准和成果展示

1. 评价标准

知识理解	准确阐述霜的形成原理、出现条件及在自然界中的作用。	★★★
	了解霜降节气的相关文化知识，如习俗、诗词等。	★★★
实践体验	详细记录玩霜过程中的观察和感受，包括霜的特点、变化以及自己的行为和心理活动。	★★★
	能够积极参与玩霜活动，与小组成员合作互动，体验到活动的乐趣。	★★★
写作表达	内容充实，围绕"一场与霜的约会"展开，能体现对霜降节气的理解和个人的独特感受。	★★★
	语言生动、形象，运用多种修辞手法增强文章的感染力。	★★★
	结构清晰，层次分明，开头、中间、结尾过渡自然。	★★★
交流分享	积极参与小组和班级分享活动，表达流畅，声音洪亮，自信大方。	★★★
	认真倾听他人发言，能提出有价值的问题和建议，尊重他人的观点。	★★★

2. 成果展示

作品1

霜

今天一早，蒋老师领大家去操场，去玩霜。我很奇怪，霜有什么好玩的？不就是空气里的水汽凝结成的小冰块嘛。可最后，我们还真玩出了好多花样呢！

一下楼，大家疯了般地跑向操场，我也不例外。到了操场，我先迫不及待地去摸了摸霜，真冰呀！

在结了霜的操场上，大家找到了很多霜的新玩法，比如：薛同意掀起了滑霜热潮，田岂若带领大家在霜上签名。而最令人发笑的，是诸欣研像美食家一样，品尝着一份霜"快餐"，还津津有味地说："霜真甜！"

而在这时，我突然冒出了一个金点子！我曾经在一本小黄人的书里看见一个小黄人在做雪天使，那是躺在雪地上上下划动四肢做出来的。于是我依葫芦画瓢，试了试，最后虽然没有画出天使，但是画出了笑脸！

我在全班同学的注视下，完成了一次表演。大家纷纷效仿，顿时，操场上充满了笑声……而在这时，我们不得不走了。

我期待下一次玩霜！

——杜金华

教师点评：

霜降是一个充满魔法色彩的时节，万物都挂上了闪闪亮亮的小水晶。在你的笔下，不仅看到了小朋友们对霜充满了兴趣，也感受到了你们的童真烂漫。摸一摸，尝一尝，甚至躺在上面划一划，多有意思啊！

作品2

霜

今天早上，蒋老师带我们去看霜。

霜可真美呀！一片碧绿的草地变得白茫茫的，那就是霜捣的鬼。霜大面积地覆盖着草坪，闪闪发亮，洁白晶莹。

霜可真好玩，我在草地上左脚和右脚配合着滑"霜"。只可惜我没有太合适的鞋，鞋里全是草。

　　霜很容易化，我们在草地上把霜弄得几乎"全军覆没"。因为我们在草地上画笑脸、写字。当然了，有人失败了，画成了哭脸或写成了错别字。

　　霜是水的结晶，晶莹剔透。用手一摸，手会变得又冷又滑，让我心里油然生出同情：小草受冷不会冻死吗？它没有衣服，没有皮毛。可是，苏轼在《赠刘景文》中写道："菊残犹有傲霜枝"，让我体会到植物的不畏寒冷呢！

　　霜，你真像洁白的精灵，在紫竹小学的足球场上尽情地嬉戏玩耍，在草地上睡觉，在枝头上唱着属于自己的歌！

——薛同意

教师点评：

　　你写了霜降时节你们是如何玩霜的，童真气息扑面而来。在你的笔下，玩霜的过程就像一次探索发现之旅。文章中，你将"霜"的特点向大家娓娓道来，美、容易化、晶莹剔透，等等。尤其在结尾处，你写道"霜，你真像洁白的精灵，在紫竹小学的足球场上尽情地嬉戏玩耍，在草地上睡觉，在枝头上唱着属于自己的歌"，看得出，你是非常非常喜欢霜，喜欢在霜上嬉戏玩耍。

（六）课时安排

第一课时 情境导入与阅读分享	第二课时 玩霜实践活动	第三、四课时 写作与修改	第五课时 交流分享与成果展示
• 播放与霜降节气相关的视频或图片	• 教师带领学生来到户外有霜	• 学生根据玩霜活动的经历和感受	• 组织小组内分享交流，学生轮流

第六章　基于生活情境的浸润式读写教学

续 表

第一课时 情境导入与阅读分享	第二课时 玩霜实践活动	第三、四课时 写作与修改	第五课时 交流分享与成果展示
片，如秋天的景色、霜的形成过程等，引出活动主题，激发学生的兴趣。 • 组织学生进行阅读分享，让学生交流自己搜集到的与霜相关的资料和文章，分享阅读心得。教师进行总结和补充，加深学生对霜和霜降节气的认识。	的地方，如操场、公园等，让学生自由观察霜的特点。 • 教师讲解玩霜活动的注意事项，如安全问题、保护环境等，然后组织学生分组玩霜。 • 在活动过程中，教师引导学生仔细观察霜的变化，及时记录自己的观察和感受。	进行写作，教师巡视指导，帮助学生解决写作过程中遇到的问题。 学生完成初稿后，进行自我修改和同桌互评，然后教师选取部分作品进行全班点评，引导学生进一步完善作品。	朗读自己的作文，小组成员进行评价和建议。 • 每个小组推选一篇优秀作文参加班级分享会，在班级分享会上进行展示和交流。 • 教师对学生的表现进行总结评价，评选出优秀作品，并进行成果展示。

（七）读写思考

在"一场与霜的约会"读写活动中，学生们通过丰富多样的任务与实践，在读写能力、对自然与文化的认知等方面收获颇丰，也让我们对活动的设计与实施有了深入反思。

1. 阅读积累，拓宽知识视野

学生通过查阅书籍、上网搜集信息等多种渠道，广泛搜集与霜有关的资料，包括科普小品文、古诗词等，了解了霜的形成原理、出现条件及在自然界中的作用，还掌握了霜降节气的气温特点和传统习俗等知识。这不仅丰富了学生的知识储备，也培养了他们自主学习和信息筛选的能力。

2. 写作表达，提升语文素养

基于阅读和实践，学生们将自己的观察、感受和体验写成文章。在写作过程中，教师提供了写作支架，帮助学生梳理思路，学生们的写作内容更加充实，语言更加生动形象，结构也更加清晰。通过写作，学生们的语文素养得到了有效提升。

3. 实践体验，增强感性认识

在户外观察霜景和玩霜活动中，学生们亲身感受了霜的魅力。他们用眼睛观察霜的形态、颜色、分布，用手触摸感受其质感，还通过在霜上画画、写字、做霜雕等方式与霜互动，进一步了解了霜的特点和变化。这些实践活动为学生的写作提供了生动的素材，也让他们更加热爱自然。

后　记

廿六载耕耘处　自有春山可望

伴随着一个普通早晨的键盘声，窗外的白玉兰正努力将积蓄一冬的芬芳酿成满树云朵，摇曳着托起碎金似的阳光。孩子们清脆的欢笑声恰似清泉，泅进心间，在笔尖凝成温润的笑脸。回望廿六载语文教学之路，恰似一株幼苗在教育的沃土中缓慢生长，那些晨昏不辍的教研时光，此刻在字里行间流淌出年轮的印记。

自从教第三年那个莽撞而热烈的春天开始，我便以稚嫩的双手推开了语文教学读与写的课题研究之门。"利用阅读活动突破语文写作教学瓶颈"的校级课题，像一粒青涩的种子，在无数个备课的深夜里萌发出新芽。2014年，"亲近自然"的体验作文研究如春溪漫过鹅卵石，在区级课题的河床上奏响清音。2024年上海市课题立项，我们的研究之树已然亭亭，在"读写一体化"的天地间舒展着思想的枝桠。从单枪匹马的探索，到备课组的智慧碰撞，直至教研组的集体深耕，在这条螺旋上升的研究轨迹里，始终镌刻着我，我们，对语文教育本真的追寻——在立言中育人，让文字的温度与生命的成长同频共振。

教育长河中的灯塔始终指引着我们前行的方向。叶圣陶先生"为人生"的语文观如明月朗照，于漪老师诗意课堂的晨星始终闪烁；贾志敏、李吉林、丁有宽等前辈的理论甘霖，恰似深扎大地的根系，让我们在模仿和创想中生长出新的年轮。而詹丹、丁炜、陈锬、薛峰、袁晓东、景洪春等专家则以教育智慧，滋养着我们的实践土壤。特别感激王意如教授，不仅以学术之光点亮课题前路，更在新春的晨曦里寄来殷殷嘱托，那些温暖的文字让人感动而幸福，成为我们守正创新的精神路标。

岁月长卷中最为动人的章节，莫过于偕行者的身影。张计蕾校长以开阔的视野开辟出实践的原野，丁学玲、季晓薇、蒋俊磊、孙敏、陆文一等老师用课例浇灌研究的幼苗。闵行区教育学院和吴泾镇教委的支持筑起坚实的后盾。俞琳主任和岳小力主任的鼓励和助力如春风化雨，滋润心田。华东师范大学出版社的编辑团队，特别是朱华华老师严谨细致的工作，让思想的果实得以完美呈现。这些温暖的名字，都将永远铭刻在我们共同跋涉的教育征途上。

书稿付梓之际，正是人间四月天。我们深知，这些文字不过是教育星空中几点萤火，但若能为同行者照亮方寸前路，能让孩子们在真实的读和写中触摸生命的纹理，便是对廿六载耕耘最好的礼赞。愿我们永远保持对语文的赤子之心，在读写融合的天地里，与更多教育同路人相携而行——因为教育的春天，永远在下一片待耕的田野上。

蒋方叶

2025 年 3 月 20 日